产业发展与城镇空间结构演化关系的理论研究与实证分析

CHANYE FAZHAN
YU CHENGZHEN KONGJIAN JIEGOU YANHUA GUANXI DE
LILUN YANJIU YU SHIZHENG FENXI

陈萍 著

中国水利水电出版社
www.waterpub.com.cn

内 容 提 要

本书共分为三部分，第一部分首先对产业发展与空间结构的相关理论和规律进行了总结和回顾，探讨了产业发展与空间结构演化之间的关系，指出在产业发展的不同阶段，城镇空间结构具有不同的发展模式；第二部分以榆林市为例，分析资源型城市的空间发展格局的具体控制，研究了榆林产业的演化历程，指出了现状产业结构的特点及存在问题；第三部分则以商丘市柘城县体系规划的编制为主要内容，研究了快速城镇化地区县域城镇空间结构发展格局的控制策略。

图书在版编目(CIP)数据

产业发展与城镇空间结构演化关系的理论研究与实证分析/陈萍著. --北京：中国水利水电出版社，2015.8（2022.9重印）

ISBN 978-7-5170-3546-6

Ⅰ.①产… Ⅱ.①陈… Ⅲ.①产业发展—关系—城镇—城市规划—研究—中国 Ⅳ.①F121.3 ②TU984.2

中国版本图书馆CIP数据核字(2015)第198889号

策划编辑：杨庆川　责任编辑：陈　洁　封面设计：崔　蕾

书　名	产业发展与城镇空间结构演化关系的理论研究与实证分析
作　者	陈　萍　著
出版发行	中国水利水电出版社 (北京市海淀区玉渊潭南路1号D座 100038) 网址：www.waterpub.com.cn E-mail：mchannel@263.net(万水) sales@mwr.gov.cn 电话：(010)68545888(营销中心)、82562819（万水）
经　售	北京科水图书销售有限公司 电话：(010)63202643、68545874 全国各地新华书店和相关出版物销售网点
排　版	北京厚诚则铭印刷科技有限公司
印　刷	天津光之彩印刷有限公司
规　格	170mm×240mm　16开本　16印张　287千字
版　次	2016年1月第1版　2022年9月第2次印刷
印　数	2001-3001册
定　价	48.00元

前　　言

城镇空间结构是在长期的政治、经济、社会和文化等因素共同作用下逐步形成的。产业发展是影响城镇空间结构的关键因素，产业结构调整、升级必然使产业空间发生变化，产业空间的变化又会引起人流、信息流、物质流、资金流、技术流的流量、流向、流速等发生改变，落实在特定的地域上，就表现为城镇空间结构的演变。城镇空间结构又会限制或引导产业的布局，进而影响整个区域的发展。城镇空间结构与产业发展具有互动的关系。空间是一种资源，空间也能产生效益，产业发展与城镇空间结构相互适应才能促进城市的快速发展，但城镇空间结构的演化是一个滞后于社会经济发展的缓慢的变动过程，因此需要对空间结构进行人为的干预和引导，通过对空间结构要素进行优化和组合，使城镇空间结构与产业发展相适应。

研究的第一部分首先对产业发展与空间结构的相关理论和规律进行了总结，回顾了产业发展与空间结构演化之间的关系，指出在产业发展的不同阶段，城镇空间结构具有不同的发展模式。

第二部分以榆林市为例，分析资源型城市的空间发展格局的具体控制。研究分析了榆林产业的演化历程，指出了现状产业结构的特点及存在的问题，并分析了产业发展存在问题的原因，得出榆林在以后的产业发展过程中，需要推进农业产业化开发，走新型工业化道路，以及在旅游、商贸、科技咨询等产业方面进行深入发展的结论。榆林在快速发展的过程中，其产业的发展必然带来空间结构的变化，本文在分析榆林产业发展的基础上，根据产业发展与空间结构相互适应才能促进城市快速发展的原则，构建出榆林“一核、三心、三轴、四区”的空间格局，并对其演化趋势进行了展望。本文还将榆林的重点城镇根据资源分布情况分为两大类，对其发展模式分别进行了探讨，认为在新时期，随着生产技术水平的不断发展、人们对生活质量要求的提高及交通条件的改善，榆林的资源型城镇空间结构的发展应采用资源开采专业化，资源加工辅助产业园区化，生产生活服务设施集中化的中心集聚、外围分散模式。最后提出了榆林市产业发展和城镇空间结构合理化构建的对策和建议。

第三部分以商丘市柘城县体系规划的编制为主要内容，研究了快速城镇化地区县域城镇空间结构发展格局的控制策略。研究首先从柘城县县域发展的背景分析入手，分析了县域城镇现状特征及存在问题，主要包括城镇结构特征、产业布局特点以及现状城镇结构体系存在的问题和限制发展的制约条件。通过对柘城县产业的重新规划定位，从农业、工业、服务业三方面对县域产业布局进行调整，合理划分经济分区，重构县域城镇空间结构体系。县域城镇空间体系的重构结合河南省县域体系规划的总体策略发展，以及商丘市、柘城县的地域发展特征，从规模等级结构规划，县域城镇布局结构规划，县域村庄布局规划，以及村庄经济产业分类引导等方面进行了详细的规划编制论述。同时，以重点城镇和地区为例，提出发展引导，重点培育中心城镇的空间结构布局，合理引导周边产业的集聚发展。

本书是自 2004 年以来，作者长期致力于研究的重点科研项目之一，在理论研究和实证分析的过程中得到了所在院校和设计院同仁们的大力支持和鼎力相助，在此，向他们表示由衷的感谢。

陈　萍

华北水利水电大学建筑学院

二零一四年十月三十日

目　　录

第一部分　理论研究

第二部分　资源型城镇产业与空间结构发展格局的实证研究——以榆林市为例

第三部分 快速城镇化地区县域城镇空间结构发展格局的控制实证——以柘城县体系规划的编制为例

第一部分

理 论 研 究

1. 绪　论

1.1　论文研究的背景

城镇空间结构的形成受到自然、区位、历史、社会、经济等因素相互作用的综合影响，并随着人类社会经济活动而处在不断变化之中。宏观上的区域经济发展模式、微观上个体的空间区位都影响着城镇空间格局的变化，从而改变物流和信息流的空间分布态势，城镇空间结构的演变又作用于经济发展模式和个人的生活方式。可以看出，产业发展与城镇空间结构的演化之间存在着紧密的联系，产业发展会带来资源、技术、人才的流动，根据产业发展的区位要求，通过集聚与扩散效应，城镇空间会不断的分化和组合，城镇空间结构是产业发展在空间上的具象反映；城镇空间结构对产业发展也有诱导效应，会促进或限制某些产业的发展。

1.2　国内外研究现状

1.2.1　国外研究现状

产业的发展是影响城镇空间结构的主要因素，在社会经济发展过程中的不同时期，产业发展有不同的特点，产业发展与城镇空间结构的互动研究形成了各个时期不同的研究脉络和时代特征。

早期的城市由于生产力水平较低，经济活动分散孤立，主要是自给自足的自然经济，且交通不便，城镇间的社会经济交往较少，城市的规模较小，城镇产生和发展速度较慢，各自形成独立的中心，城镇等级系统不完善，形成小地域范围内的封闭式循环为特征的空间结构，处于低水平的均衡阶段。

18 世纪下半叶开始的工业革命逐步引发了社会经济领域和城市空间组织的巨大变革，使城市空间结构的研究开始了系统化、理论化探索的新局面。工业化伴随的城市化浪潮，将传统的以庭园经济、作坊经济为主体的城市空间格局迅速瓦解。城市发展进入了大规模的从分散走向集中的阶段，城市社会经济结构的复杂化，城市环境的日益恶化使人们在寻求社会改良的药方的同时，亦日益关注城市空间结构的重组与更新。空想社会主义欧文、傅立叶从社会改良的愿望出发，提出了独立自足的“新协和村”式的市镇模式，因不切实际而招致失败。20 世纪初至 50 年代，城市空间新的结构变形促使人们逐渐放弃传统的形态布局偏好而转向对城市功能空间的研究。英国学者霍华德最早从城镇群体角度进行探索研究，他提出田园城市模式，建议以围绕城市的分散、独立、自足的田园城市解决大城市的矛盾。其后，恩温在此基础上，进一步发展为卫星城理论并被广泛用于城市调整重组的实践。盖迪斯(P. Geddes)将城市功能结构的研究引向深入，写下了《进化中的城市》的著名篇章；沙里宁提出了有机疏散理论并将其运用到大赫尔辛基的规划中；马塔(Y. Mata)提出了带型城市理论；戛涅(T. Garnier)提出了工业城市理论。由于这些人研究的视野更为开阔，研究的手段更为先进，而且逐渐对城市高度集中空间的结构布局所产生的问题有了较为深刻的认知，对世界范围内城市空间组织结构模式的演进起了里程碑式的影响作用。与此同时，克里斯塔勒于 1933 年在其出版的《南德中心地》一书中，提出了中心地学说，为城镇的分布规律提供了一定的理论指导。以美国芝加哥学派为代表，从人类生态学的角度考察经济和社会因素对城市布局的影响，先后提出了同心圆模式(伯吉斯，1923 年)，扇形学说(霍伊特，1939 年)，多核心学说(哈里斯和乌尔曼，1943 年)等。

20 世纪五六十年代世界各国工业化、城市化速度日益加快，出现一系列严重的城市问题，一些发达国家集中于区域和区域发展的研究，如法国为有效控制巴黎地区的膨胀，主张打破原来的单中心城市结构，建立一个多中心分散式的城市结构。20 世纪 60 年代至 90 年代，城市空间结构的研究重点逐渐转入信息化对人类聚居行为、生态环境可能的影响方面，在文化价值、生态耦合及人类体验等更深层次上关注城市文脉的连续以及空间结构的梳理。其中著名的有凯文·林奇(K. Lynch)的城市意象感知；雅各布(V. Jacobs)的城市交织功能；亚历山大(C. Alexander)的半网络城市；杜克塞迪斯(Doxiadis)的动态城市；麦克哈格(L. Mcharg)的自然生态城市；罗尔(C. Rowe)的拼贴城市；列波帕特(A. Poporti)的多元文化城市等，均反映了他们对后现代社会，高科技发展对城市空间的冲击可能造成的诸如情感真空、环境破坏、文化缺失断层等可怕后果的关注和忧虑。20 世纪 80 年代以后，西方国家的产业结构及全球的经济组织结构发生了巨大变化，管理的高层次集聚、生产的低层次扩散、控制和服务的等级体系扩散构成了信息社会的总体特征。城镇的作用不仅取决于其规模和经济功能，也取决于其作为复合网络连接点的作用，杜克西亚迪斯(Doxiadis)、戈特曼(Gottanman)、费希曼(Fishman)、阿部和俊、高桥伸夫等，提出了 21 世纪城市空间结构的演化必然体现人类对自然资源最大限度集约使用的要求，并针对日益显著的大都市带现象，提出了世界连绵城市结构理论；弗里德曼（Friendman）、萨森（Sassen）、泰姆布雷克（Timberlake）、范吉提斯（Pyrgeotis）、昆曼和魏格纳（Kunzmann& wegener）等从全球经济一体化、信息技术网络化、跨国公司等级体系化等研究视角，探讨其对全球城市空间的组织结构以及可能的影响。

国外对由于资源的开发利用引起的产业发展与城镇空间结构演化的研究成果和理论，多见于加拿大、澳大利亚和美国，这三个国家是资源丰富的发达资本主义国家，自然资源开发由来已久。国外的相关研究成果中多是从社会、经济、人口、生命周期等方面来进行，对空间结构的研究相对较少①。

加拿大和澳大利亚都是地广人稀、矿产资源丰富的国家，为了开发偏远地区的矿产资源，传统做法是“缘矿建镇”，20 世纪 80 年代末期以来，澳大利亚西部采矿业的大发展，促进了“长距离通勤模式”（Long Distance Commuting—LDC）的发展。其基本做法是不在偏远矿区建立新的居民点，而是依托距离较近的中心城镇，家属居住在中心城镇，雇员集中时间轮岗上班，长距离通勤。霍顿（D. S. Houghton）就该模式在澳大利亚的发展历程、对社会和区域发展的影响以及利弊进行了分析。该模式有助于节约大量的新城建设费，增加了公司决策的灵活性并易于招募雇员；对于雇员由于可使家属继续留在中心城镇，延续已有的生活，从而得到了公司和大多数雇员的认可。对于资源型城市空间结构的模式，布来德伯里（Bradbury）认为“应该以适当的等级体系结构来发展一系列的定居地，这包括一个服务和加工中心以及一些外围的或通勤型的定居地”。布来德伯里也提出在决策协调开发大区域范围内的资源时，应依据规模和持久性的不同考虑，采用区际规划的方法。波特斯（Porteous）认为，如果某地不适合永久性居住的话，公司城镇可有两种选择：(1)可移动城镇。这是适应短期开采的一种形式。房屋可以分解。其主要好处是当资源采掘完了或是公司退出时，整个居民点可以用卡车、直升机等搬到另外一个地点。(2)长期通勤城镇。在工作地仅需要最有限的建筑，一些平房（工棚）即可，工人们隔星期轮班，家庭则选择在高级的中心地区。② 对资源型地域则有德国鲁尔区的产业发展与城镇空间结构演化特点的研究。

---

① 焦华富，陆林. 西方资源型城镇研究的进展[J]. 自然资源学报，2000，(3).

② 鲍寿柏，胡兆量，焦华富等. 专业性工矿城市发展模式[M]. 北京：科学出版社，2000.

1.2.2 国内研究现状

我国对城镇空间结构的研究起步较晚、水平较低。20世纪50年代以前由于多种原因,这个领域的研究非常少。解放后,学术研究及相应的规划实践过多地为政治所左右,也没有得到大的提高。20世纪80年代,随着城市社会经济的发展,我国对城镇空间结构的研究才逐步展开,并在城市空间演变历史及其模式比较方面进展较快,其中以董鉴泓的《中国城市建设史》为主要代表,从中国古代城市的发育机制、结构形态以及与政治、经济的相互作用关系等方面作了较为全面的分析。进入20世纪90年代后,我国对于城市空间结构的研究开始进入一个加速发展阶段,经济学、地理学、规划学、建筑学等不同学科都围绕当今及未来的中国城市空间结构进行了广泛研究,并取得大量成果。主要论著有南京大学武进与胡俊的博士论文《中国城市形态:结构、特征及其演变》(1990年)以及《中国城市:模式与演进》(1994年),分别从纵横两个角度较为系统地研究了我国城市空间结构从形态、特征到演化机制的问题;此外,段进的《城市空间发展论》(1999年)、张京祥的《城镇群体空间组合研究》(1999年)、顾朝林等的《集聚与扩散——城市空间结构新论》(2000年)、朱喜钢的《城市空间集中与分散论》(2002年)等论著,从外部结构到深层结构,从宏观结构到微观形态,从城市实体到区域群体,从经济空间到生态空间,从空间发展到经济、人文发展,从城市空间集中布局到分散布局,从静态模式到动态发展等方面都有较为深入、全面的研究。

国内对产业发展引起空间结构演化的研究起步较晚,南开大学的王述英教授的公平与效率选择理论为我国产业布局政策提供了理论参考,陆大道针对发达地区与落后地区的差距越来越大,以及区域社会经济发展与区域环境负荷之间的不适应,提出了调整不合理的空间结构,解决过密和过疏的问题。从20世纪末以来区域产业结构的调整成为区域经济研究的热点问题,而关于产业结构调整对空间结构的影响问题也成为学术界的热点研究问题,陈修颖研究了在不同的资源结构和产业结构条件下所形成的空间结构演化过程;管卫华对苏北,苏中,苏南产业结构与城镇空间结构的差异进行了对比研究;安虎森对区域经济成长与区域结构演变之间的关系进行了研究;李清娟,李培祥,李诚固对产业发展与城市化的关系进行了研究;闫小培,魏心镇研究了新兴产业的兴起对城市空间结构的影响;查志强,宋薇,进行了城市产业结构调整与城市空间结构演化关系的实证研究;张水清,杜德斌研究了中心城区职能的转型对空间结构的影响。

我国对由于资源开发利用引起产业发展与城镇空间结构演化的相关研

究于20世纪70年代末期才逐步开始,1978年由李文彦先生率先就煤矿城市的工业发展与城市规划问题进行了相关研究。20世纪80年代,比较全面、系统的研究成果之一是由李秀果等主持的《大庆区域发展战略研究》系列报告,华东师范大学西欧北美研究所吴建藩等人所进行的对德国鲁尔区和我国的两淮煤炭产区的对比研究,也取得了很好的成果。进入20世纪90年代以后,随着可持续发展原则在全球范围内得到认可,以及我国政府的决策,相关的研究在区域经济和城市经济发展中的作用越来越重要。1990年李秀果、赵宇空在国家自然科学基金的资助下,于1995年出版了专著《中国矿业城市:持续发展与结构调整》。中国科学院自然资源研究会工业室沈镭等,自1995年开始,就"资源型城市优势转换战略"开展研究,其成果具有很强的现实针对性。20世纪末和21世纪初,针对我国诸多资源型城镇面临的生存与发展的严峻考验,许多专家学者都投入到对这一领域的研究中,取得了较为丰硕的研究成果。1998年,焦华富撰写的博士论文《中国煤炭城市发展模式研究》中,就煤炭城市人口结构特征及演化模式,以及煤炭城市内部空间结构、空间结构演化等进行了较为深入研究。2000年,鲍寿柏、胡兆量、焦华富等开展了国家哲学社会科学资助项目《矿业性城市发展模式比较分析》的研究工作。2001年李国平等进行的国家自然科学基金资助项目:《夕阳产业地域的形成、演变与持续发展研究——以东北为例》,通过研究抚顺煤田区域由煤炭资源开发而导致的工业化和城市形态形成过程,探讨工业化各阶段煤矿工业城市的形态、内部结构及其演化规律。2002年,国家计委宏观经济研究院开展了《我国资源型城市经济结构转型研究》的重点课题研究,对我国资源型城市加以了界定和分类。

总体来看,国内外的研究成果中,对资源型城市的研究成果较多,对资源型地域的研究成果较少,且在现有的研究成果中,多是对可持续发展、产业结构转型以及生态环境保护建设等方面问题进行研究,对空间结构的研究相对较少,从产业发展与城镇空间结构互动的角度进行的研究则更少。

1.3 相关概念及研究范围的界定

1. *产业发展*

产业发展是指产业的产生、成长和进化过程,既包括单个产业的进化过程,又包括产业总体,即整个国民经济的进化过程。而进化过程既包括某一产业中企业数量、产品或者服务产量等数量上的变化,也包括产业结构的调整、变化、更替和产业主导位置等质量上的变化，而且主要以结构变化为核心，以产业结构优化为发展方向。因此，产业发展包括量的增加和质的飞跃，包括绝对的增长和相对的增长。

2. 城镇空间结构

在经济快速发展及大规模城市化推动下，城市功能辐射范围在市场机制的作用下已远远超出了城市建成区范围，而不断向周边地域推进。伴随着城市功能的空间扩散过程，城市大量实体性功能设施在城市外围不断集聚，城市功能的空间组织已不再局限于传统的主城区范围，而是在城市地域的空间层次上进行。因此对城市空间结构的分析也应放在相应的城市地域空间上，而不是只局限于城区范围内。

对具有多个城镇的某一区域，陈田教授认为，城镇空间结构是地域范围内城镇之间的空间组合形式，是地域经济结构、社会结构和自然环境特征在城镇体系布局上的空间投影，也是在一定社会经济发展水平下，区域城镇发生、发展及其相互作用的产物。区域经济发展水平及生产力配置是城镇空间结构演变的主要推动力，并形成与之相适应的城镇空间结构类型。

本文所提到的城镇空间结构是指在特定的社会生产力发展水平下，区域内的各个城镇相互作用和相互联系所形成的城镇地理空间分布形式、集聚规模和集聚状态，是一种具有一定空间结构和空间功能的社会经济系统，是人们在长期的生产和劳动分工过程中长期积累而形成的空间组织形式。

3. 研究范围

城镇空间结构作为空间要素的组合格局，可视为一种复杂的人类社会、经济、文化活动在特定的环境条件下的地域投影，是城镇功能组织方式在空间上的具体表现。[①] 传统城市研究对城镇空间的认知通常在两个层面上进行：一是将城镇看作一个面，研究其内部要素的组成、变化及规划组织的方法，是为“城镇个体空间研究”；一是将城镇看做区域中的一个点，研究多个城镇之间的相互作用机制及规划组织的方法，是为“城镇群体空间研究”。事实上，城镇个体的发展与群体的发展是互为环境的，城镇个体与群体两个不同层面的研究，只是我们针对不同的对象重点、空间尺度和出于阐释的方便而作的一个划分，严格地说，它们应是两个连续性承接的研究范畴，彼此是不可割裂的（如图 1.1）。

---

① 张京祥. 城镇群体空间结合[M]. 南京：东南大学出版社，2000.

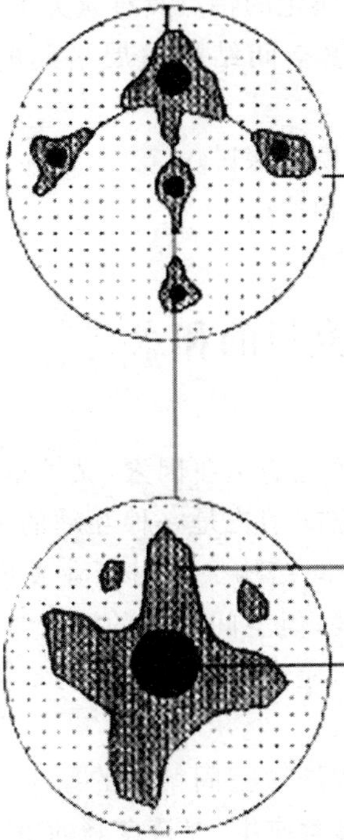

图 1.1　城镇空间研究层次示意图

本文对城镇空间结构的研究范围是将城镇看做区域中的一个点，研究一定行政范围内多个城镇之间的相互作用机制及规划组织的方法，在分析自然环境特征、资源分布与开发、产业发展的基础上，构建城镇空间发展格局，并对其演化进行展望的"城镇群体空间研究"。

1.4　研究的内容

由于产业发展的更新和替代，城镇空间结构处于快速变动之中，城镇空间结构的变化是产业发展在地域上的具象反应，城镇要实现可持续发展，关键是要对产业和空间进行合理的调控。本文对城镇产业和空间结构发展演化的规律和存在的问题进行了综合分析，并以鲁尔区为例，探讨了资源型地域产业与城镇空间结构的演化特点，以期借鉴其经验与教训，从而调控城镇产业的发展目标，构建适应地域自然环境特点和自身发展条件的城镇空间结构发展格局，并对其演化趋势进行探讨。本文的研究内容主要包括以下几个方面。

(1)产业发展与城镇空间结构的演化关系研究。

(2)产业发展与城镇空间结构演化的特点及对应关系。

(3)产业发展目标预测及城镇空间结构发展格局的构建、演化趋势分析。

(4)重点城镇空间结构的发展模式探讨。

(5)城镇空间结构发展的对策和建议。

1.5 研究目的和意义

产业的发展是城镇空间结构演化的主要因素,城镇空间结构是产业发展的具象反映。产业发展与城镇空间结构是一种互动的关系,产业发展推动城镇空间结构发生变化,城镇空间结构又会对产业发展起诱导的作用。两者相互适应才能促进城市的发展,但空间结构的演变常滞后于产业的发展,需要人为的干预和引导,形成适应产业发展的空间结构,提高经济活动的组织效率。

科学的产业发展和布局是形成城镇空间结构的原生动力和主要因素,合理的城镇空间结构对降低城市运营成本,保持良好的生态环境,促进产业的良性循环具有重要作用。

在相关的研究成果中,对资源型城市的研究较多,而对资源型地域的研究较少,并且已有研究成果中经验教训归纳总结的较多,演化趋势研究较少,从产业发展与城镇空间结构方面研究的较多,从产业发展与城镇空间结构互动角度研究的较少。

在转变经济增长方式,以生态、低碳为目标的现阶段城市发展中,探索产业发展和城镇空间结构演化的研究,对保持城市经济的持续稳定增长,营造科学、生态的城镇空间结构具有重要的现实意义和指导作用。

1.6 研究方法

1.现场调研的方法

本文重视研究资料的可靠性、真实性与准确性,运用实地观察和调研的方法收集基础资料。

2.比较分析法

通过比较法的应用,事物之间的差异一目了然,它是在科研中常用的方法。本论文通过对不同发展阶段城镇产业与空间发展特点的比较、总结，分析发展过程中的经验教训，用以指导城镇的良性发展。

3.模式法

所谓模式是指对事物内在机制及其外部关系的高度凝练的、直观的抽象和概括。通过总结重点城镇空间结构的发展模式，使问题阐释得更为清晰，并便于理论成果的演绎运用。

4.理论与实际相结合

理论来自于实践，还要用于指导实践，并在实践中得到发展，本论文在研究过程中首先介绍了一些基本的理论，通过对城镇产业发展与空间结构发展规律的研究，针对城镇发展过程中存在的具体问题，提出相应的发展对策。

2. 理论回顾与评述

2.1 产业发展的相关理论

2.1.1 产业结构的概念

产业结构是指一个国家或地区各次产业之间、各次产业内部各部门或行业间的比例构成和它们之间相互依存、相互制约的关系，即一定时空结构中各产业之间质的联系和量的比例。质的联系就是各产业之间发生经济联系的方式和途径，以及它们之间相互影响的方向和内容。如第一产业为第二产业提供原料，第三产业为第一、二产业提供服务，第二产业又为第一、三产业提供机械设备等生产资料。量的比例就是这种联系的数量关系，即各产业在社会总资源分配和社会总产品供给中所占的比例。

产业结构是一个多层次的复合系统，即在产业结构的构造上存在多层次。主要有三个层次：第一层次是三次产业结构层次，即将产业分为第一、二、三次产业；第二层次是三次产业内部结构层次，如将第二次产业再分为工业、建筑业，第三产业再分为交通运输业、商业和服务业等；第三层次是组成各产业结构的生产部门或行业结构，如农业中的种植业、林业、畜牧业、渔业结构，工业中的采掘业、制造业等结构。

2.1.2 产业结构演进的规律

随着科学技术的推进，产业结构在演进过程中表现出一定的规律性。只有正确把握产业结构的变动规律，才能制定恰当的产业结构政策。产业结构演进的规律主要有：

1. 三次产业比重变动规律

三次产业比重变动规律表现为：三次产业在国民经济中的比重和地位存在第一产业逐步下降，第二产业先升后降，第三产业逐步上升的趋势（见图 2.1）。

相应的由三次产业构成的产业结构类型存在由以第一次产业为主的金字塔型产业结构，逐步向以第二次产业为主的鼓型产业结构转变，再向以第三次产业为主的倒金字塔型产业结构演进的规律。而且随着经济的发展和人均国民收入水平的提高，劳动力将由第一产业向第二产业转移，在人均国民收入进一步提高后，劳动力将会转向第三产业（见图 2.2）。

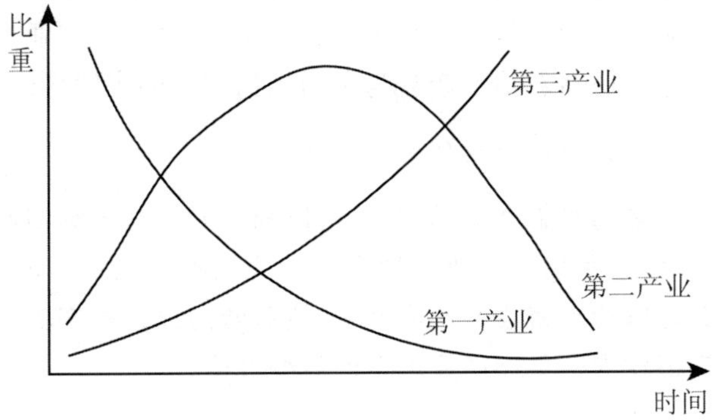

图 2.1 三次产业比重变动规律

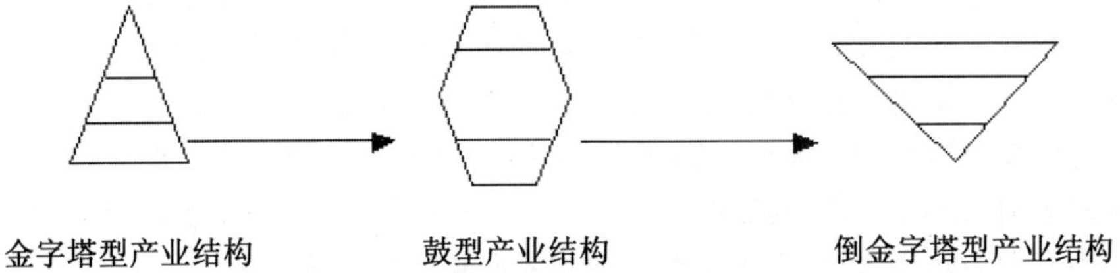

图 2.2 产业结构类型示意图

在三大产业中，第二产业虽然可以极大地促进国民收入的提高，但其对劳动力的吸纳能力随着科技的进步却在逐渐减弱，第三产业对国民收入的提高所起的促进作用虽然不如第二产业，但其对劳动力的吸纳能力却相当强。

产业结构比重变动规律对规划的启示在于：要使一个区域获得发展，一定要改变区域的产业结构，降低第一产业在国民经济中的比重，加快第二、三产业的发展。在产业发展过程中，尤其要培育具有高需求收入弹性和高比较劳动生产率的产业，才能增强区域的竞争力。

2. 产业结构高加工度和高附加值化规律

各种不同的产业，对劳动对象的加工程度（即加工的次数、环节、持续的过程的长短等）有高低的不同，通过加工新增加的价值也有大小的差别。产业结构的演变存在产业的加工度提高和附加值增加，高加工度和高附加值产业在产业结构中越来越占优势地位、起主导作用的规律。

3. 主导产业转换规律

主导产业的转换引起产业结构变动，存在以农业为主的结构开始，按顺序依次向以轻工业为主的结构、以基础工业作为重心的重工业为主的结构、以高加工度工业作为重心的重工业为主的结构、以第三次产业为主的结构、以信息产业为核心的高新技术产业为主的结构演进的规律性。

4. 生产要素密集型产业地位变动规律

按照生产要素的密集度不同，产业可以划分为劳动密集型产业、资本密集型产业、知识技术密集型产业三种类型。这三种不同类型的产业在产业结构中存在着先以劳动密集型产业为主，然后转向以资本密集型产业为主，最后变为以知识技术密集型产业为主的演变规律。

5. 工业结构变动的一般规律

在产业结构高度化过程中，工业扮演着主导的角色。近现代的经济发展过程同工业的发展密切联系在一起，经济发展过程亦可以称为“工业化”过程。工业结构的高度化，是整个产业结构高度化的核心特征。

从发达国家的工业化道路来看，大都经历了由轻纺工业—重化工业—重加工组装工业—高新技术产业这样一个发展过程。这揭示了产业结构的趋势是由劳动密集型、资本密集型向技术密集型推进的。

工业结构水平的高度化，主要表现在以下三个方面。

(1)轻工业为中心的发展向以重工业为中心的发展推进，这就是所谓的“重工业化”。

(2)在重工业化过程中，工业结构又表现为以原材料工业为中心的发展，向以加工、组装工业为中心的发展推进。这就是所谓的“高加工度化”。

(3)随着上述工业结构水平两方面的高度化过程，工业结构的资源密集度，即工业的资源结构(劳动力、资本、技术三方面的组合关系)的重心也会发生优化变动。

2.1.3 影响产业结构演变的因素

产业结构总是随着经济发展的历史进程而不断演变，其各个影响因素的不同组合总是会形成不同的产业结构。产业结构的影响因素主要有以下几种。

1. 经济体制和经济政策

一国的经济体制决定着经济主体(企业)的经济行为,而企业行为是产业结构形成与演变的基础。企业对市场信号做出反应是否灵敏,是否能够自主经营等等决定了社会生产要素组合与更新的过程,从而影响到产业结构的形成与演变。

产业政策是国家干预资源在产业间的分配,以达到一定的国民经济发展目标。它诱导或直接使生产要素集中流向某些产业,推动这些产业的迅速发展,从而导致产业结构的变化。

2. 自然资源和生产要素

这里的生产要素包括技术、资金和劳动力。自然资源和生产要素的不同组合和变化,必然导致社会分工的不同变动,引起需求结构的变化和资金、劳动力的转移,从而导致产业之间关系的演变,伴随而来的则是不同产业的更替。

3. 需求总量和结构

需求是导致产业结构演变的直接因素,产业的扩大或缩小一般都是由需求拉动的。

4. 国际贸易

国际贸易对产业结构的影响主要是通过国际分工或进出口来实现的。一般来说,各国间相对优势的变动会带动其国际分工及进出口结构发生相应的变动。通过出口来加快本国优势产业的发展,通过进口来填补经济空白和改善产品结构,是进行国际贸易的根本目的。

5. 科技发展推动产业结构的演变

科学技术是第一生产力,而科技的发展关键在于创新。一个国家或地区主导产业的更替是创新特别是技术创新的结果。产业结构高级化的本质在于技术集约化。只有引入了富于创新的真正的主导部门,才能带动产业结构向高级化方向发展。归根结底,科学技术是推动产业结构发展的主要动力。

此外,一个国家或地区的自然条件、交通运输、文化背景、社会环境等等也会对产业结构产生一定的影响。这些影响因素不是孤立存在的,而是彼此互相促进、互相制约,综合地影响和决定着产业结构的发展。

2.2 空间结构的相关理论

2.2.1 区域空间结构理论模型

1. 核心——边缘理论

1966年，美国著名城市与区域规划学家弗里德曼在《区域发展政策—委内瑞拉案例研究》中提出了著名的“核心—外围”模式，亦称“中心—腹地”论。1967年，弗里德曼在《极化发展理论》中，又进一步将“核心—外围”这个具有鲜明特色的空间极化发展思想提炼为一种普遍适用于发达国家与发展中国家空间规划基础的一般理论模式。这个理论模式主要是解释区域或城乡之间非均衡发展过程的规律，解释经济空间结构演变模式的一种理论。

该理论试图解释一个区域如何由互不关联、孤立发展，变成彼此联系、发展不平衡，又由极不平衡发展变为相互关联的平衡发展的区域系统。按照“核心—边缘”理论的表述，区域经济增长的同时，必然伴随着经济空间结构的改变，经济活动的空间结构形态与经济发展水平相关。在不同的经济发展阶段，会出现不同的空间结构形态。按照经济前工业化阶段—工业化初期阶段—工业化成熟阶段—工业化后期及后工业化时期阶段的演进顺序，经济活动的空间结构形态相应地呈现出离散型空间结构—聚集型空间结构—扩散型空间结构—均衡型空间结构（空间组织一体化形成）的演替次序（见图2.3）。

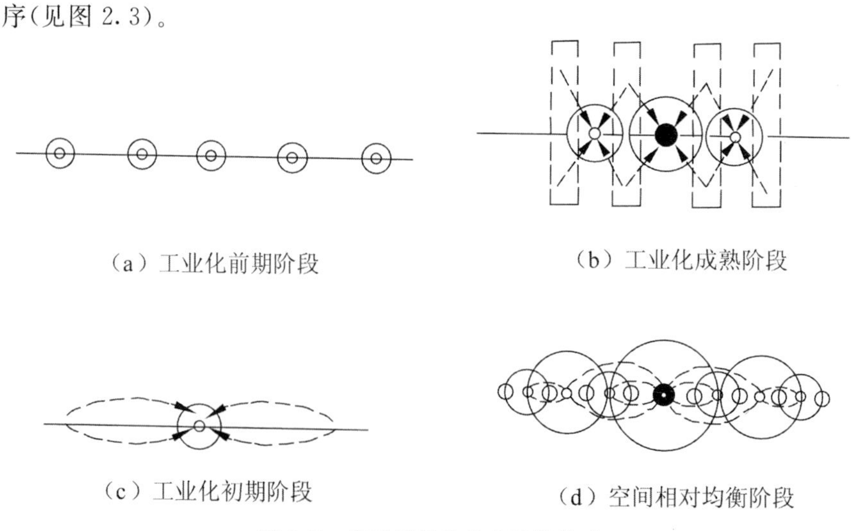

图2.3 弗里德曼的核心边缘模式

弗里德曼对“核心”与“边缘”没有明确的界定，所有的空间极化理论对此都未有确切的定义。但是核心边缘理论阐明了核心与边缘的关系，对于经济发展与空间结构的变化都具有较高的解释价值。所以该理论建立以后，许多的规划师和区域经济学者都力图把该理论运用到实践中去。

2.增长极理论

增长极(Growth Pole)是法国经济学家佩鲁(F. Perroux)在20世纪50年代首先提出的，他认为：增长极是在“经济空间”中起支配和推进作用的经济部门。“经济空间”是指各经济单位(部门)之间关系的集合，从产业角度看，指的是产业关联的结构关系。佩鲁的增长极理论基本上是产业增长极理论，法国经济学家布德维尔把它发展到地域空间布局原理上，完善了增长极理论。他认为：增长极是不断增大的工业综合体，并在其影响范围内引导经济活动的进一步发展。增长极不仅是推动型产业及其综合体，而且也是拥有这种产业综合体的城市。创新主要集中在城市的某些主导产业中，主导产业群所在地就构成了一个增长群，它通过扩散效应带动其腹地的发展。

增长极一般具有以下特点。

(1)以主导产业为核心，并与周围地区产业形成相关的产业综合体。

(2)有某一方面或几个方面的突出优势，如资源优势，产品优势，市场优势，技术优势，劳动力市场优势等等。

(3)有一定的基础设施水平，包括各类交通线、动力供应线、水源供给渠道等，以及教育、金融、商业服务等基础架构。

(4)增长极往往形成于交通运输节点(铁路核心站、公路起止点、区域中心港口)，这些节点或是区域的经济中心，或是区域的政治中心，或是文化中心，或是三者兼有。

增长极的形成过程一般分成两个阶段。一是极化阶段(或极化过程)，即增长极以其较强的经济技术实力和优越条件或政治核心引力将边缘地区的自然和社会经济潜力吸引过来，譬如矿产资源、原材料、资金、劳动力等生产要素。二是扩散阶段(或扩散过程)，即增长极以企业迁移或争夺服务市场的形式对周围地区进行投资和技术转移，在条件较好的周边地区率先形成以产品生产销售和技术服务为主的集聚次中心或次增长极，两者间的联系随着增长极渗透力的加大和交通通讯设施条件的改善而不断增强。同理，次增长极也必然经历上述两个过程，形成真正意义上的增长极，完成增长极的繁衍。增长极形成发展过程中所表现的极化与扩散特征是相对的，不同阶段以某种效应为主，它们一起贯穿于增长极乃至区域发展的全过程。

3.生长轴理论

发展轴是原联邦德国规划界针对区域开发规划提出来的区域发展模式,也被称为生长轴(growth axis)模式。生长轴理论是经济学家沃纳·松巴特(Werner Sombart)首先提出的,主要思想为:连接中心城市(增长极)的铁路、公路和水运等交通线网的铺设使区域中形成新的有利区位,吸引产业、人才、资金沿线集聚。对区域开发具有促进作用的交通干线被称为"生长轴",轴线附近的地带被称为"轴带"。

生长轴具有以下特点。

(1)生长轴一般都有自然的或人工的交通线作为其倚仗实体,如河流、运河,海岸线,铁路公路线,能源供给线,水源补给线,信息通讯网络等等。

(2)轴上两端或中间布有区域中核心或次核心的大中城镇。

(3)生长轴聚集了区域中许多中小城镇、众多人口、产业部门和基础设施,往往成为较大区域经济发展的脊梁,承担着区域交通运输的主要任务。

(4)本身具有的积聚和扩散功能使生长轴不断增强,轴上大中城镇容易与轴外某个次核心城市或域外某个核心城市以新的轴线连接起来,结果衍生出新的次级生长轴。

4.点轴理论

20世纪80年代我国经济地理学家陆大道先生提出的点轴开发模式是增长极理论和生长轴理论的延伸。点—轴开发模式是点—轴渐进扩散理论在区域规划和区域发展实践中的具体运用,也是经济空间开发的一种重要方式。从区域经济发展的过程看,经济中心总是首先集中在少数条件好的区位,成斑点状分布。这种经济中心既可称为区域增长极,也是点轴开发模式的点。随着经济的发展,经济中心逐渐增加,点与点之间由于生产要素交换的需要,需要交通线路以至动力供应线、水源供应线等,相互连接起来,这就是轴线。这种轴线首先是为区域增长极服务的,但轴线一经形成,对人口、产业也具有吸引力,吸引人口、产业向轴线两侧集聚,并产生新的增长点。点轴贯通,就形成点轴系统(见图2.4)。

点轴渐进扩散理论论述了经济的空间移动和扩散是通过"点"对区域的作用和通过"轴"对经济发展的影响,重点采取小间距跳跃式的转移来实现。点轴开发对区域发展和规划有以下重要意义。

(1)可充分发挥经济的聚集效应。

(2)可充分发挥各级中心城镇的作用。

(3)可实现经济布局与现状基础设施的最佳空间组合。

(4)有利于城市之间，区域之间，城乡之间的协作与联系。

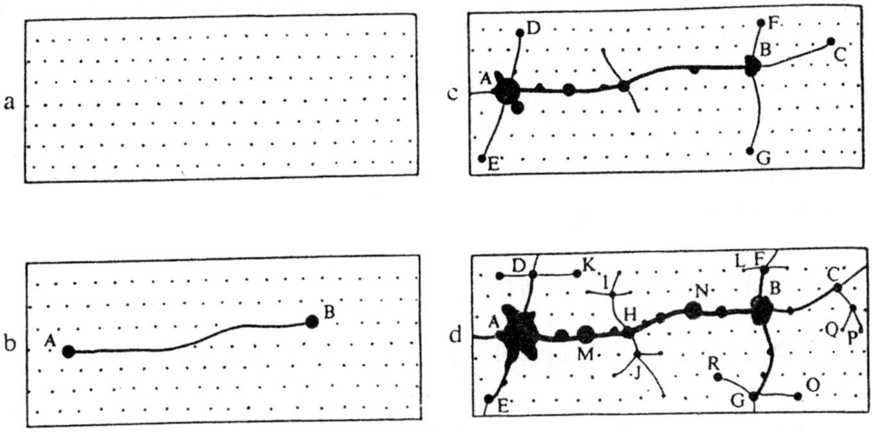

图 2.4　点轴空间结构演化过程

5. 网络空间结构理论

网络空间最初被用来形容由互联网“编织”的虚拟社会中人与人沟通交流的便捷方式，其实质是描绘信息传递的空间结构状态。网络空间在区域发展中是用来描绘经济社会结构发展状态的，是区域空间结构演变的终极状态，其构成要素包括：①“节点”——增长极的各类中心城镇；②“网络”——承担商品、资金、技术、信息和劳动力等生产要素流动的交通通讯网线；③“域面”——沿轴线两侧“节点”吸引和“网络”圈成的区域。在区域网络空间中，“节点”吸引的范围是重叠的并有大小之分，构成“网络”的生长轴是有等级差异的并有强弱之分。随着区域内外部经济要素作用的增强和环境状况的改变，构成网络空间的“节点”和“网络”(各级轴线)也在不断生长变化(网络发展战略模式同样具有极化效应和扩散效应)，或发生弱化或不断增强，它们影响的“域面”也将随之发生相应的范围变化，因此，区域经济社会空间是一种动态变化空间。网络发展战略模式追求的是区域的均衡发展，遵循的是公平与效益并重的原则。

2.2.2　区域空间结构的影响因素

(1)区域经济的不断发展对区域空间形态的变迁有着直接的导向作用，这种导向是经济规律作用的反映，是不以人的意志为转移的客观规律。区域和城市规划只有顺应这个规律，才能在区域和城市发挥科学的指导作用。

(2)基础设施的改善对区域空间结构的影响是直接的、高效的，交通工具的不断进步、通讯技术的发展是促进区域发展的有力推动力。在西部大开发中，基础设施投资建设是重点之一，因此研究基础设施的综合作用，使城乡建设能充分利用基础设施的引导作用，形成合理的空间结构，是城市和区域规划工作的重要课题。

(3)人的意愿的介入(科学的发展观念，行政手段，规划手段，重点开发等)是实现区域与城市发展的关键。借助科学合理的发展战略，可以构建适应经济发展的合理空间结构，使区域与城市发展进入协调化，整体化，有序化的良性循环的发展轨道。

2.2.3 区域空间结构演化的动力机制

区域空间结构是区域内各种要素长期共同作用的结果，一旦形成，即会处于一种相对稳定状态。只有当区域内外条件发生重大变化时，空间结构才可能缓慢调整，形成与区域经济结构相适应的新格局。这一过程将由多种作用力共同推动，一般可分为七类。

(1)全球化动力。一是跨国公司和企业通过其活动直接干预地方的区域空间结构，导致空间结构重组；二是区域通过实施开放政策将内部设施与国际社会接入，间接地使区域空间与全球空间对接，从而促进区域空间结构重组。

(2)地缘一体化动力。与全球化动力机制相似，但内容与方式更加广泛。

(3)国家力量。国家力量对空间结构重组的影响主要体现在国家投资方面。从地理角度看，有集中和分散两种形式。集中投资力求资金效益最大化，往往形成非均衡的空间结构，比较优势明显的个别节点或局部地区往往借此获得迅速发展，从而成为区域的增长极，参与更高一层次区域的竞争。分散投资的结果往往是区域基础设施系统支离破碎，节点增长缓慢、网络系统不健全，空间结构松散、缺乏活力、均衡且稳定。

(4)生产力梯度力。区域间生产力发展的不平衡，必然导致区域间产生“生产力差”的结果。在消除区域间壁垒后，生产要素将可从生产力的“高势能”区向“低势能”区流动，引起空间结构重组。

(5)产业升级与产业创新推动。随着区域产业结构升级，新兴产业的成长具有不同的区位要求，这将导致对原有空间结构的重组。

(6)横向区域协作力。即区域间的互利合作，对具有共同利益的次区域进行开发。

(7)空间相互作用力。即一个区域的发展对另一个区域发展产生的影响力。

3. 产业发展与空间结构演化关系研究

3.1 产业发展与空间结构演变的内在联系

空间结构是产业结构的物质形态在空间上的分布、组合及其相互关系的景观表现形式，同时，空间结构对以产业结构为核心内容的经济结构及其增长具有强烈的反馈效应，适时地优化空间结构、促进其结构重组，对经济的增长具有强大的推动力①。

城市的发展过程，是一个产业结构转换和主导产业部门置换的过程，也是资源和土地要素的时空配置，及其结构形成、调整和转换的过程。在产业结构的转换过程中，随着产业之间优势地位的连续不断更迭，城市空间结构不断的成长、进化和整合。上述演化过程在城市中不断重复，城市地域空间结构和产业结构也就相应地根据市场需求变化进行调整。

产业结构调整与空间结构演变之间存在着千丝万缕的联系，可以表现为以下几个方面。

3.1.1 空间结构是产业结构的反映

产业结构不同，城市聚集利用的资源类别就不同，而不同的产业发展对区位选址的要求存在差异，决定了城市的聚集状况、空间分布。以制造业为主的城市，工业用地在城市总用地中占有较大的比重，整个城市往往围绕着工业来进行布局。如重化工业规模经济效益显著，与其他企业前向、后向联系密切，占地大、运输量大，所以重化工业为主的城市，工业用地集中、比例大、均质度高，城市用地多采取集中分布的方式。以服务业为主的城市，第三产业用地比例加大，城市结节点的等级较高，各种专业化的中心多。一般说来，在城市发展的初期，城市产业类型单一，城市化聚集经济不够明显，城市用地结构、类型单一，城市发展规模受到制约；随着城市的进一步发展，城市产业多样化，聚集效益明显，用地结构、类型复杂，城市规模较大。因此，城镇空间结构反映了经济活动的空间特性，更在很大程度上影响并作用于

---

① 陈修颖. 空间结构重构的效应及地域性策略[J]. 财经科学，2003(6).

城市的经济功能和生产效率。

3.1.2 产业结构调整是空间结构演进的直接动力

经济发展是城市规划建设的源动力，城市规模扩展和结构优化是城市经济实力增强的重要体现，分析城市发展演变的内在机制，可以认为是产业发展重点的转移带来空间结构的相应变化。由于科学技术的不断发展，产业在不同时期也将呈现出不同的特点，对具体区位也有不同的要求，相应会形成与之对应的空间结构。目前，国内许多城市的“腾笼换鸟”“退二进三”等置换土地的工程，其实都是为了适应城市产业发展的需要，把适宜在城市外围发展的产业从城市中心区迁移出去，为新生产业和经济效益高的产业腾出发展空间。

3.1.3 城镇空间结构根据产业分工协作建立其内在的联系

城市地域空间组织不是杂乱无章的简单堆积和拼凑，而是通过产业的分工协作，反映出一种要素之间的经济联系和互补性。卢德耐里把引起空间变化的联系具体分为七种类型：物质联系（公路铁路网、水网、生态联系）；经济联系（市场形式、行业结构及资金、原料、产品、消费和收入流动）；人口移动联系（移民、通勤）；技术与信息联系（技术依赖、通讯）；社会作用联系（访问、仪式、宗教社会团体作用）；服务联系（能量、信息、金融、教育、医疗、商业、交通服务形式）；政治行政组织关系（权力、管理体制、行政区间交易与非政府组织联系）。简单地讲，区域城镇群体空间中的联系既有物质性的要素运动过程（有形联系），也有非物质性的要素传播过程（无形联系）。① 引起城镇间有形、无形联系的根本原因主要是城镇间产业的分工与协作，城镇产业间协同关系的建立，并不断深化、调整的过程，也是空间结构的分异演化过程。在这个过程中，产业之间根据横向的、纵向的或互补的联系，形成具有内在关联的结构效应。城市空间结构也就根据这种结构关联变动，不断调整、建立其内在的联系，向合理的方向演变。

---

① 张京祥．城镇群体空间结合［M］．南京：东南大学出版社，2000.

3.2　不同产业发展时期对应的城镇空间结构特点

3.2.1　不同时期产业发展与城镇空间结构的对应关系

空间结构和产业结构是区域研究中最重要的两个方面，二者之间存在非常密切的联系。由于空间结构是在一定时期和发展条件下，区域内部各种经济组织进行空间分布与组合的结果，区域内任何社会经济客体的空间活动及其相互关系都会形成一种空间态势。随着时间的推移，区域社会生产力的进步，区域空间结构也随之进行演化，由简单到复杂、由混沌到秩序。因此产业结构与空间结构存在着阶段性的对应关系，应从产业结构调整与空间结构演变相统一的角度去促进城市的协调发展。空间结构与产业结构的对应关系如下(见表3.1)。

表3.1　产业结构与城镇空间结构的对应关系

城镇空间结构			产业结构	
演化阶段	空间结构状态	空间相互作用	经济时期	主导产业
低水平平衡阶段	形成了若干孤立的小城镇，规模小，职能单一	小地域范围内经济活动的封闭循环	工业化前期	以农业为主
极核发展阶段	少数优势区位发展成为增长极，初步形成城镇等级体系	以向中心城市的集聚为主	工业化初期	以劳动密集型，资本密集型加工工业为主
扩散阶段	出现了城乡边缘区，形成了比较合理的城镇等级体系	以由中心城市向外围地区扩散为主	工业化中期	以技术密集型精加工工业为主
高水平均衡阶段	形成完善的城市联系网络	实现了空间结构的均衡，空间相互作用持续，稳定，均匀	后工业化阶段	以高新技术密集型产业为主

资料来源：根据伍贤旭《区域经济空间结构重组与产业结构调整关系研究》整理。

随着产业的发展城镇空间结构的演化过程，如图3.1所示。

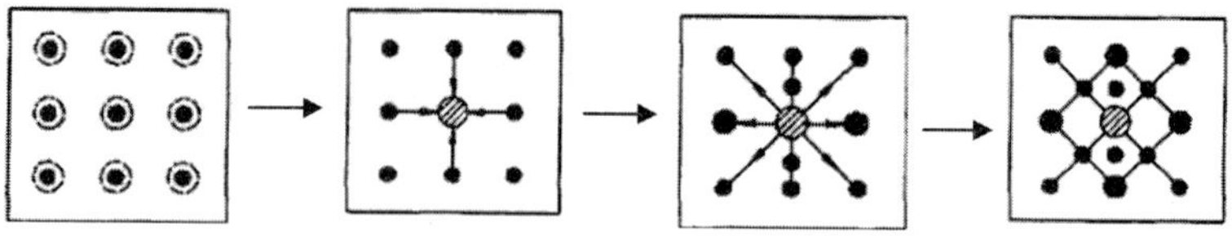

图 3.1 城镇空间结构演变过程示意图

3.2.2 不同产业发展时期的空间结构发展模式

不同的产业发展阶段城镇空间结构是不同的，一般认为比较典型的有极核式空间结构、点轴式空间结构和网络式空间结构模式，后者都是从前者的基础上发展而来的。

1. 极核式空间结构

在区域发展的早期，虽然内部的经济发展水平差异不很显著，但是各地区之间的资源禀赋不同。同时，由于区位条件不一样，一些在空间分布上有集聚需求的经济部门及组织就会选择区位条件相对好的地方作为发展场所。这样，就产生了经济活动的点状集聚地。这些点在经济活动的行业构成、经济发展的资源基础、区位条件等方面必然存在着差别，它们的发展潜力与可依赖的现实基础不同。因此它们之间的经济发展将出现快慢之分。在这样的背景下，如果有个别经济发展比较好的点得到了良好的发展机遇（例如，区域的行政机关设立于此，开辟了通往区外的交通线路），那么，它的经济发展将步人“快车道”，在若干个点中异军突起，实现经济快速增长。最终，它发展到经济规模和居民点规模都明显超过其他点时，它就成了区域的增长极。

增长极一经形成，就会对区域内的经济活动分布格局产生重大影响。增长极的投资环境优于区域中的其他地方，投资的收益率高，发展的机会多，因此，就对周围地区的资金、劳动力、技术等要素产生越来越大的吸引力，这些要素为追求高收益和寻找更好的发展机会而向增长极集聚。它们的集聚必然伴随区域内各种自然和人文资源的集聚。于是，就产生区域要素流动的极化过程。在极化过程中，区域的资源和要素不断向增长极集聚，各种经济组织、社会组织和人口也向增长极集中，从而导致区域的空间分异。从发展水平来看，增长极的经济和社会发展水平都比其他地方高出许多，二者之间形成明显的发展差异。增长极成为区域经济和社会活动的极核，对其他地方的经济和社会发展产生着主导作用。

2.点轴式空间结构

点轴式空间结构有时也称之为点轴系统，它是在极核式空间结构的基础上发展起来的。在区域发展的初期，虽然出现了增长极，但是也还存在其他的点，这些点也是经济活动相对集中的地方。增长极在发展过程中，将会对周围的点产生多种影响：其一，增长极需要从周围的点就近获得发展所需的资源、要素，客观上就释放了这些点所蕴藏的经济增长潜力，使它们在向增长极提供资源和要素的同时增加了经济收益；其二，增长极在开发周围市场时也给周围的点输送了发展所需的生产资料和相应的生产技术，带去了新的信息、新的观念，这样，就提高了它们的发展能力，刺激了它们的发展欲望，同时，也给了它们发展的机会；其三，伴随着经济联系的增强，增长极与周围点的社会联系也会密切起来，结果，就会带动和促进这些点的发展。

在增长极与周围点的交往中，就必然产生越来越多的商品、人员、资金、技术和信息等的运输要求。从供需关系看，就意味着增长极与周围的点之间建立起了互补关系。为了实现它们之间的互补性，就会建设连接它们的各种交通线路、通讯线路、动力供给线路等。这些线路的建成，一方面更加有利于增长极和相关点的发展，另一方面又改善了沿线地区的区位条件，刺激了沿线地区的经济发展。区域的资源和要素在继续向增长极及相关点集聚的同时，也开始向沿线地区集中。于是，沿线地区就逐渐发展成区域的经济活动密集区，成了区域发展所依托的轴线。

轴线形成后，位于轴线上的点将因发展条件的改善而使发展加速。随着增长极和轴线上点的规模不断增大，轴线的规模也随之扩大，它们又会向外进行经济和社会扩散，在新的地区与新的点之间再现上述点轴形成的过程。这样，就在区域中形成了不同等级的点和轴线。它们相互连接构成了分布有序的点轴空间结构。

3.网络式空间结构

网络式空间结构是点轴系统发展的结果。在点轴系统的发展过程中，位于轴线上的不同等级的点之间的联系会进一步加强，一个点可能与周围的多个点发生联系，以满足获取资源和要素、开拓市场的需要。相应地，在点与点之间就会建设多路径的联系通道，形成纵横交错的交通、通信、动力供给网络。网络上的各个点对周围农村地区的经济和社会发展产生组织和带动作用，并通过网络而构成区域的增长中心体系。同时，网络沟通了区域内各地区之间的联系，在全区范围内传输各种资源和要素，于是就构成了区域的网络空间结构。

网络空间结构是区域经济和社会活动进行空间分布与组合的框架。依托网络空间结构，充分利用各种经济社会联系就能够把区域内分散的资源、要素、企业、经济部门及地区组织成为一个具有不同层次、功能各异、分工合作的区域经济系统。

4. 产业发展与城镇空间结构分析
——以资源型城镇为例

对一个城市来说，优美的旅游景点，集聚的人才，丰富的水资源，较好的交通区位优势，丰富的地下矿产，都可以说是这个城市的资源，本章节提到的资源型城镇是指因自然资源的开采而兴起或发展壮大，且资源性产业在工业中占有较大份额的城镇。这里所指的自然资源主要为矿产资源，资源型产业既包括矿产资源的开发也包括矿产资源的初加工。因资源型城镇产业发展对城镇空间结构的影响比较明显，以此为例，具有一定的典型性和示范意义。

4.1 资源型城市产业发展与空间结构演化的阶段性分析

1. 资源型城市的特点

资源型城市的特点主要表现在以下几个方面。

(1)城市化明显滞后于工业化，资源型城市往往是自然资源开发的附属品。在计划性开发中，国家长期实行“先生产、后生活”的原则，片面强调生产，城市基础设施的建设、经营和管理没有得到应有的重视，从而导致城市基础设施落后。在劳动地域分工中表现为能源供应基地，在区域发展中仅作为区域工业中心，作为区域商业中心和科技文化中心的职能相对比较薄弱，对区域经济的扩散辐射能力相对较差。

(2)城市发展的粗放性。资源型城市发展的主要动力是国家投入，国家投入多，发展就快，投入下降，发展就放慢。同时，这种增长又是以数量的扩大为主要标志，而与经济增长质量关系密切的产业结构重组、经济效益等指标有的发展缓慢，有的甚至有所退步。长期以来，资源型城市经济效益总体一直低于全国，主要原因是我国在资源产品和加工产品之间实行价格“剪刀差”政策，造成资源型城市比较效益下降、利益流失。这种双重利益流失，一段时间内造成资源开采和输出越多，利益流失也越多的困境，更谈不上资本积累和产业转型。

(3)城市发展有着比较明显的周期性。资源型城市在发展过程中,既具有城市化的一般规律,又具有能源基地发展的特征,有着比较明显的周期性。从国内外资源型城市的发展经历来看,资源型城市在发展过程中往往表现出比较明显的阶段性和生命周期,即经历开发、建设、兴盛、停滞直到趋向落后。

(4)企业功能与城市功能高度混合,国有经济主导化。长期以来,由于企业办社会、企业办城市,企业功能与城市功能长期相互混合,形成了两个城市功能主体,即以地方社会经济为主体的城市功能圈和以矿务局社会经济运行为主体的城市功能圈,市、矿分割,经济的融合度较低,企业办社会问题十分突出。

2.资源型城市不同发展阶段产业与空间结构的对应关系研究

资源的不可再生性和有限性决定了资源开采和加工企业的发展存在着生命周期。对于因资源开发而兴起并以资源性产业为主导经济的资源型城镇而言,其产业发展与空间结构也会相应呈现出发展的阶段性。美国学者胡贝特(Hubbert)将资源型城镇的发展分为预备期、成长期、成熟期以及转型期或衰退期四个阶段[①]。我国学者沈雷提出"三阶段说",即兴起阶段—稳定发展阶段—衰亡阶段,也有部分学者仿效胡贝特的四阶段说提出资源型城镇发展"四阶段论",即幼年期—青年期—中年期—老年期四个阶段,还有其他一些不同的划分方式,虽然划分方法不一致,但本质是基本相同的。在城镇不同的发展阶段,其产业发展与空间结构呈现出不同的特点(见表4.1)。

表4.1 资源型城市产业与空间结构的阶段性对应关系

	产业结构特点	空间结构特点	空间形态
预备期	已有产业发展情况是资源型产业发展的基础,由于资源的开采,对原有城市的产业发展产生深刻的影响,与资源有关的产业所占比重迅速增加。	城市一般为点状形态,范围小且分散孤立,表现出向心集中发展趋势,外部形态为紧凑的团块状。	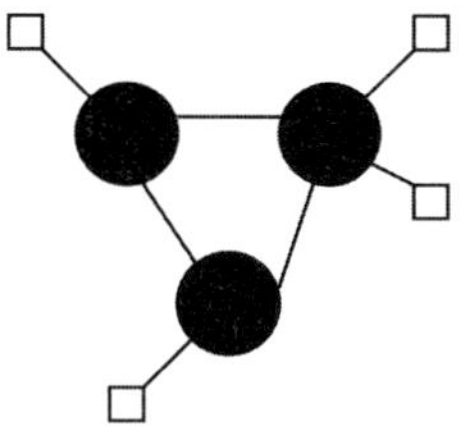

① 鲍寿柏,胡兆量,焦华富等.专业性工矿城市发展模式[M].北京:科学出版社,2000.

续表

	产业结构特点	空间结构特点	空间形态
成长期	资源型的主导产业迅速成长，非资源型产业落后，产业结构单一，产业构成以资源采掘和粗加工为主，重工业比重大大高于轻工业比重，而在重工业中，采掘工业和原材料工业比重较大，加工工业比重偏小。	资源型产业的发展导致对生产性服务和生活性服务需求的增加，人口和用地规模扩大，使原始居民点的地域范围扩大，呈现集聚型的近域扩张特点。	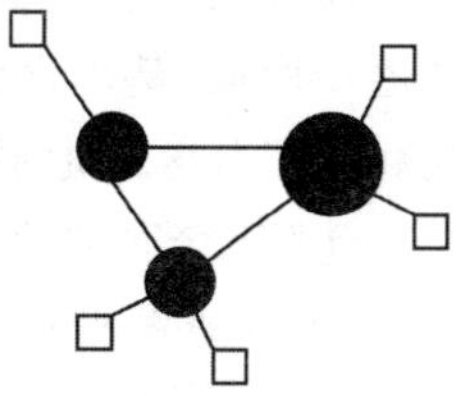
成熟期	资源型主导产业通过前向、后向及旁侧联系，使与资源型工业相配套的工业发展较快。非资源型产业也有所发展，城市产业结构逐步从单一向综合化、多元化发展。	空间结构出现成组团“跳跃式”的城镇空间扩展。组团是居民点与矿区生产区和管理服务区共同构成的综合性功能单元。	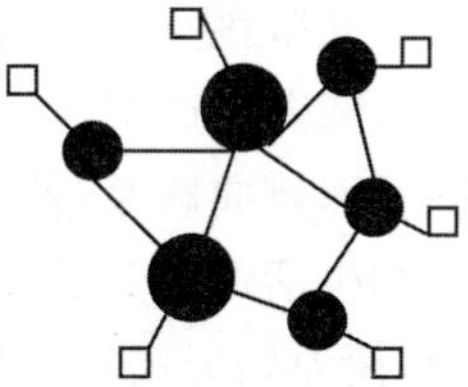
转型期或衰退期	资源型主导产业地位逐步衰退。城市的产业结构进入“二次创业”的大幅度调整阶段，一种可能是由于没有引导和培育出替代产业，经济发展陷入停滞；另一种可能是产业结构由单一型向综合型转化，由低级向高级转化。	“跳跃式”空间扩展基本停止，进入城市地域结构框架的填充式扩展阶段。相邻居民点可能相互连接形成较大的带状或块状中心区，边缘居民点仍然以近域扩展为主，整个城市形态的紧凑程度提高。	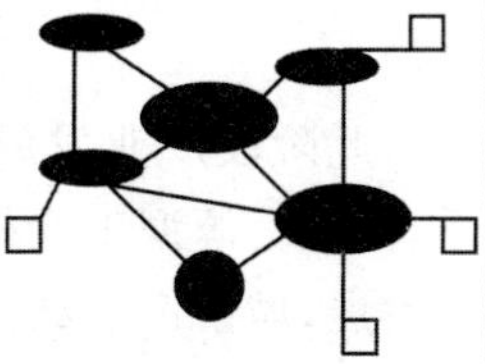

资料来源：根据鲍寿柏，胡兆量，焦华富等《专业性工矿城市发展模式》整理。

(1)预备期，资源开发前期准备阶段。当一个地区发现丰富的矿产资源，并对资源储量、品位等进行了详细勘探，当开采条件、交通状况以及市场需求等各种条件均具备的条件下，就会投资建矿。城镇基础设施和服务设施开始建设，随之形成资源型城镇的雏形。

此阶段产业发展的特点是：城市已有的产业发展情况是资源型产业发展的基础，从严格意义上来说，在资源没有进行开发之前，该城市还不能叫资源型城市。由于资源的开采，才对原有城市的产业发展产生深刻的影响，使其进入资源型城市的预备期，与资源有关的产业所占比重迅速增加。

此阶段空间结构的特点是：点状城镇空间形态形成阶段（极核产生阶段），在资源开发过程中，人员不断集聚，为了解决职工就近工作的需要，会在附近选择一块位置较好的地块作为居住区，这就成为资源型城镇最初的建成区。此时的城市一般为点状形态，范围小且分散孤立，表现出向心集中发展趋势，外部形态为紧凑的团块状，最初的建成区有可能成为后来的整个城市中心区，也可能随着最早建成的煤矿的报废而衰退。

(2)成长期，全面投产直到生产达到设计规定阶段。此阶段城镇功能分区逐步形成，基础设施和服务设施逐步完善，城镇空间结构随城镇规模的扩大和功能分区的形成而得以扩展。

此阶段产业发展的特点是：资源型的主导产业迅速成长，生产规模不断扩大，但非资源型产业落后，产业结构单一，产业构成以资源采掘和粗加工为主，重工业比重大大高于轻工业比重，而在重工业中，采掘工业和原材料工业比重较大，加工工业比重偏小。

此阶段空间结构的特点是：城镇空间近域扩展阶段(极核集聚发展阶段)，随着矿产资源的持续开发，职工人数不断增加，同时，矿产资源开发的前、后，侧向联系，使其他工业部门相继有了一定发展，这就导致对生产性服务和生活性服务的需求，进而带动了第三产业的发展，人口会进一步的集聚，使原始居民点的地域范围扩大。

(3)成熟期，生产达到设计目标后继续发展。城镇工业发展水平和综合发展程度不断提高，城镇的发展规模进一步扩大，城镇空间结构要素进一步增加。

此阶段产业发展的特点是：资源型主导产业通过前向、后向及旁侧联系，使与资源型工业相配套的工业发展较快。与此同时，非资源型产业也有所发展，城市产业结构逐步从单一向综合化、多元化发展。

此阶段空间结构的特点是：城镇空间跳跃扩张阶段(极核扩散发展阶段)，由于资源分布的范围一般较广，当一个地方的矿产资源开发完毕或者需要扩大生产规模，就需要建立新的矿井。为了避免工人过长的上班通勤距离，便在新矿区建立新的居民点，并与矿区生产区和管理服务区共同构成综合性功能单元，从而使资源型城镇出现成组团“跳跃式”的城镇空间扩展。这是多数规模较大的资源型城市典型的地域扩展方式。淮南市正是在这一发展阶段形成了“百里煤矿百里城”的空间布局结构。与此同时，随着规模的扩大和相互联系的需要，不断沿交通干线相向发展，相互间不断靠近，那些规模较大，位置适中，发展条件好的居民点可能成为整个城市的中心区。这一过程一直持续到资源趋于枯竭，城市进入新的发展阶段。如果资源分布集中，范围较小，这一发展阶段将不明显。

(4)转型期或衰退期，以矿产资源开采为主体的企业地位下降，新的综合性产业兴起阶段。

此阶段产业发展的特点是：当地的矿产资源逐步枯竭，开采难度加大，成本上升，没有新的资源替代，主导产业地位逐步衰退。此时城市的产业结构必须进行大幅度的调整，即所谓的“二次创业”。处于这一时期城市的发展前途有两种可能，一种是随着资源的枯竭，城市也随之衰退，最终成为“采矿遗址”，如前苏联的巴库；另一种是利用原有城市的基础、设备、人才、资金等条件，大规模进行产业结构调整，培植新的经济增长点，产业结构由单一型向综合型转化，由低级向高级转化，完成产业和城镇职能的转型，使专业性工矿城镇向加工工业城镇或综合型城镇演化。伴随这一发展过程，城镇空间结构必然由于城镇功能构成要素的转化而发生相应的变化。

此阶段空间结构的特点是：城镇空间集约发展阶段（区域空间一体化阶段），当资源型城市发展到后期，资源趋于枯竭，产业结构发生转换，其他工业部门成为新的支柱产业时，资源型城市的性质从严格意义上讲发生了改变。城市的“跳跃式”空间扩展基本停止，进入成熟期形成的城市地域结构框架的填充式扩展阶段。此时城市再次进入以向心型发展为主的阶段。相邻居民点的相向发展最终可能导致相互连接，形成较大的带状或块状中心区，边缘居民点仍然以近域扩展为主，整个城市形态的紧凑程度提高。

上述资源型城市的四个发展阶段及相应的产业、空间结构阶段模式，基本是伴随资源开发的生命周期而划定的，这四个演化阶段并不是绝对而是相对的，并不存在两个阶段间的绝对界限，有时不同阶段是相互交叉的，并且这四个阶段也并不是每一个资源型城镇都要经历的。资源型城市分为先有城市，后开发矿业的有依托型和先有矿区，后建城市的无依托型两种，对先城后矿型的资源型城市，上述空间发展阶段的极核产生阶段可能就不会出现。从宏观角度看，多个资源型城市组合在一起的区域空间结构则是多个资源型城镇发展过程中空间结构演变促使区域各种空间要素不断演化、组合所表现出来的综合特征。

通过对上述资源型城市产业发展与空间结构演化过程的分析，可以得到以下结论。

a.资源型城市的经济发展一般有三种模式

一是随资源产业兴旺而兴旺，随资源产业衰落而衰落的发展模式。在这种模式中，以资源开发为主导产业，它左右着城市经济发展的趋势，在资源开发的起步阶段，城市随资源的开发而开始加速发展，随着资源产量的逐步上升；城市经济因资源上游产业的发展走上繁荣，如在此阶段忽视了发展相关产业，当资源枯竭时资源型城市就会走向衰退。

二是随资源产业兴旺而兴旺，随资源产业衰落而停滞的发展模式。在这种发展模式中，资源下游产业和非资源产业有所发展，但仍不是发展的主导产业，资源采掘业仍主导着经济的发展趋向。在资源开发的起步阶段，城市被赋予新的内容,开始起步;在资源产量的上升阶段,城市因资源上游产业生产规模的扩大走上繁荣,资源下游产业也得到一定程度的发展,并在城市经济中占有一定比例,但非资源型产业所占比例小,不能维持持续繁荣。在资源枯竭时,资源型城市虽不会立即衰退,但很难维持繁荣,其发展进入停滞状态。

三是随资源产业兴旺而兴旺,随资源产业衰落而持续繁荣的发展模式。在这种模式中,资源产业和非资源产业共同主导资源型城市的发展趋势。在资源开发的起步阶段,城市被注入新的活力,开始起步;在资源产量的上升阶段,因资源上游产业生产规模的扩大走上繁荣,并且资源下游产业加快发展,为城市的后续发展积累资金,并使资源产业成为主导经济发展的产业之一;在资源产量的稳定阶段,运用所积累的资金和稳定的黄金时期,发挥资源上下游产业的带动辐射功能,发展多元经济与替代产业;当资源产量下降后,在抑制产量下滑的同时,适时进行产业的战略性替代;在资源枯竭时,由已经得到充分发展的替代产业来维护经济的持久繁荣,从而实现经济的可持续发展。

b. 空间结构演化特点

第一,在资源型城市从预备期到转型或衰退期的发展过程中,城市空间结构的发展轨迹基本呈现出从一点到多点,从集中到分散再到区域整合的发展过程。

第二,在资源型城市发展的预备期和成长期阶段,资源的开采区、加工生产区以及居民点相互之间的分布关系对城镇空间结构的影响较大,往往决定着城镇空间结构的形态。在城镇发展后期,随着城市产业的替代和转型,这一影响性相对减弱,但资源型城镇空间的发展特征依然明显。

第三,由于资源的空间分布范围通常较广,或者由于地形地貌的限制,资源型城市的建成区较为分散,各功能区在地域上互不相连,需要通过方便的交通线路相联系,加大了城市运转的成本,进而影响城市整个系统功能效应的发挥。

4.2 典型期资源型城市产业发展与城镇空间结构分析

资源型城市的发展要经历预备期、成长期、成熟期以及转型期或衰退期四个阶段的生命周期过程,成长期及成熟期是资源型城市产业和城镇空间结构因资源开采而使其变化特征表现得非常明显的一段时期,本文所指资源型城市的典型期大致就包括这两个阶段。

1.典型期资源型城市产业发展存在的问题

(1)产业结构序次低,三次产业比例结构不合理

第一产业基础薄弱,第二产业比重偏大,且呈超重型化,第三产业发展缓慢、滞后。三次产业结构的序次低致使效益低,产业结构原始、单一,对城市经济发展形成刚性制约,也造成城市经济系统稳定性差。

(2)产业结构较多地呈超重型

在建设初期,资源型产业一般多为采掘业。随着资源生产能力的提高,电力、建材、冶金、化工等高耗能产业得到一定程度的发展。资源型城市产业发展过程中,一般把重工业放在优先发展的地位,轻视轻工业发展,导致轻重工业的比例关系不合理,重工业比重大大高于轻工业比重,而在重工业中,采掘工业和原材料工业比重过大,加工工业比重偏小,这就使资源的合理利用和生产力的合理配置受到严重制约。

(3)产业结构普遍呈单一型

资源型城市往往是因矿产资源的大规模开发利用而兴起。在产业结构中,第二产业是主体,采选业及原材料工业成为产业体系的主导产业,从而形成较为单一的产业结构,城市经济发展对资源具有高度依赖性。若不及时培植替代主导产业,资源一旦耗竭,城市将面临贫困、落后、甚至衰亡。单一的产业结构使资源利用面窄,产品深加工不够,以资源产品为主的产业因处于产业链条的上游,档次低,产品附加值低,低效益产出只能提供有限的资金用于城市建设,同时造成电力、交通运输、邮电通讯等基础产业投资不足,发展缓慢,不适应经济发展的需要。

(4)产业结构一般呈稳态型

资源型城市主要以资源开采业及初级加工工业组成它的产业部门,建设周期长,占用资金多、规模大,在经济形势急剧变化和新技术革命挑战面前,其应变性、适应性均较差,相反却具有较大的发展惯性和超稳态性,生产缺乏柔性,不能及时应对市场需求变化。

(5)产业技术结构的二元性

资源型城市产业的技术结构中,存在着十分明显的差异。一方面是由现代化综采装备和大规模矿山机械所组成的高产出资金密集型企业,即技术先进的现代化主导产业;另一方面仍保留由原始的开采方式和简单手工操作所组成的低效益、低产出的乡镇企业、个体企业,形成产业上的二元结构。

(6)产业组织结构、科技结构、人才结构呈现单一性

在组织结构上,表现为“大而全”“小而全”的企业多,而专业化分工协作的企业群体和企业集团较少;在科技结构和人才结构上也表现为单一化,

科技队伍专业门类极不平衡，资源产业人才较多，而电子信息、生物医药及农副产品深加工等产业的人才缺乏。这就形成了城市综合性经济发展和可持续发展的结构性障碍。

2. 典型期资源型城市空间结构的类型及存在的问题

资源型城市具有“缘矿建厂、缘厂建镇、连镇成市”的基本发展模式，因此，资源型城市大多呈现“小、散”型的城市功能结构单元，形成较为单一的城市空间结构类型。这就为城市的集中发展和居民的交通、生活等带来诸多不便。邹德慈认为矿业城市一般具有“区域化城市”的形态，即由一组不同规模的城镇组合形成一片城镇化地区，应将这类城市的规划作为区域规划。① 虽然资源型城镇内部空间结构类似于一定地域范围的城镇体系结构，但缺乏完整体系在等级规模和职能分工等方面的合理关系。

(1)空间结构的类型

根据已有研究成果，我国资源型城镇空间结构主要包括以下三种结构类型。

1)集中分布型：主要表现在一些小规模的资源型城市，采矿业多数分布在市域范围内的不同村镇，城区与矿区往往分离。矿产资源在地域分布上较分散，或者由于交通、基础设施落后都会导致这种空间形态的出现。城区与距离城区较近的工矿点集中分布，与远距离的工矿点联系较少。部分分布在城区的矿产资源，也因城市经济实力有限而难以脱离主城区进行较远距离的开发，因此形成城区的集中型结构。典型城市如抚顺，抚顺在早期的开发过程中，由于煤田资源分布较集中，各井场相距很近，矿区内炼油厂、电厂、钢厂、铝厂、各种机械厂等主要企业的布局大部分靠近采掘区，形成了采掘和加工工业相邻近，工矿业相对集中的状况(如图 4.1)。

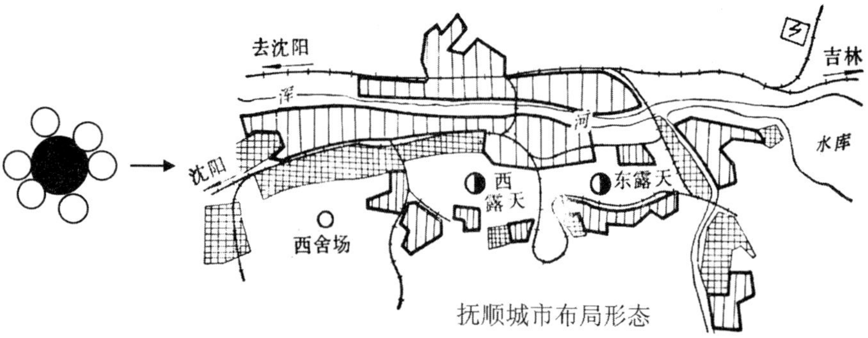

图 4.1　集中分布型

---

① 邹德慈. 资源型(矿业)城市的可持续发展问题[J]. 规划师，2006(4).

2)一城多镇型:即由一个明确的核心城区与外围多个规模较小的城镇(矿区)共同构成的城市,是资源型城镇较为典型的城镇空间结构类型,其核心城区功能较完善,规模较大,而外围规模较小的城镇功能较单一,服务设施不建全,对核心城区的依赖性较大,其形成往往与工矿业的布局或城镇发展历史密切相关。典型城市如焦作,焦作在早期资源开发过程中,在中心城区外围分布有规模较小、功能较单一的工矿镇(如图 4.2)。

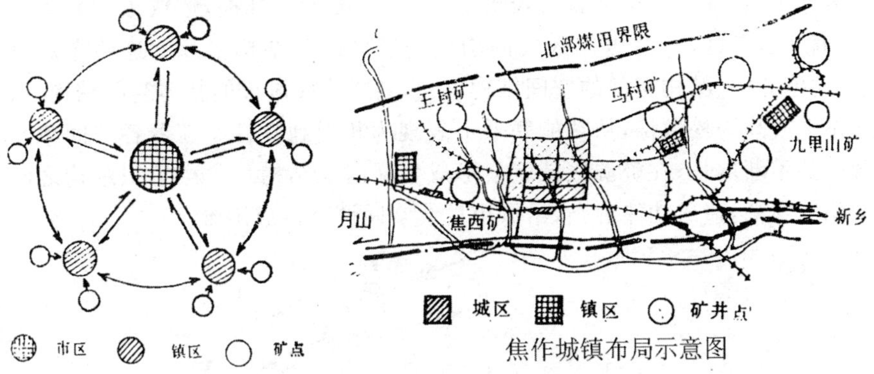

图 4.2　一城多镇型

3)分散组团型:多数是从一城多镇型逐步演化而来的,原先分散的镇,因采矿业的发展和区位条件有利,工业和商业服务业得到了相应的发展,人口数量增加,逐步具备了部分中心城区的功能,而演化为分散组团型结构。典型城市如六盘水,随着煤田的开发与建设,形成六枝、盘县、水城三个镇,市中心设在水城,主城与六枝、盘县两个副中心均有铁路、公路相连,交通方便,各工矿小镇又围绕中心城与副中心分布(如图 4.3)。

从上述三种城镇空间结构的类型来看,所谓集中型结构主要是由于资源分布集中,相关工业集中布置,或者因为城镇规模相对较小,如县级市或县城关镇,许多采矿业分布在乡村而未计入城区范围所致。而一城多镇型和分散组团型结构则多指城镇地域较广的城镇结构类型。但这三者之间并没有本质的差别,而是建立在不同空间尺度、行政划分尺度以及城镇不同发展阶段上的不同表现形式。如若分散在乡村中的采矿点也被视为城区职能的一部分,或最终发展成为一定规模的乡村型矿区,那么,这个地区城镇的空间结构就是一城多镇型或分散组团型。

(2)空间结构存在的问题

1)空间结构较为松散,缺乏整体性

主要表现在构成城镇空间结构各组成要素的分散化布局。首先是工业生产区的分散,由于一般矿产资源的分布区域面积都有几十或几百平方公里，需要划分为若干个井田开采，从而形成一个个分散的采矿工业点；其次，居民点与矿区的距离不能过远，在早期的社会经济条件下规定不大于2.5公里，以方便职工上下班，这就使居民点必然随矿区呈现多点分散性布局，如果资源分布不连续，或者地质构造复杂，就会使空间的松散性表现得更加明显。同时，由于早期形成的资源型城市机械化开采程度低，需要依靠大量的年轻劳动力，加上人口转移(在矿区工作一定年限就可转为城市户口)的政策原因，往往一个矿区就会聚集2—3万人的人口规模，形成由矿井生产区、商业服务区、以及居住区共同构成的矿区综合结构单元。这些布局分散、功能趋同、结构相似的空间结构单元，共同构成城市的整体空间结构，从形态上表现为松散性，从功能联系上表现为相对独立性。随着各空间单元规模的不断增长，在资源区域就会形成生活组织结构与生产组织结构之间的相互穿插，造成功能混杂，给城市后续空间调整造成困难。

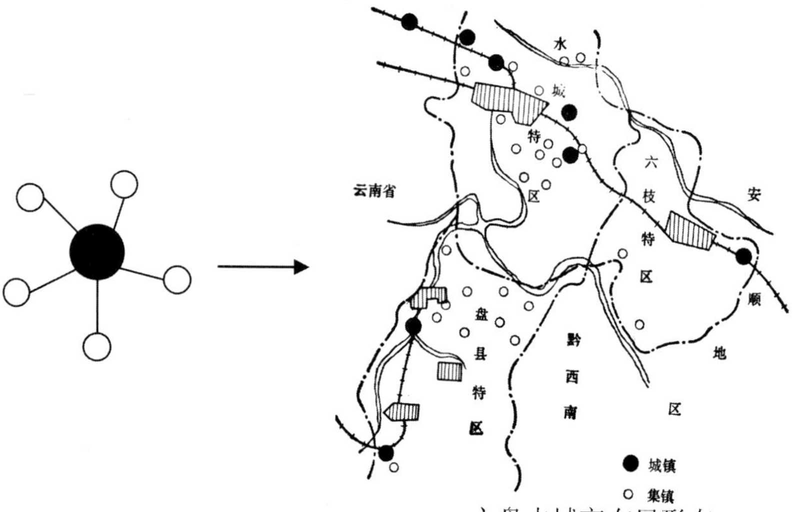

六盘水城市布局形态

图4.3　分散组团型

2)城乡交错分布，使服务职能分散，难以满足居民生活需求

对于大多数资源型城镇来说，由于城镇空间结构的分散性，导致城镇中心区与各矿区之间的空间距离较远，其间往往穿插分布着大面积的农田、水域、乡村等非城市化景观，形成城乡交错分布的景象。造成这一现象的主要原因是资源的广域分布性致使矿井的布点较为分散，而矿区居民点一般要选择在位置适中、条件较好的地段，受通勤条件和时间的限制，其服务范围都有一定限度，进而造成居民点不仅数量多且布局分散，不同的中心居民点之间就会存在非城市化景观，使整个城镇呈现城乡交错分布的结构特征。

而且，当时我国限制发展大城市，尽可能发展中小城市的城镇发展方针也是促成资源型城市城乡交错的主观因素之一。此外，处于不同发展阶段的城镇，城乡交错分布的状况是不同的。资源型城市发展的时间越长，中心居民点就越多，分布范围就越广。这种分散的空间结构导致配套的基础设施及公共服务设施的分散，其功能不完整，服务层次低，难以形成规模化和集约化发展，难以产生经济集聚效应，从而影响城市的综合服务能力。随着我国社会经济的不断发展和人们物质生活水平的不断提高，这种模式已难以满足人们不断增长的物质文化需求。

3)城镇内部功能分区不明确

在我国许多城市空间结构中，含有一种特有的功能综合型地域单元，即独立单位地块。是指由一定的公有制单位独立作用的某一封闭地域，其内部生产、基础设施、生活服务设施齐备，它与工业区、居住区和城镇中心区共同构成城镇空间结构的基本要素。我国资源型城镇由于生产方式的特殊性和计划经济体制的共同作用，其中的独立单位地块更是数量多、分布范围广，而且多数单位地块拥有者为驻地中央企业，如矿务局、电厂、冶炼厂等。由于它们在管理体制、战略发展取向等多方面与城镇之间存在独立性和差异性，并由于条块分割，城市规划对这些独立单位地块使用方式的管理作用十分有限。

资源型城镇独立单位地块的分散布局，导致整个城镇空间分布与功能布局的分散性，城镇内部功能区的划分不太明确，各种功能被分散在整个区域的零星功能区。在城镇中心区和分散的各片区中，矿务局所辖的单位都占有较大的地域范围，本系统的工业、商业以及各种企业办社会的部门，如学校、医院、住宅等都分布在其管辖的地域范围内，与地方政府的相关部门相互独立。因此，各片区的功能区类型相似，重复建设的现象严重，城市基础设施和生活服务设施缺乏一定的规模，难以形成集聚效益和规模经济。

4)生态破坏严重，制约城市可持续发展

由于多数资源型城市分布在经济相对落后，生态环境脆弱的地区，而且在资源开发的过程中强调先生产，后生活，过分注重资源性产品量的扩张，是一种粗放型的经济增长方式，造成资源大量消耗的同时，对生态环境造成严重破坏，环境保护的设施很少能够与资源开发同步进行，这就导致各种环境问题的发生，制约城市的可持续发展。

4.3 资源型地域——鲁尔区产业发展与城镇空间结构演化特点

1. 鲁尔区基本情况概述

鲁尔区是世界上最大的工业区之一。它位于德国经济最发达的北莱茵—威斯特法伦州(简称北威州)的中部,是北威州的5个区之一,包括了11个县市,12000个工厂和600多个矿井,其中多特蒙德、埃森、波鸿、杜伊斯堡等是比较有名的工业城市。鲁尔区的面积约为4400平方公里,人口550万。鲁尔区不是严格的行政区域,它类似我国"苏南""苏北"这样的区域概念(如图4.4)。

鲁尔区——德国最大的工业区地理图示

图4.4 鲁尔区位置图

区内自然资源丰富,尤其是煤,使得该地区经济的主导产业主要是以钢铁和采煤业为主。经过两次世界大战以后，在 20 世纪 50—60 年代鲁尔工业区的煤炭钢铁工业迅速膨胀，呈现出空前繁荣的局面，被称为“欧洲工业的心脏”。从 20 世纪 50 年代末起，由于以煤、钢为主的单一经济结构受到新的经济发展形势和科技革命的冲击，鲁尔工业区出现经济发展速度放慢，生产萎缩，失业大幅增加等一系列问题。20 世纪 60 年代以来，鲁尔工业区开展了区域全面整治与更新，对产业发展与空间结构进行了相关的调整。

2. 产业发展特点

鲁尔区的特点是重工业十分发达，19 世纪下半叶和 20 世纪初，就已建立起强大的钢铁工业和煤炭工业，但 1958 年发生煤炭销售危机，接着而来的 70 年代、80 年代钢铁销售危机，导致鲁尔区的产业发展发生了深刻转变，以原材料和能源为基础发展了前后配套的产业，即化学工业、机械机器和汽车制造、电力机器制造、稀有金属工业和电气工业，随着经济结构的演进，电子工业、塑料加工、服装工业和服务业得到大规模的发展。1995 年鲁尔区的行业实力排位如下：化学工业、钢铁和轧钢业、机械制造业、电子业、食品制造业、汽车制造业、造船业、五金业、采矿业、石油加工业和塑料制造业等。可见，老工业如煤炭开采和钢铁工业已不再扮演重要角色，鲁尔区内的城市以井架和高炉为传统特征的景象已成为过去，新兴工业如机械与汽车制造、电子、环境保护、通讯、信息和服务业正在蓬勃发展。目前，只有 5％的从业人员工作在煤炭和钢铁行业，而大约有 70％的从业人员工作在服务行业。① 从鲁尔区的产业发展历程可以看出，产业多元化是资源型地域可持续发展的根本途径（如图 4.5）。

3. 城镇空间结构的演化特点

鲁尔区最高规划机构，煤管区开发协会从 20 世纪 60 年代起，逐渐担负起对矿区的全面规划。1960 年，协会提出了把鲁尔区划分为三个地带的设想：第一个地带是“南方饱和区”，主要是指鲁尔河谷地带，这里是早期的矿业集中地区，随着采煤业的北移，地位已大大下降，但经济结构相对比较协调，今后的发展是继续保持其稳定性。第二个地带是“重新规划区”，这是鲁尔的核心地区，该区包括鲁尔区的重要城镇及埃姆舍河沿岸城镇，是人口和城市高度集中的地区，存在着许多社会和经济问题。控制人口的增长，合理布局工业企业是迫在眉睫的问题。第三个地带是“发展地区”，包括鲁尔西

① 白福臣．德国鲁尔工业区经济结构转变经验[J]．辽宁经济，2004(8)：108－109.

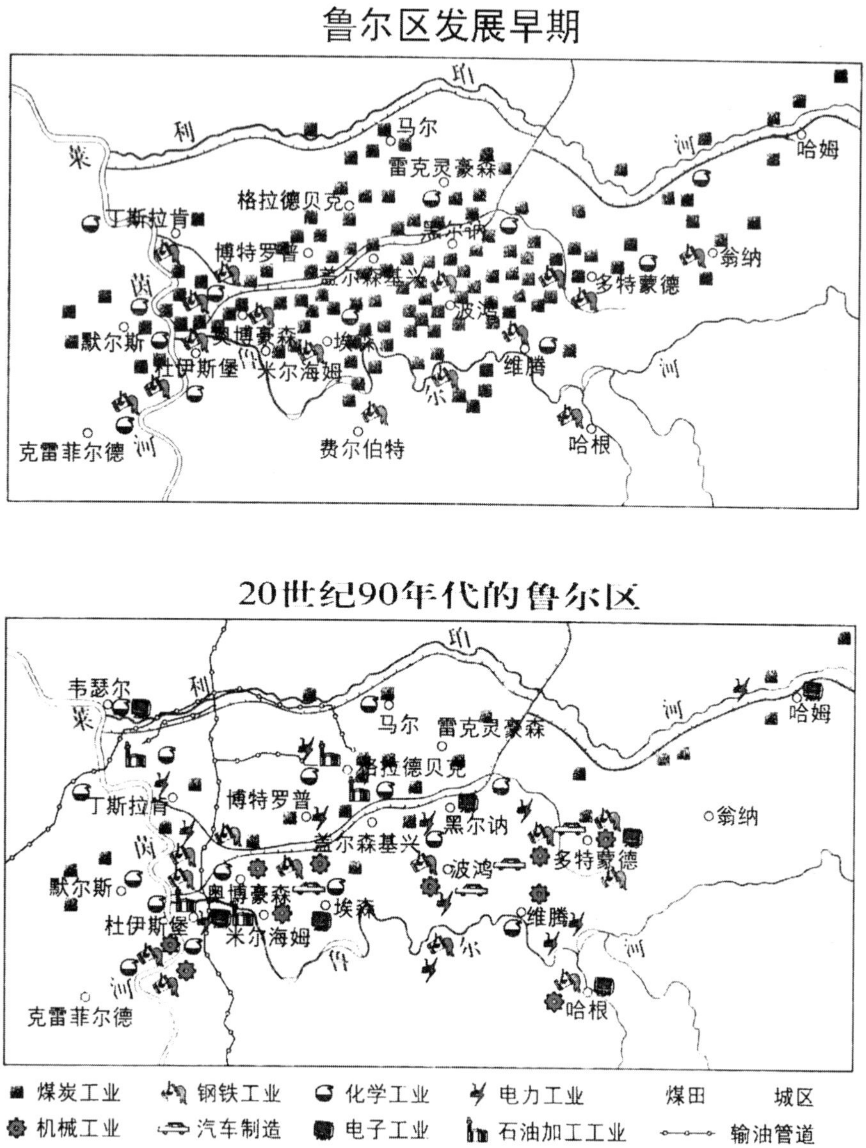

图 4.5　鲁尔区产业发展变化示意图

部、东部和北部正在发展的新区，其中北部是重点发展地区。根据三个地带的不同情况，协会提出发展第三地带，稳定第一地带，控制第二地带的战略设想，这一设想为鲁尔区的全盘规划打下了基础。1966 年在修改上述规划的基础上，协会又编制了鲁尔区的总体发展规划，此方案于 1969 年又进行了补充。总体规划的主要宗旨是发展新兴工业，改善矿区部门结构，扩建交通运输网；在核心地区以及主要城市中控制工业和人口的增长；在具有全区意义的中心地区增设服务性部门；在工业中心和城镇间营造绿地或保持开阔的空间；在边缘地带迁入商业；在工业区内开辟旅游和休息点，为人们提供休息和娱乐的场所。这一综合规划对于调整鲁尔区的经济及空间结构起到了重要作用(如图 4.6)。可见产业的发展对鲁尔区的城镇空间结构有着较大的影响。

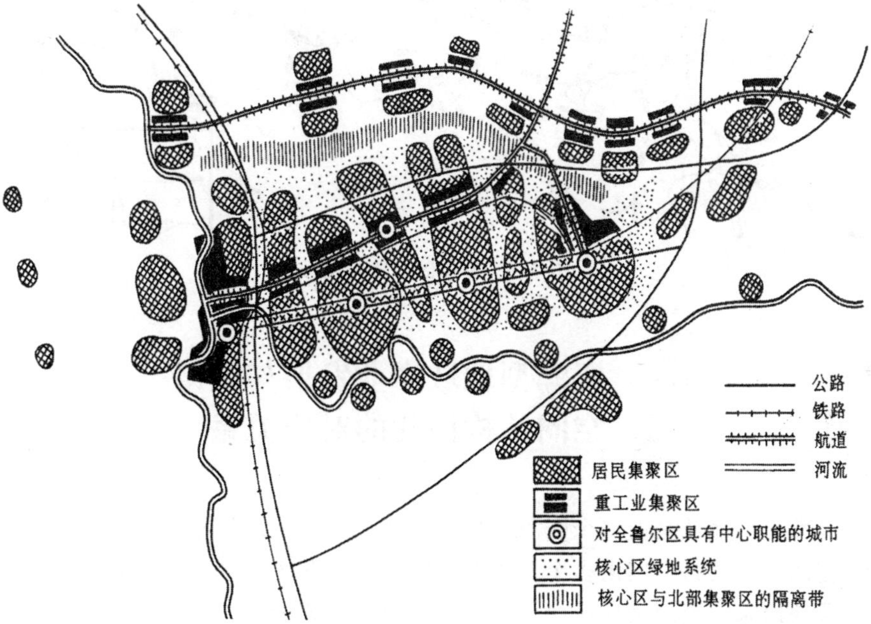

图 4.6　鲁尔区空间结构形态图

鲁尔区原有的交通运输系统就很发达。但由于新建企业以及城市住宅区向远郊发展，出现了区内交通负荷不断增大，边缘地区和核心地区交通相脱节的局面。因此，在 1968 年制定的“鲁尔发展规划”中，把完善交通运输网络和设备现代化作为经济结构转型的首要任务，并提出有计划地对鲁尔区现有的交通线路进行技术改造，发展区内快车线。1969 年鲁尔区架起了高架铁道，解决了铁路公路交叉引起的矛盾，发挥了很高的效能。1975 年波恩—科隆—杜塞尔多夫—多特蒙德和科隆—伍佩尔塔尔—多特蒙德两条高速公路竣工。在该规划中还提出建设新的高速公路，使区内任何地点距高速公路的距离都不超过 6 公里。同时，还提出在最大限度发挥本区水运优势的基础上搞好水陆联运，加速南北向交通线路的建设，组成统一的运输系统，把全区彼此分割的工业区和城市紧密衔接起来(如图 4.7)。

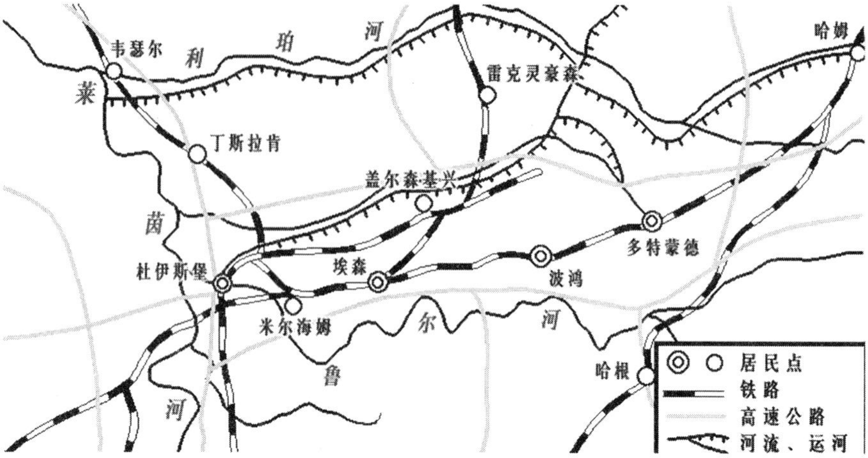

图 4.7　鲁尔区道路结构图

4.4　资源型地域产业发展与城镇空间结构演化的对应关系

资源型地域是由多个资源型城市组成的，资源型地域的产业发展与城镇空间结构的特点则由多个资源型城市的产业发展与城镇空间结构特点综合反映出来。资源型地域产业发展中也存在着轻重工业比例失调，产业结构单一、结构调整难度大，以采矿业、高耗能、高污染工业为主等特点；城镇空间结构存在着布局分散、联系松散、管理困难等特点。

根据上述对资源型城市产业与城镇空间结构的分析，并结合资源型地域的实例——鲁尔区的产业与城镇空间结构的演化特点，得出资源型地域产业与城镇空间结构的对应关系如下(见表 4.2)。

表 4.2　资源型地域产业发展与城镇空间结构的对应关系

时期	产业发展	城镇空间结构
早期	产业发展以非资源型产业为主(一般表现为以农业经济为主)。	城镇空间结构表现为若干孤立的城镇，由于区位及发展条件的差异，城镇的规模和等级有一定的差别，但城镇规模小，职能单一，城镇间以交流联系为主，经济联系较弱。

续表

时期	产业发展	城镇空间结构
中期	资源型产业对原有的产业发展产生深刻的影响，资源的开采使采掘工业和原料工业得到快速发展，资源的加工工业随着资源的开发利用得到逐步发展，产业结构中资源型产业占有较大比重。	由于资源的开采，会促使一批新城镇的形成和发展，并使部分现有城镇得到快速发展，城镇的职能分工和等级规模出现分化，交通等基础设施得到建设。
后期	资源型产业所占比重变小，通过资源型产业的前、后、侧向的联系使相关产业得到逐步发展，并逐步占有较大比重，产业发展表现出多元化的特点。	由于资源的枯竭性和不可再生性，有的城镇得到发展并持续繁荣，而有的城镇则逐步衰落甚至消失。由于区位及经济转型等的差异，城镇的等级结构明显，且交通线路得到大力发展及城镇间职能分工明确，城镇之间联系密切，显现网络状结构。

第二部分

资源型城镇产业与空间结构发展格局的实证研究

——以榆林市为例

1. 榆林市发展现状分析

1.1　榆林市发展概况

1.1.1　榆林市自然环境特征

1. 地形地貌复杂

榆林市位于陕西省最北部，地处陕甘宁蒙晋五省（区）交界地带，位于东经 107°28′—111°15′，北纬 36°57′—39°34′之间，东临黄河与山西相望，西连宁夏、甘肃，北邻内蒙，南接本省延安市。黄河沿东界南下涉境 270 多公里，明长城横贯东西 700 多公里。地域东西长 385 公里，南北宽约 263 公里，总面积 43578 平方公里。地形地貌大体以古长城为界分为北部风沙草滩区和南部黄土高原丘陵沟壑区。北部风沙草滩区占全区总面积的 42%，地势平缓，相对高差 10～50 米。这里沙丘起伏绵延，湖盆滩地、河谷阶地、海子相嵌其间，是榆林市农林牧业的主要生产基地，风沙危害严重。南部黄土丘陵沟壑区占全区总面积的 58%，属于黄土高原水土流失严重区域，其地形破碎，沟壑纵横，水土流失严重（如图 1.1）。

风沙草滩区

丘陵沟壑区

图 1.1　榆林的地形地貌

2. 气候干旱，灾害较多

榆林市属温带干旱、半干旱大陆性季风气候，多年平均气温 9℃左右，多年平均降水量 405 mm，占全省年平均降雨量 686.8 mm 的 59%。降水由西北向东南递增，主要集中在七、八、九三个月，约占全年降水量的 60%—70%。降雨地域分布不均，风沙区一般在 325～425 mm 之间，丘陵区在 400～500 mm 之间。气候干燥，蒸发强烈，降水较少，水分条件差，干旱成为榆林市最为显著的自然特征之一。降水常以阵雨形式出现，历时短、含沙量大，是黄河中游水土流失最严重的区域。市内多年平均水面蒸发 1246 mm，是降水量的三倍多。气象灾害较多，几乎每年都有不同程度的干旱、霜冻、暴雨、大风、冰雹等灾害发生，尤以干旱、冰雹和霜冻危害严重。

3. 资源丰富

榆林以其丰富的能源矿产资源，被誉为中国的“科威特”，是正在建设的国家能源化工基地，而且最终目标是要实现科技融入资源型的中国“能源硅谷”。全市已发现 8 大类 48 种矿产。煤炭：预测储量 2714 亿吨，探明 1660 亿吨，神府煤田是世界七大煤田之一。天然气：预测储量 5 万亿立方米，探明储量 7474 亿立方米，是迄今我国陆地探明的最大整装气田，气源主储区在靖边、横山两县。石油：预测储量 6 亿吨，探明储量 3 亿吨，油源主储区在定边、靖边、子洲、横山四县。湖盐，预测储量 6000 万吨，探明储量 3292 万吨。岩盐，预测储量 6 万亿吨，约占全国岩盐总量的 26%，探明储量 8854 亿吨。此外，还有比较丰富的高岭土、铝土矿、石灰岩、石英砂等资源。市内自产水资源总量 30.92 亿立方米，地下水可开采量 7.81 亿立方米（见图 1.2）。但根据目前的勘测情况，资源主要分布在北部县区，南部县区的资源分布较少。

19 世纪 80 年代以来，榆林进入大规模勘探开发阶段，国家和地方先后投入建设资金 300 多亿元，西煤东运使榆林形成以大柳塔为中心的现代化煤炭基地；在靖边建成亚洲最大的天然气净化装置，西气东输已实现向北京、西安、银川等大中城市供气；西电东送工程落在榆林，榆林将成为全国最大的火电生产基地。1998 年，国家计委正式批准榆林为国家能源化工基地。

1.1.2 榆林市社会经济概况

全市辖榆阳、神木、府谷、定边、靖边、横山、佳县、米脂、吴堡、绥德、清涧、子洲共 1 区 11 县，222 个乡镇，5625 个行政村。市政府所在地榆林城 1986 年被国务院命名为历史文化名城。到 2004 年末，全市总人口 349.96 万，其中城镇人口 57.38 万人，占 16.4%，农业人口 292.58 万，占 83.6%，人均国土面积 18.3 亩。全市有 24 个少数民族，共 1984 人，其中回族人数最多,主要分布在定边、靖边两县。

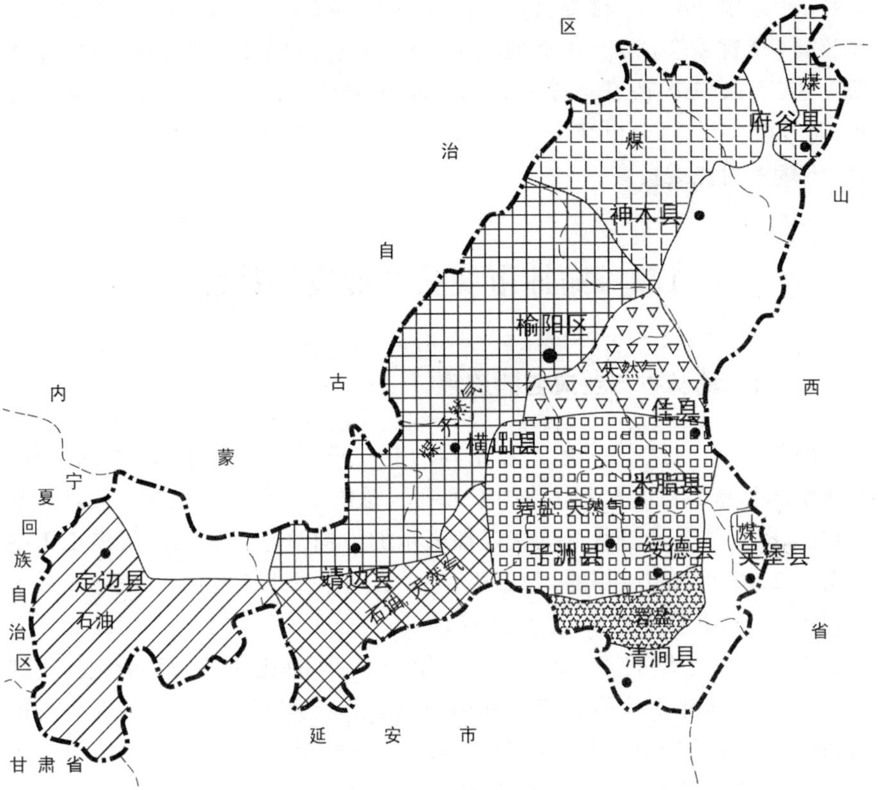

图 1.2 榆林市主要矿产资源分布

2004 年全市国内生产总值(GDP)185.04 亿元,按可比价格计算,比上年增长 17.5%,增长速度连续三年全省第一,分别比全国和全省快 8 个和 4.6 个百分点,其中第一产业实现增加值 25.22 亿元,增长 13.8%;第二产业增加值 114.94 亿元,增长 24%;第三产业增加值 44.88 亿元,增长 8.5%,第二产业有较快的增长速度,全市人均生产总值达到 5288 元,分别比全国和全省低 5214 元和 2469 元。

1.1.3 榆林市历史沿革

榆林自古为边关重镇,乃兵家必争之地。榆林春秋为晋,战国归魏,秦统一六国后为上郡地。东晋时匈奴人赫连勃勃在榆林西部建都统万城,国号大夏。唐及五代时设夏州、银州、麟州、府州、绥州,均属关内道管辖。宋朝时榆林被北宋、西夏和金国反复争夺占领。明朝设榆林卫,为边防九边重镇之一。清朝设榆林府,民国设榆林道。建国后,榆林为地区建制,先后设有专员公署、行政公署。1986年，榆林县撤县改市，全区辖1市、11县、216个乡、44个镇、5826个村委会；1993年，全区辖1市、11县、45个镇、217个乡、5854个村委会；2000年撤地改市，将原榆林市（县级）改称榆阳区，全市辖1区、11县、108镇、154个乡、109个居民委员会、5770个村委会；至2003年，通过撤乡并镇，全市辖1区、11县、111个镇、111个乡、141个居民委员会，5628个村民委员会。

1.2 榆林市现状产业发展特点

1.2.1 榆林市产业演变的历程

榆林市（含一区十一县）产业结构的变动经历了一个曲折复杂的过程，但演变的总趋势与世界上其他国家和我国总体产业结构变化的一般规律基本吻合，其宏观变动沿着克拉克定理表示的方向演进。这可以从表1.1中看出。在1978—2004年的27年中，第一产业占GDP的比重由58.7%下降到14.0%，下降了近45个百分点；第二产业占GDP的比重由20.0%上升到62.0%，上升了42个百分点；第三产业的比重由21.3%上升到24.0%，上升了近3个百分点。同期，从就业结构来看，大体上呈现与产值结构变动同样的趋势。第一产业从88.3%下降至60.0%，在27年中下降了近28个百分点；第二产业有所上升，从4.9%上升至13.1%，上升了近8个百分点；第三产业从6.8%上升至26.9%，上升了20个百分点。从表1.1可以看出：第一产业在国内生产总值中所占的比重是递减的；第二产业尽管中途有一个向下波动的过程，但从总体上看递增趋势还是明显的，这与资源的大规模开发存在着必然的联系；第三产业的比重也有波动，但逐渐增加的态势也较明显，而且第三产业对就业人口的吸纳能力较强。这与上述资源型城市产业结构的一般特点相吻合。榆林市现状总的产业结构特点是第一产业基础薄弱，第二产业比重偏大，第三产业发展缓慢、滞后。

表1.1 榆林市（含一区十一县）产业结构的变化 单位：%

年份	第一产业		第二产业		第三产业	
	GDP	劳动力	GDP	劳动力	GDP	劳动力
1978年	58.7	88.3	20.0	4.9	21.3	6.8
1980年	57.2	87.8	20.0	4.2	22.8	8.0

续表

年份	第一产业		第二产业		第三产业	
	GDP	劳动力	GDP	劳动力	GDP	劳动力
1985 年	53.7	79.3	19.0	8.6	27.3	12.1
1990 年	43.6	75.2	16.5	9.7	39.9	15.1
1995 年	37.6	71.8	28.6	10.8	33.8	17.4
2000 年	17.7	63.0	45.3	11.5	37.0	25.5
2001 年	14.1	67.4	49.8	9.8	36.1	22.8
2002 年	15.9	61.6	53.8	12.1	30.3	27.3
2003 年	14.0	59.5	57.0	12.7	29.0	27.8
2004 年	14.0	60.0	62.0	13.1	24.0	26.9

资料来源：根据《2003 年榆林市统计年鉴》和《2004 年榆林市统计手册》整理。

从表 1.2 和图 1.3 可以看出，榆林的国内生产总值在 20 世纪 80 年代后增长速度很快，第一、第三产业的增长速度较慢，国内生产总值的快速增长主要是由第二产业带动的。

表 1.2　榆林市（含一区十一县）产业发展情况　　单位：$\times 10^8$ 元

	1978	1980	1985	1990	1995	2000	2001	2002	2003	2004
国内生产总值	3.58	4.11	7.07	16.35	42.06	78.94	92.63	111.36	138.10	185.04
第一产业	2.10	2.35	3.80	7.12	15.80	13.98	13.03	17.68	19.30	25.22
第二产业	0.72	0.82	1.35	2.69	12.03	35.75	46.09	59.86	78.70	114.94
第三产业	0.76	0.94	1.93	6.53	14.23	29.21	33.51	33.82	40.10	44.88

资料来源：根据《2004 年榆林市统计手册》整理。

榆林市北六县（榆阳、神木、府谷、定边、靖边、横山）由于资源丰富，产业结构基本上表现为第二产业占有较大比重，一产、三产比重较低；南六县（佳县、米脂、吴堡、绥德、清涧、子洲）由于资源较少，产业结构基本上表现为第二产业比重较小，一产和三产比重较大（见表 1.3）。

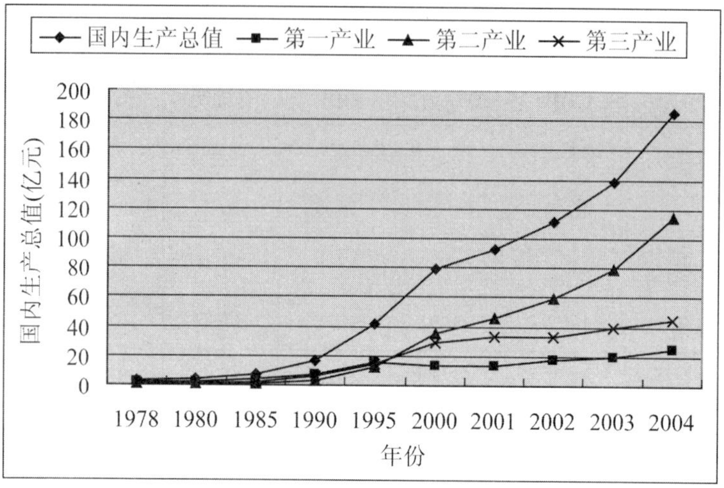

图 1.3　榆林市(含一区十一县)产业发展示意图

表 1.3　榆林市(分区县)2003 年国民经济状况　　　单位:$\times 10^8$ 元

项目 / 县区	国内生产总值	第一产业		第二产业		第三产业		人均国内生产总值(元)	工农业总产值	工业产值		农民人均纯收入(元)
		产值	比重(%)	产值	比重(%)	产值	比重(%)			产值	占工农业总产值比重(%)	
榆阳区	21.38	3.29	15.39	10.54	49.30	7.55	35.31	4915	18.64	12.58	64.49	1942
神木县	42.10	2.40	5.70	26.20	62.23	13.50	32.07	11480	51.06	46.78	91.62	2192
府谷县	12.99	1.04	8.01	6.97	53.70	4.98	38.39	6021	20.84	19.00	91.17	1384
横山县	7.49	2.96	39.52	2.06	27.50	2.47	32.98	2279	8.31	3.68	44.28	1197
靖边县	28.74	2.48	8.63	23.48	81.70	2.78	9.67	10428	67.72	63.44	93.68	1563
定边县	9.24	2.93	31,71	4.31	46.65	2.00	21.64	3029	14.28	9.51	66.60	1442
绥德县	5.61	0.80	14.29	1.20	21.43	3.60	64.28	1555	1.98	0.67	33.84	1223
米脂县	3.20	0.83	25.94	0.64	20.00	1.73	54.06	1538	2.07	0.86	41.55	872
佳　县	3.09	1.31	42.39	0.37	11.97	1.41	45.64	1252	2.07	0.33	15.94	898
吴堡县	1.32	0.14	10.61	0.32	24.24	0.86	65.15	1592	0.80	0.52	65.00	976
清涧县	2.81	0.84	30.00	0.52	18.57	1.44	51.43	1352	2.67	1.17	43.82	964
子洲县	3.53	1.12	31.73	0.44	12.46	1.96	55.51	1147	2.38	0.32	13.45	985
榆林市	138.10	19.31	13.98	78.73	57.01	40.06	29.01	3976	192.77	158.87	82.41	1438

资料来源:《土地资源开发与区域协调发展—基于陕西榆林市典型实证研究》.杨述河,刘彦随。

1.2.2　榆林市产业发展存在的问题

从以上对资源型城市产业发展特点和榆林产业演变历程的分析可以看出，总体上榆林自改革开放以来，生产力水平有了很大提高，取得明显效果。但由于资源型城市产业发展中的特殊规律，榆林的产业结构在发展过程中，存在诸多问题和矛盾。

1.榆林的产业结构层次水平低

从表1.1所反映的榆林三次产业结构的演变情况可以看出，第一产业在国民经济中比重逐渐缩小，其地位不断下降；第二产业有较大发展，而且工业重心表现为以石油、煤炭等能源工业主导型，第二产业占主导地位；第三产业也有一定的发展，但在国民经济中比重较稳定，发展速度缓慢。从总体上看，产业结构自我演化迟缓，体现出明显的传统格局。第一产业和传统的工业（如能源工业）及服务业在国民经济中所占的比例大，第三产业尤其是现代服务业发展缓慢，新兴产业比重较低。

2.榆林产业的技术创新能力低

首先，榆林农业产业的技术创新能力较低。反映农业技术创新能力的核心指标——农业劳动率，处于比较落后的水平。全市2004年占60%的农业劳动力创造的GDP产值仅为总产值的14%，农业偏离度高达46，说明农业现代化水平低，产业生产效率不高，农业产值结构和就业结构处于严重非对称状态。其次，榆林工业技术创新能力与国际竞争力较低。榆林产业技术水平低，结构重心倾向于基础产业，形成以能源、原材料加工为主体的工业产业。加工业比重较小，且加工业中传统的初级加工工业比重大，深加工、精加工程度低（见表1.4、表1.5）。再次，榆林第三产业内部的产业层次也较低。现代金融业、房地产业、信息服务业还不发达，综合竞争能力弱。传统服务业居多，新兴行业较少，直接服务于生产和科技发展的行业相对滞后。

3.产业的内部结构层次较低

榆林农村产业结构较单一。以2004年为例，在农林牧渔业的总产值中牧业占41.6%，林业占4.6%，渔业占0.6%，农业的比重为53.2%（见表1.6，图1.6）。在农作物结构中粮食作物所占比重过大，以占总播种面积的比例论，2004年榆林粮食作物播种面积占到总播种面积的80.4%。工业结构中原材料及初加工产业的比重较大，深加工产品少。以2004年榆林工业产值为例，轻重工业产值比例为1.4∶98.6。在重工业中，采掘工业，原材料工业在2002年所占比重高达96%，可见榆林工业品的加工层次少，对矿产资源的开发利用仍然以外销初级产品为主，原始工业的比重大，“产业链”末端高度加工产业比重小（见表1.4、图1.4、表1.5、图1.5）。

表1.4　榆林市（含一区十一县）轻重工业比重　　单位：%

	1978	1980	1990	2000	2002	2003	2004
轻工业	67.2	64.3	66.7	11.2	6.8	3.4	1.4
重工业	32.8	35.7	33.3	88.4	93.2	96.6	98.6

资料来源：根据《2003年榆林市统计年鉴》和《2004年榆林市统计手册》整理。

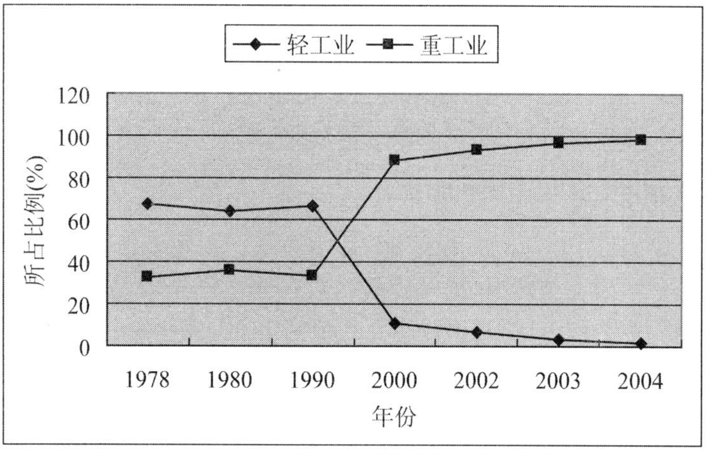

图1.4　榆林市（含一区十一县）轻重工业比重示意图

表1.5　榆林市（含一区十一县）重工业产值比重　　单位：%

	1978	1980	1985	1990	1995	2000	2001	2002
采掘工业	33.4	38.3	41.6	20.4	37.8	69.4	51.3	51.9
原料工业	20.5	14.1	17.5	42.0	36.7	26.3	44.9	44.1
加工工业	46.1	47.6	40.9	37.6	25.5	4.3	3.8	4.0

资料来源：《2003年榆林市统计年鉴》。

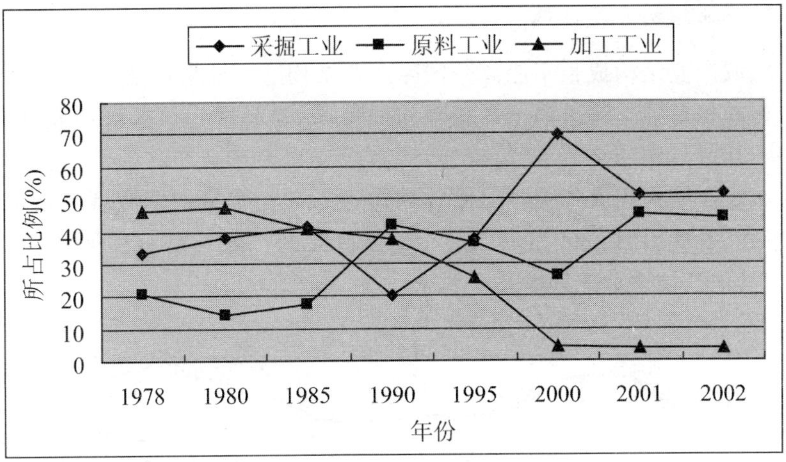

图 1.5 榆林市(含一区十一县)重工业产值比重示意图

表 1.6 榆林市(含一区十一县)农业内部结构比例 单位:%

	1978	1980	1990	2000	2002	2003	2004
农业	70.0	71.9	63.4	51.1	56.3	45.6	53.2
林业	11.2	7.5	8.9	6.1	6.7	11.7	4.6
牧业	18.7	20.5	27.4	42.3	36.4	41.9	41.6
渔业	0.1	0.1	0.3	0.5	0.6	0.8	0.6

资料来源:根据《2003 年榆林市统计年鉴》和《2004 年榆林市统计手册》整理。

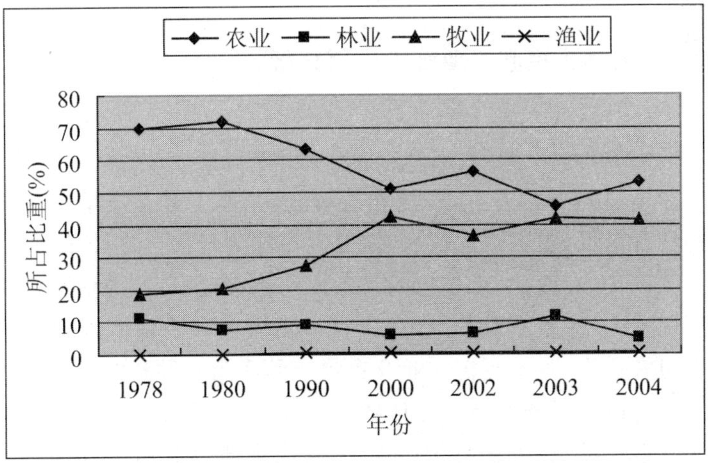

图 1.6 榆林市(含一区十一县)农业内部结构比例示意图

4. 产业结构开放性低

区域产业结构成长不能离开区际产业结构这一外部环境。一个区域产业结构的相对独立演进离不开相互间的关联，这是因为该区域产业结构成长离不开区际贸易交流、产品交换、资本投资以及产业转移关系，这又和其他区域产业结构高度相关。但榆林周边也是矿产丰富的资源型城市，如大同、东胜、石嘴山、朔州（如图 1.7），导致目前的产业结构整体开放性比较低，与其他区域产业之间联系不紧密。

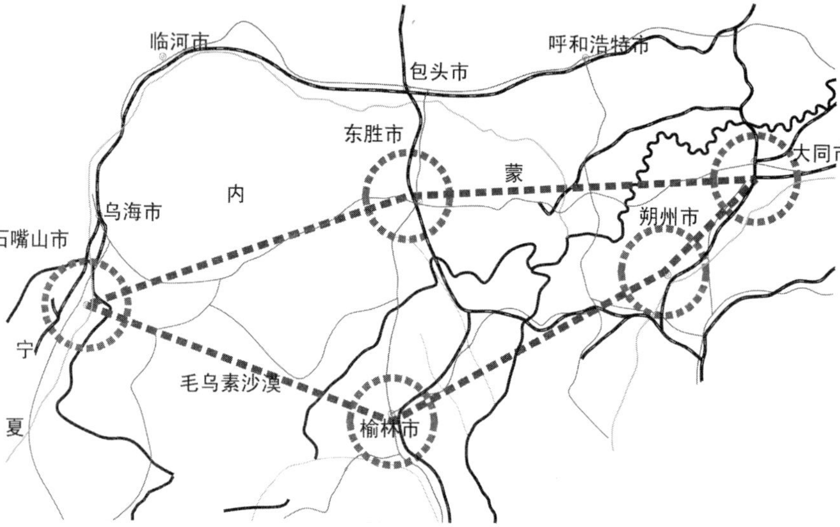

图 1.7　榆林市区位分析示意图

1.2.3　榆林市现状产业结构成因分析

1. 第一产业

硬件在于自然条件差，水资源相对短缺，基本上都是干旱农业，软件在于农业科技含量低，农民观念落后，没有以市场为导向。农产品的生产经营没有按照区域化、专业化、市场化的经营思路组织建设，在农业投资建设上，偏重于短期生产，注重数量和规模，忽视市场因素和附加值因素，忽视按市场要求组织农业生产，没有把农业及农牧产品作为一种产业来建设，没有形成种养加、产供销、服务网络为一体的专业生产经营系列，不能使每一种农牧产品从原料产品、初级加工、中间产品制成到通过深加工、精加工形成最终产品，并以商品品牌的形式进入市场，从而使农业产业链不能延伸，无法形成一个产品的完整产业链。农业的整体效益和附加值不高，增值率较低，利益的转移性和流失性严重，抵御市场风险能力弱，竞争性差，使农业的结构性矛盾比较突出。但榆林的自然条件较差，对农业的发展很不利，这是客观存在的现实情况，因此，农业的发展要更多的注重发展精细农业和特色农业。

2. 第二产业

第二产业存在的问题是工业产业过分依赖于能源等原材料工业。榆林在经济发展过程中，制定了一系列优惠政策，使能源工业成为榆林经济的支柱产业和财政收入的主要源泉。但是当能源工业发展到一定规模和水平时，出现了以下问题：科技含量较低，产业链较短，深加工、精加工程度小，没有注重提高产品的附加值。另外，榆林是一个生态脆弱的地区，在大规模进行矿产资源开发的同时，要注意环境的保护，避免经济的发展以生态环境的破坏为代价，这在某种程度上对矿产资源的开发也会有影响。

3. 第三产业

第三产业矛盾的根源在于：首先，产业基础条件差，管理水平低。榆林第三产业的滞后，在很大程度上是由于一、二产业发展缓慢，产业链薄弱，不能广泛为三产发展提供良好条件；其次，没有摆正三次产业的关系，没有认识到其内在制约关系，往往把一、二产业作为主业，而把第三产业作为副业，特别是经济建设初期，把大量资源投入到一、二产业中（特别是第二产业），导致第三产业硬件设施上的滞后；再次，第三产业发展中，缺乏带动第三产业发展的支柱产业，旅游资源开发滞后，形成“怀抱金碗要饭吃”的局面。

1.3　榆林市现状城镇空间结构分析

1.3.1　榆林城镇的历史演变

历史上大部分时期，榆林一直是北方游牧民族和汉族更迭占据的地区，郡县屡设屡废，变化很大，加之当时人口稀少，因而除了郡县行政驻地城镇外，城镇数量少，且因战乱、自然灾害频繁而发展缓慢。秦上郡郡址在今榆林鱼河附近，已无迹可寻，大夏国都统万城也早已废弃。隋、唐、宋设银、绥、夏、麟四州（或郡），该时期这些州都带有军事防御性的职能。榆林绝大部分城镇始兴于明朝，按性质主要分为两类，一类是在边关寨、堡、营、卫、关的基础上发展而来。该类城镇广泛分布于全区，如榆林、神木、定边、靖边、鱼河、镇川、清水、孤山、新民(明为镇羌堡)、通镇(原通秦寨)、横山(原怀远堡)、波罗、安边等。另一类是郡、州、县治及驿站驻所,该类城镇多分布于本区南部,如清涧、绥德、米脂、吴堡、佳县、府谷等县城,及义合、石嘴驿等。清以后,长城作为防御营卫的作用消失,众多的堡、寨、营、卫、关遂转化为一般以行政、商贸为主的城镇。

1.3.2 榆林市现状城镇空间结构分析

1.榆林市城镇空间分布特征

榆林全市城镇化水平较低,到2004年末,全市总人口349.96万人,其中城镇人口57.38万人,占16.4%,低于陕西省平均水平9.66个百分点,也远远低于全国城市化平均水平(2003年39.6%)。各城镇规模小,基础设施较差,城镇发展不快,市域城镇经济构成中农业产值的比重逐年降低,农业地域的商贸小城镇开始转变为农业中心地型小城镇和工矿业小城镇并重的混合型区域城镇体系。除榆林市区、绥德、神木、靖边等重点县城外,多数城镇规模小,是城乡物资交流集散地。近年,北部长城沿线出现了一批以工矿业为主的小城镇,市区南部也出现了一批农村中心地和商贸流通性小城镇,主要分布在307国道沿线。目前榆林市的城镇主要分布在长城沿线和无定河川道,中心市区处于两线交点上。形成这种城镇分布特征的历史原因是:起初作为军事防御堡垒的长城,由于农牧产品的交换在其沿线形成了一些边关要塞,后来发展成为现在的城镇;榆林最大的黄河支流是无定河,无定河河谷土地肥沃,气候温和,农业发达,因此沿无定河形成了一些城镇。长城沿线中心城镇有府谷县城、店塔、大柳塔、神木县城、榆林市、鱼河、波罗、横山县城、靖边县城、宁条梁、安边、砖井、定边等,无定河川道沿线有龙镇、镇川、米脂、四十里铺、绥德县城、石咀驿、清涧县城、折家坪等。另外307国道沿线和黄河沿岸也形成了一些小城镇,如黄河沿岸贺家川、万镇、佳县县城、吴堡县城等,307国道沿线的城镇有义合、子洲县城、马蹄沟、周家硷。目前由于黄河干流的航运作用很小,307国道沿线城镇发展滞后,因而这两条线的城镇发展程度远逊于"人"字型沿线城镇。从市域范围来看,榆林南部城镇较密,而北部城镇较疏,历史原因是南部开发历史久,人口密度大,气候较为温和,而北部开发晚,人口较少,气候相对较劣,北部地区清代以前战争频繁,真正开发始于清,和平的环境促进了蒙汉地区商品流通,城镇数量才有了较大增长。(各区县基本情况见表1.7,城镇分布情况见图1.8)

表 1.7　榆林市各区县概况(2003 年)

县区\项目	总土地面积(km²)	总人口(×10⁴ 人)	建成区面积(km²)	城镇人口(×10⁴ 人)	镇(个)	乡(个)
榆阳区	7053	43.89	26.0	25.85	12	12
神木县	7635	37.86	9.18	9.80	14	5
府谷县	3212	22.46	8.50	5.00	7	13
横山县	4081	33.40	3.60	3.25	10	8
靖边县	5088	28.69	22.00	7.90	9	13
定边县	6920	31.73	6.00	5.27	11	14
绥德县	1878	36.26	6.30	6.95	11	9
米脂县	1212	23.54	6.80	3.2	7	6
佳　县	2144	26.88	1.60	1.72	8	12
吴堡县	428	8.44	2.60	1.85	4	4
清涧县	1881	22.32	1.61	1.66	8	7
子洲县	2043	32.74	1.14	1.92	10	8
合计	43578	348.21	95.33	74.37	111	111

资料来源:《土地资源开发与区域协调发展——基于陕西榆林市典型实证研究》.杨述河,刘彦随。

2.榆林市城镇空间结构存在问题

(1)城镇规模小,等级低,规模序列不明晰

榆林虽为地级市,但从现状发展情况来看,基本上处于城镇化的起步阶段。全市总人口 349.96 万,其中城镇人口 57.38 万人,占 16.4%,农业人口 292.58 万,占 83.6%,有设市城市一个、县(区)11 个、乡镇 222 个。除榆林市区人口突破 10 万人以外,其他城镇人口均在 10 万人以下,除县城所在地外,其他大多城镇规模小,人口少,规模等级低,交通落后,区位优势不明显,难以形成集中连片发展,不利于生产要素的合理流动和资源的合理配置。缺乏可以带动全区发展的经济中心,严重制约了经济发展和小城镇的壮大,城镇经济实力弱。

(2)城镇职能结构单一,大部分城镇以资源采掘及初加工为主体

榆林市采掘工业和原料工业占全部工业产值的绝大部分,说明榆林市的基础经济部门占了较大比例,城市职能结构单一,经济综合性较差,原料

地指向型特征表现得较为明显。在资源分布较少的地域，城镇多数是以商贸流通为主的物资集散地。

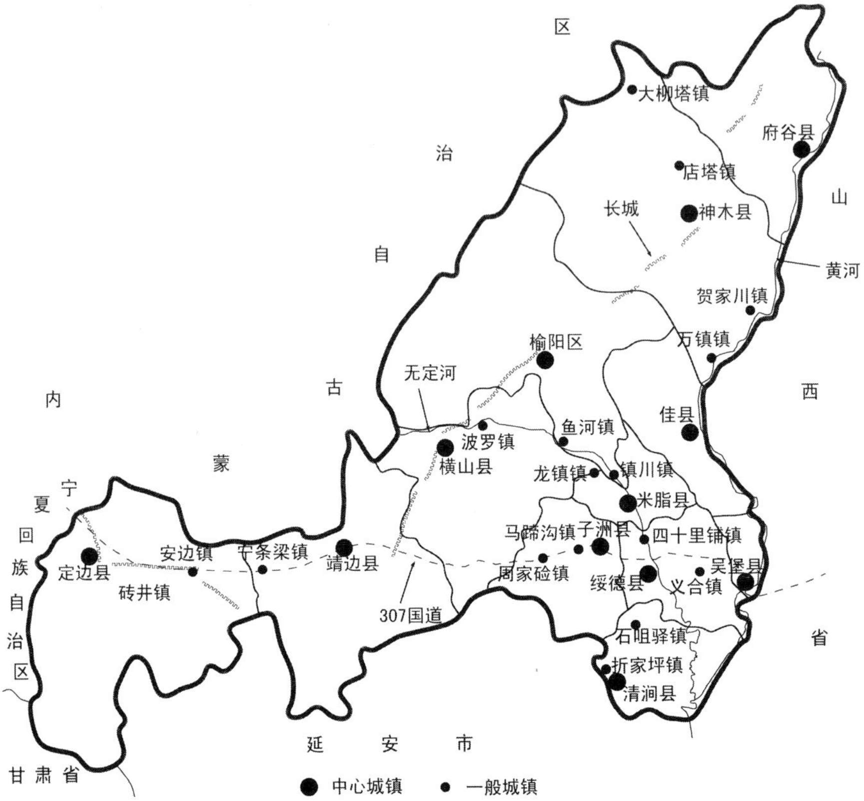

图 1.8　榆林市现状主要城镇分布示意图

(3)城镇之间联系不紧密

目前榆林市各城镇发展较为孤立，城镇间缺乏互补性，城镇经济无法实现极化和扩散，城镇体系空间格局具有“散点”状分布特征，集聚作用明显大于扩散作用。

(4)城镇发展不协调问题突出

榆林市从大的区域上分为南六县和北六县，南六县包括绥德县、米脂县、佳县、吴堡县、清涧县、子洲县；北六县包括榆阳区、神木县、府谷县、横山县、靖边县、定边县。榆林市矿产资源主要分布在北六县，相比之下，南六县的矿产资源较贫乏。例如煤炭主要分布在榆林北部的神木县、府谷县、榆阳区、横山县等区县；天然气主要分布北部的靖边县、横山县、榆阳区、神木县和南部的子洲县、佳县；石油主要分布在北部的定边县、靖边县、横山县和南部的子洲县。南六县与北六县的经济发展水平差距较大，过去是南部比北部发达，随着能源在北部的优先开发，南北部发展颠倒过来。以2003年为例，南六县GDP总量是19.54亿元，仅占榆林市的14%，北六县的GDP总量是118.56亿元，是南六县的6倍之多，其中神木县、榆阳区和靖边县的GDP分别是42.1亿元、28.74亿元和21.38亿元，均高于南六县的总和。北六县农民人均纯收入是1621元，南六县农民人均纯收入是970元，仅为北六县的3/5。对各县区而言，其发展也不平衡，经济水平差异大。榆林市下辖12个区县，虽然分属风沙草滩和黄土丘陵沟壑等不同的地貌形态，但从大区域范围看，自然条件总体上差异并不是很大。可是，从目前经济社会发展的状况看，无论是经济总量还是人均水平，各区县表现出严重的不平衡。12个区县中，地区生产总值排序前5位的依次是神木、靖边、榆阳、府谷和定边，2004年经济总量最高的神木县比最低的吴堡县高出39.68倍；人均地区生产总值排序前5位的依次是靖边、神木、府谷、榆阳和定边。2004年人均地区生产总值最高靖边县为17804元，是最低的子洲县（1383元）的12.88倍。

（5）城镇的发展受地形及水资源的影响较大

一是黄河沿岸府谷县和南六县在未来城镇建设上存在较多困难，黄河沿岸的府谷、吴堡、佳县为典型的河谷城市，地形破碎、多石质狭谷，城镇用地沿谷顶或谷底带状分布，建设用地紧张，扩展余地小，绥德、米脂、子洲、清涧的城关镇为黄土高原丘陵沟壑区的河谷城镇，城区建在河谷谷地或黄土坡地上，地形起伏大，城市发展与农田保护矛盾突出。二是全区多数地区水资源匮乏，总量不足。该问题在南六县比较突出，黄土高原丘陵沟壑区各县地下水资源缺乏，地表水资源变率大，可利用性差，成为制约经济和城镇发展的重要因素。北部的神木、榆林、横山、靖边一些地区虽有部分地下水，地形也较平坦，城镇发展较其他各县处于有利地位，但从长远看，随着经济、人口、城镇的发展与扩大，会带来一系列的环境问题，也可能使可用水资源减少，成为制约城镇发展的不利因素。

1.3.3 榆林产业发展在城镇空间结构上的反映

榆林由于资源的开发使城镇空间结构发生了较大的变化，首先是促使了新城镇的产生，如锦界工业园区的建设；另外还使一批落后的村镇由于资源的开发而得到迅速扩展，如店塔，大保当，油房庄等城镇。资源的开采和运输对交通有较大的依赖性，因此榆林的交通设施随着资源的开采得到发展。交通区位条件的改善，使交通线路通过的一些城镇由于资源的开发利用得到了间接发展，如绥德，义合等，榆林的城镇体系已由原来农业地域的商贸小城镇向农业中心地型小城镇和工矿业小城镇并重的混合型城镇体系转变。由于资源分布在地域上的差导性，有的城镇得到了快速发展，有的城镇发展则较慢，榆林的城镇出现了非均衡的发展形式，差距变大，南六县和北六县的城镇发展差距即是产业发展的差异所至。而且榆林的城镇多以资源的开采和初加工为主，职能单一，城镇之间的交流较少。

通过上述分析，榆林产业发展对城镇空间结构的影响较大，产业发展与城镇空间结构在不同时期的对应关系如下（见表1.8）。

表1.8 榆林产业发展与城镇空间结构的对应关系

时期	产业发展	城镇空间结构
资源开发前期	以农业经济为主的传统地区。	除榆林、绥德、定边等重点县城外，多数城镇规模小、分布散、工矿业少、农业人口比例大、与农村联系密切，是城乡物资交流集散地。
资源开发初期	北部区县资源的发现使资源产业得到一定程度的发展，南部区县以传统农业为主。	北部除榆林市有较大规模的发展外，还出现了一批以工矿业为主的小城镇，如大柳塔、店塔、新民等；南部出现了一批农村中心地和商贸流通性小城镇，如镇川、义合、田庄等。
资源大规模开发时期	资源的大规模开发与深加工得到进一步发展，农牧业产品开发规模逐年扩大。	榆林成为发展水平相对较高的综合性地方中心城镇，其他综合性城镇也得到一定程度的发展，如神木、靖边、绥德等，形成一批工矿性城镇（如大柳塔、店塔、大保当、金鸡滩等）、地方交通枢纽城镇及商贸型城镇（如镇川、义合、田庄、马蹄沟等）和旅游城镇（如尔林兔、佳县等）

2. 榆林产业发展思路与城镇空间结构的构建

2.1 新时期榆林发展的背景分析

2.1.1 榆林发展的有利因素

1. 国际能源竞争，使榆林战略地位凸显

煤炭是我国的基础能源，煤炭的开发和利用在我国能源安全战略中具有举足轻重的地位。神府煤田是世界八大煤田之一，具有丰富的优质煤炭储量，已经被列入国家重点发展的煤炭基地之中。榆林市位于这一区域的腹地，又是国内外罕见的集煤、气、油、盐、于一体的资源富集区，在资源开发与加工项目上具有得天独厚的比较优势，在能源化工基地建设中具有十分重要的战略地位，未来的煤炭等能矿资源开发和煤制油等煤转化项目必定会有大的发展空间。

2. 我国经济持续快速发展，加大对能源的需求

国民经济的快速发展和人民生活水平的提高，对能源需求不断增加，为榆林的能矿资源开发创造了条件和机遇。而且我国东部沿海正在进行产业结构调整，东部地区出现的电力短缺，也将推动大量投资向西部能源富集地转移。

3. 西部大开发和地区统筹发展将加大上级政府对榆林的支持力度

国家实施西部大开发战略，并把基础设施、生态环境、能源产业和科技教育列为开发建设重点，这必将会逐步改变榆林的投资环境、生态环境和人文环境。陕西省也高度重视和支持榆林能源化工基地建设，把能源化工确定为全省六大特色产业（能源化工、装备制造、高新技术、旅游、果业和畜牧业）之一，明确提出，要以国家“西电东送”“西气东输”为契机，加快陕北能源化工基地建设，形成对全省经济最具贡献的新的支柱产业群，成为21世纪我国现代化建设的一个重要能源接续地。在科学发展观指导下，各级政府的支持和扶持必将改善榆林市的基础设施和社会环境，带动能源化工和特色经济的不断壮大，推进榆林市的工业化和城镇化进程，实现经济社会的跨

越式发展。

4. 以交通为核心的基础设施条件的改善，对经济发展形成有利支撑

经过基础设施的大规模建设，榆林市交通、水利、通讯等基础设施条件取得了巨大变化，铁路、公路、管线等交通和通讯网络已经初具规模。“十一五”时期，两横两纵公路主骨架和“十二”条公路次骨架的形成，两横一纵铁路路网的建设和新机场的建设，将给榆林交通带来革命性的变化，有利于进一步加强榆林与周边省区和沿海地区的联系和交流，为经济社会发展创造更加有利的条件。

2.1.2 榆林发展的不利条件

由于目前榆林的大型能源化工项目主要属于高投入、高耗水、高排放的重化工项目，而且对就业的拉动效应较小，这样在资源大开发、经济高增长的同时，榆林在快速发展过程中面临着如下不利条件。

(1)产业发展对生态环境的压力将更加突出。榆林地处我国西北风沙区和黄土高原水土流失区，生态环境本来就十分脆弱，大规模的资源开发极有可能造成生态环境的进一步恶化。

(2)水资源的约束将更加突出。尽管水资源富集区与煤、气、油等能源矿产资源主储区分布相一致，基本上能够满足当前项目建设的需要，但是随着更多大型项目的进入，水资源的短缺将越来越明显。目前的缺水主要是一种资源性缺水，随着资源的开采，会对水质造成污染，今后的缺水将是资源性缺水与水质性缺水的叠加。因为目前的大型开发建设项目主要是沿窟野河、无定河等主要河流展开，这些河流将会受到越来越严重的污染侵扰。

(3)城乡、南北地区和阶层差距有可能进一步拉大。城乡、南北差距大，是榆林的基本市情，而且榆林的产业结构中，能源化工工业占有较大比重，工业对农业的带动作用小，造成城市与农村，重工业与轻工业、农业之间的割裂。

2.2 榆林发展定位

目前榆林整体产业结构处于以资源(矿产资源、农业资源)输出为特征的阶段，由于能源开采及其加工业对环境的破坏，并受到水资源的强约束，加之能源化工业属资金密集型行业，对劳动就业和收入增长的直接带动作用有限，榆林的发展应定位为国家新型能源化工基地、特色优质农牧产品供

应基地。能源资源是国家的重要战略性资源，对于我国这样能源资源总体上较为贫乏的国家而言更为重要。榆林以其丰富的能源矿产资源，被誉为中国的“科威特”。尤其是煤、气、油、盐等能源矿产富集一地，组合配置好，为国内外所罕见，是理所当然的国家级能源基地。化学工业是一国国民经济中最重要的基础产业，是一国工业体系不可或缺的重要组成部分。对于我国这样正处于快速工业化阶段的国家来说，化学工业，特别是基础化学工业更是有着极其广阔的市场空间。随着陕西省提出的能源资源“三个转化”战略在榆林的落实，一大批大型化工项目已经正在或将要落地榆林，煤化工、气化工、油化工和盐化工等基础化工产业都将会有一个大的发展，这也必将使榆林发展成为重要的化工基地。而且，榆林的产业定位不能是一般的国家能源化工基地，而是要按照新型工业化发展的要求，建设成为新型国家能源化工基地。所谓新型能源化工基地，主要体现在以下五个方面：一是节约型。所谓节约型就是要合理开发加工转化能源矿产资源，不断提高资源回收率和利用率，而不能对资源造成严重的破坏和浪费。二是集约型。所谓集约型就是指在资源开采运输加工转化过程中，要不断提高单位资源的产出效益，而不能单纯地依靠资源的大量占用和消耗来实现大开发与大发展。三是环保型。所谓环保型就是指要坚持环境治理与生产建设同步的方针，加强生态环境保护和治理，实现人与资源环境的和谐发展。四是亲合型。所谓亲合型就是指基地的发展要与当地经济社会发展更好地结合，要能够明显地改善当地群众的生产生活状况，能够明显地增进当地人民群众的福利。五是综合型。所谓综合型一方面是指要继续发挥煤炭、石油、天然气和盐等多种资源优势，建成国家重要的能源接续基地和储备基地。另一方面是指要加强对煤炭、石油、天然气和盐的综合加工转化，建成国家“西电东送”火电基地，大力发展煤转油、煤化工和油气及盐化工产业。

2.3　榆林产业发展思路

看待榆林的资源问题要用动态的、客观的、全局性的思维将其放在一个长期的时间纵轴上来考察。过分强调资源总量在全国同类资源中的比重，放大资源优势，过分突出资源型产业的地位，将不利于实现榆林中长期的发展目标。正如胡鞍钢所言：“自然资源开发战略是不可持续的战略”。而且国家目前已经认识到现行对地方政府 GDP 绩效考核机制的弊端，此种考核体系往往促使各地片面追求以 GDP 产值提高为目标，而忽视了社会、经济、生态的综合协调发展。国家已开始注意纠正，着手制定新的绿色 GDP 考核体系。矿产属于不可再生资源，如果单纯按照比较优势的观点，本地有什么资源就大力发展，那么经济的发展只能是一种短期行为。榆林的经济发展要将近期与长期、比较优势与可持续发展紧密结合起来。这并不否认应该依托比较优势来进行主导产业的发展，但如果始终用一种片面的、局部的、孤立的、僵化的眼光来看待榆林矿产资源这个比较优势，那么得到的只是一时繁荣。因此，要实现榆林比较优势与可持续发展战略的结合，就要在保持资源产业快速增长的同时，用资源产业的经济积累反哺其他具有潜在优势的产业发展，培育并壮大接续产业，进而达到一种结构搭配合理、产业优势明显、良性互动的经济发展格局。而且要注意使榆林的经济结构由单一化向多元化转变；经济增长方式由粗放型向集约型转变；投资扩张比重由注重量的突破向注重质的提高转变；发展战略由单纯快速发展经济向注重自然、社会、经济和谐一体前进转变。

根据资源型城市产业发展的特点及榆林现状产业发展的特点，榆林市产业发展的目标为：

1. 推进农业产业化开发

榆林的农作物布局呈南北两大区域特征，北部风沙滩区灌溉农业较为发达，农业生产以玉米、水稻、油料、蔬菜、农作物制种为主；南部丘陵沟壑区主要是旱作农业区，农业生产以糜谷、豆类、洋芋等秋杂粮以及果品和桑蚕为主。初步形成了“北种、南豆、东枣、西薯、全市畜牧”的特色产业格局。随着我国人民生活水平的提高，对绿色生态食品的需求大幅增加，榆林特色农业、特色牧业产品的市场空间得以扩大。榆林特有的自然资源和生态条件，决定了榆林在发展能源化工产业的同时，要注重发挥黄土高原和沙漠的自然条件和资源，发展特色农牧业。要按照“适应市场、因地制宜、突出特色、发挥优势”的原则，面向市场，依靠科技，以优化品种、提高质量、增加效益为中心，对农业生产结构进行优化调整，建立粮、经、饲三元结构，以发展草、羊、枣、薯四大主导产业为重点，培植区域特色农业。要把农业产业化经营作为推进农业现代化的重要途径，鼓励支持农产品加工和销售等企业带动农户进入市场，形成利益共享、风险共担的组织形式和经营机制，积极推进以“公司＋基地＋农户”为基本特征的农业产业化经营，引导农民按市场需求生产优质农产品，以红枣、洋芋、杂粮和畜产品深加工为重点，合理布局，发展多层次、规模化、专业化农副产品加工业。注重产前、产中、产后技术配套和服务配套，注重农产品交易市场建设，提高农业综合效益和市场竞争力。通过农产品深加工和农业产业化经营，使农民收入有一个明显提高。

2.延长产业链，注重能源的深加工，走新型工业化道路

资源输出与加工产品的输出，差距非常大。据专家估算，把煤焦油炼成苯、增效剂，产值分别增长42.5倍和200倍。再加工成燃料、医药和化纤产品，又可增值500倍、1750倍。[①] 榆林以往发展的实践证明，单靠资源输出，不仅不能提供发展后续产业所需资金，连生态环境遭破坏以后的补偿费也远远不能满足，可持续发展无从谈起。因此，走加工增值、延长产业链的新型能源产业的路子，是榆林的必然选择。榆林的能源化工产业在较长一段时间里会占有很大比重，在其发展中要立足能源开发，切实发挥主导产业部门作用，积极发展高新技术产业。围绕“三个转化”，着力打造“三大产业链”。即：利用国家西电东送北通道电源电网建设和丰富的优质动力煤优势，实施煤向煤电转化，建设大型火电基地，进而发展载能工业，形成煤电载能工业产业链；利用优质工业气化煤和动力煤资源，实施煤＋煤电＋煤制油＋煤化工产品一体化开发，形成煤电油化产业链；利用矿产资源组合配置条件好的优势，实施煤油气盐化工产品综合开发，形成煤油气盐化工产业链。通过资源转化，构建起煤电及载能工业、煤制油、煤化工、煤油盐化工产品综合开发、相互配套、相互支撑的产业集群。初步形成“原煤—发电—粉煤灰—建材工业；原煤—兰炭—焦油—化工—煤气、废焦粉和煤矸石—发电；原煤—甲醇—醋酸—醋酸纤维素；原煤—甲醇—二甲醚—聚烯烃；原煤、天然气—甲醇—甲醛、甲胺、甲酸（聚甲醛蛋白）”等数个循环经济链条。根据榆林的现状分析，应重点发展煤、气、油、盐、电、化六大支柱产业，采用现代管理方式，依托资源、开拓市场、利用后发优势，积极开拓与发展高新技术产业，推动榆林工业走产业链延长、附加值增大、科技含量高、经济效益好、消耗低、污染小、资源优势充分发挥、具有区域特色的新型工业化道路。

3.注重发展旅游、商贸、科技咨询等产业

市政府所在地榆林城是国家公布的第二批历史文化名城之一，旅游资源丰富，文化底蕴深厚，黄土文化与草原游牧文化汇聚于此，使榆林具有丰富的自然人文景观。榆林古城曾“南塔北台中古城，六楼骑街天下名”，大街两侧多是四合院，被美誉为“小北京”，现在明清仿古步行街正在修建。市域范围内的重点文物古迹有万里长城第一台镇北台，大夏国都统万城遗址，西北地区最大的道教建筑群白云道观，陕西最大的摩崖石刻红石峡，陕西最大

---

① 陕西省委党校经管教研部课题组.榆林能源重化工基地可持续发展探析[J].理论导刊，2005(8).

的内陆湖泊红碱淖，李自成行宫，秦始皇长子扶苏和大将蒙恬墓等。

旅游业是一个劳动密集型的产业部门，所以发展旅游业不仅可以充分利用榆林丰富的旅游资源，而且可以较大限度地利用榆林充裕的劳动力资源，增加地方的就业和收入。旅游业又是一个带动力较强的综合产业部门，它的发展不仅可直接带动第三产业其他部门的发展，而且能刺激对地方商品的需求，从而促进第一产业和第二产业的发展。

榆林还要注意发展科学技术、信息咨询、商品流通和房地产等产业。科学技术、信息咨询是一个地区经济发达的主要标志，它对推动生产力的发展，提高生产效率起着难以估量的作用。有了科技进步和信息产业发展，其他各产业就能获得持续较高的增长率，它对几乎所有产业的增长都起着决定性作用，符合主导产业的要求，有着广阔的前景，是潜在的主导产业。

总的来说，榆林在利用现有矿产资源大力发展资源型产业、促进经济发展的同时，还要注意培养非资源型产业，而且工业要把农业带动起来，实现工农互补；城市要把乡村带动起来，实现城乡共同发展。

2.4 榆林城镇空间结构的构建

2.4.1 榆林城镇空间结构构建的目的

通过对区域空间结构的合理调整，可以实现区域经济的协调发展。榆林城镇空间结构构建的目的是：

(1)通过城镇空间结构的构建，形成合理的空间组织形式，把分散于不同地理空间的相关资源和要素相互连结，最大限度地发挥资源效能。

(2)通过城镇空间结构的构建，使企业空间活动的范围不断扩大，在更大地理空间内分享某些具有很强地域性特征的稀缺资源，从而实现资源共享。

(3)通过城镇空间结构的构建，为地区间、产业间的交流创造便利的条件，加快资金流、信息流、人才流和知识流的流动速度，缩短流转周期，从而放大流量，相当于创造了部分无形资源。

(4)通过城镇空间结构的构建，使地区、部门之间的联系更为紧密，形成合理的分工协作体系，在生产过程中节省大量的资源，实现资源节约，降低生产成本。

2.4.2　榆林城镇空间结构演化的机制

集聚与扩散是生产力运动的客观要求。随着生产力要素在区域空间内依据效应最大化原则不停地运动和组合，旧的区域空间结构不断被打破，新的区域空间结构不断形成。这一区域空间结构的自然更新过程在生产力要素的集聚与扩散机制引导下永不停歇。[①]

1. 集聚

集聚是指要素和部分经济活动等在地理空间上的集中趋向与过程。集聚的动力源于产业的区位要求、业务关联要求和规模经济要求等三方面：(1)区位指向相同的经济活动都趋向于布局在区域内相关生产要素最集中、空间组合最好的地点；(2)任何经济活动都存在于特定的价值链中，它仅仅是价值链中的一个环节，在较小的空间范围内尽可能地获得关联产业的业务，从而使关联产业自动地集聚；(3)由于集聚能够产生规模经济，所以具有规模经济特征的经济活动为追求集聚经济而在空间上趋于集中。集聚的区域空间结构重组效应主要体现在五个方面：第一，极化新的区位。新的极化过程会促进新城的出现，从而形成新的区域空间结构节点，使区域的城镇空间结构的规模和等级结构发生改变。第二，改变“流”的动向。新区的极化会形成新的区域生产力梯度格局，生产力要素的流向将发生新的变化，流量也将随着新的分化和重组而出现新的状况。第三，改变通道格局。由于新的集聚现象直接改变原有流的动向，通道必然要作出相应变动。第四，加剧空间不均衡。在集聚作用下，区域内部会产生新的中心与边缘分化的过程，产生经济活动在空间分布上的不均衡现象，区域内部因此而出现空间差异和不平衡。第五，片区功能重构。随着生产要素的流入，不同空间结构单元的产业结构、贸易结构等都发生相应的变化，因此不同空间结构单元的功能会同时发生变化。

2. 扩散

扩散是指资源、要素和部分经济活动等在地理空间上的分散趋向与过程。扩散的动力源于产业的区位要求、规避规模不经济和追逐新的集聚利益等三方面：(1)许多经济活动如农业、原材料工业有着本原的分散要求，对

① 陈修颖. 区域空间结构重组——理论与实证研究[M]. 南京：东南大学出版社，2005.

区域空间结构的形成和演化具有较大的影响;(2)随着集聚规模的不断扩大,规模不经济现象显现,如地价上扬、成本增长等,对于附加值不高的产业而言,当企业运转成本超过利润时,扩散必然发生;(3)随着区域外部条件的变化,集聚地区的企业或产业为了追求新的发展机会,在其他地方建立新的分支机构、开辟新的市场、进行跨区域的资产重组和资产经营等活动都会形成经济活动的扩散趋势。扩散对区域空间结构的影响主要有三个方面:第一,老经济区的衰落或功能转换。随着经济发展要素的流出,一种可能的情况是由于原有经济区的发展条件每况愈下,从而加速老经济区的衰落;另一种情况是由于老经济区的经济发展条件转换,使部分经济活动退出该区域,从而使该经济区的经济功能发生转换。第二,促进空间均衡发展。在扩散作用下,区域内部会产生新的集聚与扩散的均衡过程,其结果是产生经济活动在空间分布上的均衡现象。第三,片区功能重构。随着原有生产要素的流出,不同空间结构单元的经济性质、产业结构和贸易结构等都发生相应的变化,因此不同空间结构单元的功能同时发生变化。

从榆林市的经济发展现状看,虽然工业发展已经开始进入快速增长时期,但缺乏整体发展规划,已有项目布局分散,与当今工业设备装置规模越来越大的趋势相比,每一个项目规模都不大。同时,为了促进县区间的平衡发展,扶持某些经济比较落后的县发展经济,也有意识的把一些工业项目布置在不同县域。这种“星星点灯、遍地开花”式的分散布局带来很多问题,一是由于各区县资源禀赋类似,雷同的项目不仅争水源、争资源、争环境容量,将来的市场竞争也可能演化为区域内各县之间的竞争;二是化工本身是一个产业链长、产业集聚程度高的行业,布局分散致使单个地点的企业扩容受到限制,不利于未来产业集聚,也不适应当今全球经济发展中由产业竞争转向区域经济竞争的趋势。三是能源开发和加工转换带来的污染和废弃物、能矿资源开发聚集人口而带来的生活污水和垃圾难以得到集中处理,可能带来生态环境的进一步恶化。因此,近期榆林的发展应以集聚为主。

2.4.3 榆林产业发展对城镇空间结构的影响

1.有利条件

(1)农产品加工工业对城镇发展的促进作用

榆林农林畜牧产品加工有一定的发展潜力,积极发展的有皮革加工、食品、饮料、服装、纺织等，这些工业项目主要布局于榆林，对提高榆林的综合发展水平有一定的促进作用。靖边和横山主要发展毛纺及服装工业，南部各县有红枣、洋芋、豆制品、水果加工等工业，由于南部区县普遍缺乏矿产资源，农副产品加工对南部城镇的普遍发展有着非常重要的作用。

(2)能源矿产资源的大规模开发是城镇发展的动力因素

城镇的发展离不开第二、三产业的推动，第二、三产业的发展必须依托于城镇，资源的大规模开发及加工对城镇的促进作用会很明显，大柳塔由于煤炭的开采而快速发展即是一个例子，由于第二产业对第三产业具有带动作用，第三产业在城镇中的集聚也会促进城市的发展。能源矿产资源的开发对交通的依赖性较大，资源的开采要由交通等基础设施来支撑，这可以从前述鲁尔区的发展中得到验证，交通网的建设必将促进城镇对外的交流，扩大能源等产品的输出，有利于工业项目的建设，对榆林城镇的快速发展具有不可替代的促进作用。

(3)旅游、文化的促动作用

榆林旅游资源丰富，特色突出，榆林将形成以历史文化名城榆林为中心，以陕北历史文化遗址和大漠风光为重点的旅游业，重点建设的有榆林北郊名胜游览区，白云山风景区，红碱淖渡假区，统万城遗址公园，陕北民俗文化村等，这些将成为榆林城镇建设与发展的基本动力。

2.不利条件

(1)农业是榆林城镇发展的传统促进力之一，但农业生产水平低，基础薄弱，农业生产仍以传统农业的一家一户的生产方式为主，影响到以农牧林产品为主的乡镇加工工业的发展。一方面，全区农副产品不论品种还是数量上都难以满足城镇迅速发展的需求，另一方面传统农业的生产方式和技术，难以在其内部自发地分离出现大量的非农生产经营产业，造成城镇自主发展能力差，由此使榆林城镇的发展多依赖于外因推动。

(2)经济发展与城镇建设是相互依赖，密不可分的统一体，经济的发展必将推动城镇发展，而城镇的发展又是经济，特别是第二、三产业经济发展的生长点，因此，在很大程度上经济发展的快与慢、顺利与否决定了城镇发展的前景。过去，榆林是以农业经济为主的传统地区，资源的开发虽使第二、三产业有了一定程度的发展，但资源开发过程中利益分配不均，对地方经济的促进有一定的限制作用；资源开发对农业的带动作用较小，农村经济发展不快，形成富区不富民的状况；国家重点扶持的能源工业、交通通讯等基础设施的资金投放是最主要的，使城镇体系的成长存在不确定因素。而且随着技术水平的提高，资源产业对就业的拉动作用有限，农村剩余劳动力向城镇转移有限，会制约城镇的发展。

（3）榆林是生态脆弱区，北部沙化，南部水土流失是不利环境的写照。由于大规模的资源开发建设，对自然环境不可避免会产生重大影响。目前榆林已经出现了水质受到污染，地表塌陷等问题，这些问题会对榆林的形象有一定影响，造成对外部资金吸引力减弱。

2.4.4 榆林城镇空间结构的发展格局“一核，三心，三轴，四区”

榆林在资源开发利用的过程中，会对城镇空间结构产生深刻的影响，从整个市域范围来看，上述的农业产业化，资源加工中产业链的延长，发展旅游、商贸、科技等产业的发展目标从微观上改变城镇的空间结构，诱导交通等基础设施的建设，在宏观上则导致市域城镇空间结构的演变。空间是一种能产生效益的资源，产业发展与城镇空间结构相互适应才能促进城市的快速发展。

榆林城镇空间结构发展的总体思路是根据目前榆林经济空间结构特征与演变阶段，采取非均衡协调发展战略和据点开发、轴线延伸、网络发展的开发模式，选择优势区位，培植增长极点，通过各个极点的扩散和辐射作用形成产业带，各个产业带相互交织形成网络，最终带动榆林经济的整体协调发展。

1.增长极的培育

根据前述增长极的特点和作用，在榆林市域内应选择和培育几个符合增长极特点的城镇，通过其集聚和带动效应，加快榆林的发展。根据目前城镇发展的基础，结合产业发展目标、城镇空间结构发展模式及交通等基础设施建设情况，增长极的选择和培育情况是：应集中资源使榆林中心城区的规模和功能升级，使其成为陕北地区的中心城市和榆林地区政治、经济和文化中心及带动区域发展的增长极核。同时围绕榆林中心城区，结合资源的开发和深加工，考虑到城镇建设的用地、交通、水资源等条件，重点建设神木、靖边和绥德三个次中心，以分别带动榆林东北地区、西部地区和南部地区的发展。

榆林市：目前唯一的一个设市城市，市政府所在地，国家历史文化名城。区位条件良好，交通设施水平较高，榆靖高速、西包铁路、规划建设的榆神高速等都通过榆林，另外还有机场一处。原来的发展已有一定的基础，但目前，无论从人口规模，还是从经济吸引能力来看，榆林市中心城市规模太小，难以发挥中心城市的辐射和带动作用。根据榆林在陕西省发展中的重要作用以及从完善陕西省城镇体系的角度出发，榆林应成为陕北的区域性现代化中心城市，也是带动整个榆林市发展的重要增长极，是重要的新型能源化工基地和经济文化科技交通及旅游服务中心。要优先发展行政、商贸、金融、科教、旅游等职能，体现城市的中心性。积极发展精细化工及有严格环保措施的石油化工，发展毛纺和食品饲料工业，体现城市的生产特性。限制发展火力发电、煤炭、建材、冶金以及化工行业中对环境影响较大的工业，体现城市的环保特性。

神木县：2003 年神木县全县国内生产总值达 42.1 亿元，已跻身陕西经济十强县行列。神木县交通便利，包（头）—神（木），神（木）—黄（骅），神（木）—延（安）三条铁路在神木交汇，交通条件优越。神木县作为能源化工基地的重要组成部分，在今后的发展中应形成以煤炭为龙头，以建材、电力、化工为骨干的地方工业体系，成为带动榆林东北地区发展的增长极。

靖边县：靖边县交通便利，307 国道穿县城而过，靖边至榆林、靖边至（定边县）王圈梁高速公路已经建成通车。靖边至黄陵、靖边至子洲高速公路的规划建设及过境的太（原）中（卫）铁路的建成，将使靖边成为连接陕西、宁夏、内蒙等地的交通枢纽。县境内矿产资源富集，主要有天然气、石油、煤炭、高岭土等。天然气控制储量为 3200 亿立方米，属世界级大气田。产业发展应以天然气、石油及化工工业为主，成为带动榆林西部地区发展的增长极。

绥德县：地处 210、307 两条国道的交汇处，神延铁路与规划建设中的太（原）—中（卫）铁路在绥德形成十字交叉，是连接陕、晋、宁、蒙四省的交通枢纽和商品流通基地。产业的发展应以盐化工工业和农副产品加工业为主，成为带动榆林南部地区发展的增长极。

除以上增长极的培育之外，榆林市应采取以中小城镇化为中心的可持续发展模式，使相对稀少而分散的人口相对集中于中小城镇，推进榆林的城镇化。一方面力求实现规模化集约生产，节约社会发展成本，包括节约自然资源；另一方面，则为面域生态环境的保护建设提供广阔的空间。通过大中小城镇建设，还可吸纳部分因生态环境恶化而需移民者，逐步提升其收入和生活质量。

根据交通条件和水源、资源分布及现有产业的发展情况，榆林城镇的职能及规模等级发展情况为：

(1)城镇等级划分(见表2.1):

依托国家能源化工基地建设和陕北特色农业基地建设,合理调整城镇布局,集中资源对榆林中心城区和神木、绥德、靖边三个重点县城和重点镇进行扩容提质,使榆林中心城区成为陕北地区经济、科技和人才中心。逐步增加人口规模,使其步入大城市行列,并成为区域性中心城市,力争把神木、靖边、绥德发展成具有一定规模的中小城市。使榆林形成以城带乡、以乡促城、城乡一体,共同发展的格局。

一级城镇:榆林市。具有一定的发展基础和规模,随着资源的开发,会得到较快的发展。

二级城镇:神木,绥德,靖边。这三个城镇的交通区位条件优越,具有较好的发展基础。神木,靖边位于榆林北部,境内分布有丰富的资源,资源的大规模开发必将加快它们的发展。绥德是榆林的交通枢纽,商贸业及资源的深加工也会促使其快速发展。

三级城镇:府谷、定边、米脂、佳县、横山、吴堡、清涧、子洲等县城,大柳塔、店塔、新民、金鸡滩、鱼河、镇川镇等中心建制镇。府谷、定边、米脂、佳县、横山、吴堡、清涧、子洲是政府所在地,县域中心城镇;大柳塔、店塔、新民、金鸡滩、鱼河、镇川这几个城镇沿河流分布,水资源相对充足,并规划建设工业园区,发展前景好。

四级城镇:其他城镇。

表2.1 榆林城镇等级划分

等级	市镇名
一级城镇	榆林市
二级城镇	神木,绥德,靖边
三级城镇	府谷,定边,米脂,佳县,横山,吴堡,清涧,子洲,大柳塔,店塔,新民,金鸡滩,鱼河,镇川
四级城镇	其他城镇

(2)城镇职能划分(见表2.2):

区域中心城市:榆林市。政治、经济、文化中心,区域性现代化中心城市。

综合性城镇:神木、靖边、府谷、绥德、定边、米脂、横山、佳县、吴堡、清涧、子洲。这些城镇具有行政、文教、科技、农产品、资源加工、交通等综合职能。

工矿业城镇：大柳塔、店塔、金鸡滩、大保当、锦界、鱼河、新民、孤山、孙家岔、海则滩、柠条梁、杨桥畔、红柳沟、安边、砖井等城镇。这些城镇位于榆林北部的资源富集区，交通区位条件较好，是在资源开发过程中形成的中心城镇。

交通及商贸型城镇：镇川、义合、高家堡、哈镇、方塌、石咀驿、马蹄沟、党岔等城镇。这些城镇基本都有交通线通过，以发展农产品加工和商贸业为主。

农副贸易与加工业镇：其他建制镇。

表 2.2　榆林城镇职能划分

职能	市镇名
区域中心城市	榆林市
综合性城镇	神木，靖边，府谷，绥德，定边，米脂，横山，佳县，吴堡，清涧，子洲
工矿业城镇	大柳塔，店塔，金鸡滩，大保当，锦界，鱼河，新民，孤山，孙家岔，海则滩，柠条梁，杨桥畔，红柳沟，安边，砖井
交通及商贸型城镇	镇川，义合，高家堡，哈镇，方塌，石咀驿，马蹄沟，党岔
农副贸易与加工业镇	其他建制镇

2. 产业带的构建

根据榆林市城镇分布现状和交通等基础设施建设情况，榆林市域建设三条发展轴，即榆神府发展轴，依托神朔、神延铁路及榆神、府店高速公路，主要发展煤、电、化、载能产业；榆横靖定发展轴，依托榆靖、靖定高速公路及规划建设的太(原)中(卫)铁路，主要发展油、气、化产业；榆米绥发展轴，依托神延铁路及规划建设的清涧至榆林的高速公路，主要发展盐化工工业和农产品加工产业。具体每个区县的产业发展情况如图 2.1。

三条发展轴包括的主要城镇为：

榆神府发展轴主要包括榆林、牛家梁镇、金鸡滩镇、麻黄梁镇、曹家滩、大堡当镇、锦界工业园区、瑶镇、神木、店塔镇、大柳塔镇、新民镇、庙沟门镇、府谷等城镇；榆横靖定发展轴主要包括榆林、波罗镇、横山、塔湾镇、海则滩、靖边、宁条梁镇、安边镇、砖井镇、定边、红柳沟镇等城镇；榆米绥发展轴主要包括榆林、鱼河镇、党岔镇、上盐湾镇、镇川镇、沙家店镇、米脂、四十里铺镇、绥德、义合镇、田庄镇、清涧等城镇。

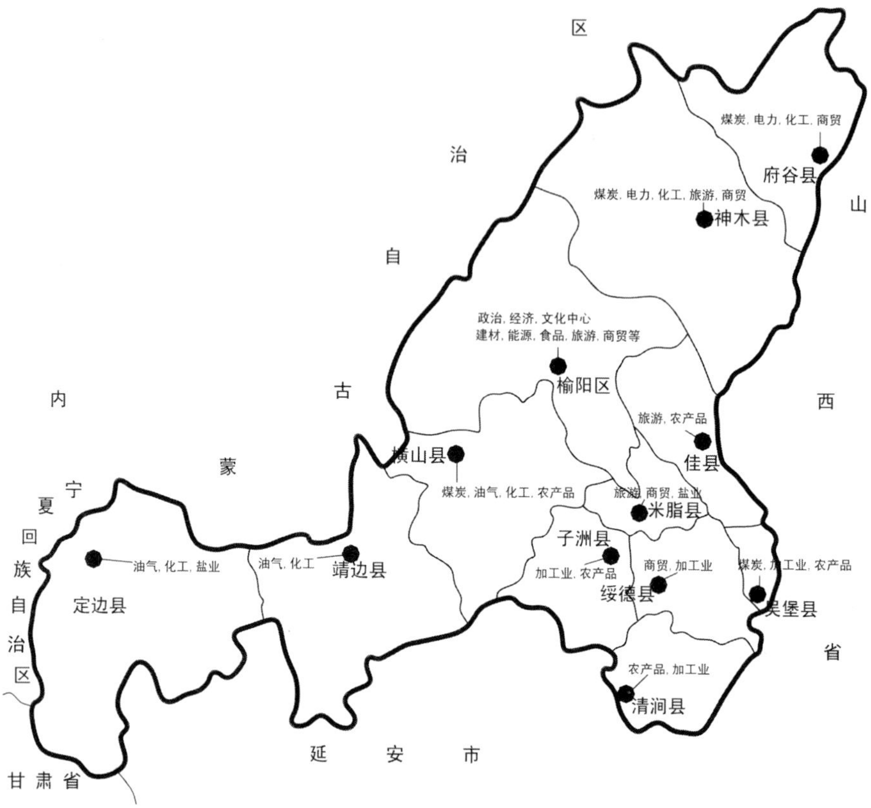

图 2.1　榆林各区县产业发展示意图

3. 经济区的组织

针对北六县和南六县显著的地域经济社会差异性，应采取不同的资源开发利用重点与模式。北部矿产资源富集区应注重能源化工基地可持续发展，南部农业区应从农业与农村经济持续发展来提高自身的经济发展能力。而且要统筹生产力布局，实施以项目带动发展的战略，支持南部县区项目，使南部县区的基础设施得到改善，人民群众的生产水平得到提高。

根据资源的分布情况，合理调整工业布局，逐步形成北煤炭、西油气、南加工、中轻纺，各具特色、主业突出、分工协作、协调发展的区域结构。一是建设北部煤炭—电力—高耗能工业区；二是建设西部石油—化学工业区；三是建设市区化工—轻纺综合工业区；四是建设南部农副产品加工—盐化工工业区。具体而言，根据产业布局结合城镇体系布局可将榆林市分为四个经济区：北部的神府煤电化经济区；西部的靖定油气经济区；中部的榆横佳煤气电盐化经济区;南部的绥米子盐化经济区。

(1)榆、横、佳经济区

随着公路、铁路等基础设施的建设,本区对外联系条件大大改善,辐射和吸引力显著提高。榆林市由于自身条件优越,发展基础好,将成为本区最大的中心城市以及晋陕蒙接壤地带的省际中心城市。横山、佳县为本区发展水平相对落后的城镇,需要榆林的带动。经济区中心为榆林,横山为资源开发基地和农产品加工城镇,佳县为资源开发和旅游观光城镇。经济区的空间结构轴线为榆林—横山。经济区产业发展方向为煤炭开发、化工、综合工业和农产品综合开发。

(2)靖定经济区

本区石油、天然气、原盐资源的开发,化学工业的发展,以及太原至中卫铁路的规划建设,将会给城镇社会经济发展带来新机遇。定边和靖边城镇规模将会迅速扩大,其辐射力和吸引力将大大加强,在省内及毗邻省区社会经济活动中的地位和作用也将日益显著。靖边—安边—定边为地域经济空间布局的轴线,产业开发方向为石油、天然气、原盐开采及其相应的系列化加工。同时,发展畜牧业及其产品加工系列,建设畜牧业服务基地。经济区城镇的开发模式为散点开发。

(3)绥米子经济区

本经济区包括绥德、米脂、子洲、吴堡、清涧五县。这些城镇原有基础较好,随着本区各项社会发展项目的实施,这些城镇将会得到较快发展,其经济区范围也将发生相应变化。经济区中心为绥德,空间布局轴线为绥德到米脂的无定河沿线,吴堡—绥德—子洲为次级经济轴线。区域产业发展首先为农业及土地资源综合开发,建立粮、油、菜、畜牧及各类特色农作物的生产基地,绥德为加工工业城镇,米脂为资源开发依托基地和旅游城镇,其他各城镇为地域综合中心。

(4)神府经济区

本区为近期能源、电力及化工工业建设重点区域,经济区中心呈神木、府谷的双中心结构,远斯以神木为中心。地域经济轴线为神木—府谷和神木—大柳塔两条。区域产业发展方向为煤炭开采、建材、电力和化学工业。在积极开发资源的同时,要开展环境保护、水土流失治理和水资源平衡工程。府谷发展成为国家级电力工业基地和陕西省重化工基地。神木依托现有工矿区,建成全国煤炭工业基地。此区域要以完善城镇产业结构为出发点,使产业发展与城镇建设相协调。

榆林总的空间发展格局为“一核、三心、三轴、四区”,(即一个中心,三个副中心,三个发展轴,四个经济区),榆林市空间结构的构建如图 2.2 所示。

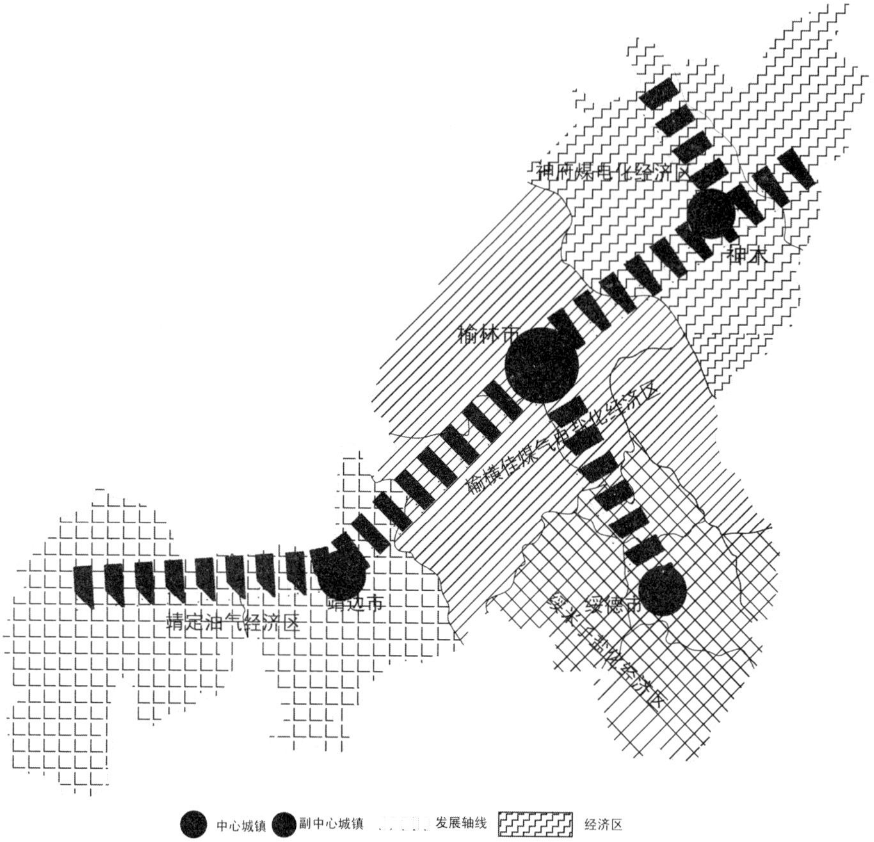

图 2.2　榆林城镇空间结构发展格局

2.5　榆林城镇空间结构的演化趋势

榆林的发展面临着难得的机遇，其城镇的空间结构由于资源的大规模开发利用而处于不断分化组合之中。20 世纪 80 年代以来，由于矿产资源的发现及大规模的开采，围绕区域交通轴线的建设、资源开发、农业综合开发和产业结构调整，区域中心城市榆林市、能源开发基地城镇，包括府谷、神木、靖边等大型城镇和交通枢纽，如绥德、定边等城镇得到了快速的发展，一些能源基地的小城镇、区域发展轴线上交通结点的城镇发展也比较快，初步形成了榆林极核式发展的城镇空间结构。目前由于资源的开发，一些资源型城镇和交通结点的城镇得到了快速发展。交通、水利、电信等基础设施的建成，使榆林正处于极核式空间结构向点轴式空间结构的发展阶段。

在榆林远期的发展阶段，应使中心城市榆林步入大城市之列，担负起更大区域范围中心城市的职能，区内各城镇在现代化基础设施的建设基础上，形成有机的整体。具体来说：

本区东部地域城镇群近期以神木和府谷为中心，远期将以神木和大柳塔为中心。城镇体系轴线将以西包铁路、神朔铁路、府（谷）—佳（县）沿黄公路及榆（林）—佳（县）公路为主，形成东有新民、府谷等城镇，西连大保当、金鸡滩、瑶镇等城镇，南接佳芦、王家砭、高家堡等城镇，以煤电及相关工业为主要职能的城镇群。

本区西部地域城镇群将以靖边县城张家畔为中心城市，张家畔以西的城镇集中在太中铁路及307国道上，以东则集中分布于张家畔至鱼河的干线公路沿线。规划期内初步形成以石油、天然气开发和化学工业为主、煤电工业为辅的城镇群。该区是以东部煤电、中部天然气及化工、西部石油和盐化工为特色的产业城镇群。

本区南部地域城镇群以绥德为中心城市，以西包铁路、太中铁路及210国道为城镇群地域结构的主要轴线。该区城镇分布均匀，东有吴堡县城（宋家川）、义合、吉镇等，北有米脂、桃镇、龙镇、四十里铺等，西有子洲县城（双湖峪）、马蹄沟、周家硷、老君殿、石家湾等，南有清涧县城关镇（秀延）、折家坪、解家沟、田庄、崔家湾等。该地域城镇大多为农副产品加工地，商品物资集散流通地等小型中心地。

从市域范围来看，通过以上城镇和交通等基础设施的建设，城镇的空间结构呈现出网络状的空间结构。

3. 榆林重点城镇空间结构发展模式分析

3.1 探讨发展模式的目的

所谓模式是指对事物内在机制及其外部关系高度凝炼、直观的抽象和概括。①

探讨榆林重点城镇空间结构的发展模式，就是要在新的社会经济发展条件下对城镇空间结构进行人为的调控，避免城镇空间结构自我演化所出现的问题。空间结构调控与空间结构演化是相互关联但内涵又不一致的两个过程。首先，调控主要是对空间结构人为主动的干预过程，而演化则主要是一个被动的自然变化过程；其次，调控是一个力求在尽可能短的时间内完成的空间结构变动过程，而演化是一个滞后于社会经济发展要求的缓慢的变动过程；再次，调控的目的是期望通过空间结构的优化促进社会经济的快速增长，即空间结构调控是一种促进经济发展的手段和工具，而演化是社会经济发展到高级阶段后促进各种空间结构要素质的提高和量的变化而形成的一种新的空间结构景观和各种功能区重新组合而产生的一种新的空间结构状态，它是社会、经济发展到了一个新阶段的标志；最后，调控是为了空间结构的秩序化，需要成本，即需要注入人力、财力、物质、能量、知识和信息等，以确保新的空间结构系统的稳定，但演化是正负双向的，即可能是秩序的进一步优化，也可能是非秩序化过程。

虽然大量的资源投入是经济增长的基础，但其投入的产出效益和资源利用的有效性在很大程度上取决于空间结构的优化程度。空间结构具有重要的经济意义，主要体现在对经济活动的组织作用和促进经济增长的作用两个方面。空间结构通过一定的空间组织形式把分散于地理空间的相关资源和要素链接起来，这样才能从事各种经济活动。因此，没有合理的空间结构，相关的资源和要素就无法合理地结合在一起。空间结构产生的经济效益主要有节约经济、集聚经济和规模经济三方面。对榆林城镇空间结构发展模式探讨的根本目的就是为了获取这些经济效益，促进经济增长。

① 张京祥. 城镇群体空间结合[M]. 南京：东南大学出版社，2000.

3.2 发展模式的提出

榆林的重点城镇指各区县中心城镇榆林、神木、靖边、府谷、绥德、定边、米脂、横山、佳县、吴堡、清涧、子洲。根据榆林的资源分布情况及资源型城市划定的标准，将榆林的城镇大至分为两类，北部的榆林、神木、靖边、府谷、横山、定边，及南部的米脂、吴堡划为资源型城镇，南部的绥德、佳县、清涧、子洲由于资源分布较少，划为一类。

1.榆林资源型城镇发展模式分析

我国发展资源型产业的过程中，重视改善职工的生活条件。但是在很长一段时间内，还仅是建设“工人村”，旨在解决“住”的问题。如煤炭产业的相关规范规定“居住点设计要求距矿井 2.5 km 以内，步行不超过半小时为宜”[①]。这种“居住点”比较分散，职能单一，规模较小。从根本上看，资源开发基地只是一个生产区，它发展的多样性必然受到很多因素的制约，而城市本质上是一个多样化功能的聚合体，城市规模越大，发展质量越高，它的功能也必然越趋向于多样化，上述的基地模式阻碍了城市功能的扩展，这是造成资源型城市发展能力低的主要原因。1986 年，煤炭工业开始实施《关于煤矿地面总体布置改革的若干规定》，首先提出了“按生产、生产服务和生活服务三条线来安排”的原则，以及“矿区居住区一般应集中或分片集中布置，结合矿区的辅助设施建设形成矿区中心区”的规定，并列入《煤炭工业技术政策》。此后十余年，矿区中心区的规划建设取得了一定成绩，改变了煤炭矿区城市的空间形态。

随着生产技术水平的不断发展以及人们对居住生活环境品质要求的不断提高，传统的资源型城镇空间发展模式已无法适应榆林市资源型城镇当前的发展需要。首先，由于现代生产技术水平的提高，资源型产业已逐步由过去的劳动密集型向资金密集型转化，劳动力数量大幅度降低，难以聚集较大规模的人口；以大柳塔为例，由于采用了自动化的机械设备，同等产量的矿区需要几万工人，而大柳塔仅需几百工人。其次，随着榆林交通运输条件的改善，扩大了居民点的服务范围，加上资源型城镇矿区所需职工数量逐渐减少，可以使矿区和居民点相互分离，较长距离的通勤成为可能。再次，由于各功能要素具有不同的区位要求和发展特性，使得城镇空间结构呈现出

---

① 李安.榆神矿区小城镇规划初探[J].陕西煤炭技术，1999(3).

职能空间分布上的差异。为满足职工丰富的社会生活需求和形成公共设施的规模经济，居住生活功能将主要表现为向主城区的集中化发展，矿区的发展则根据资源分布走向逐步形成功能独立且布局分散的空间形态，而且榆林的各资源型城镇在发展过程中注重加大资源的深加工，延长产业链，会越来越多地考虑资源开采同生产加工转化之间的紧密协作关系，资源的部分加工转化需要结合资源开采地就近进行。总之，现实的发展条件和发展需求促使榆林的资源型城镇在空间发展和内部功能组织模式方面要打破原有的强调自我完整性的功能组织结构，寻求大区域范围内的功能协作。

根据上述对传统资源型城市空间结构及榆林城镇空间结构发展背景的分析，榆林的资源型城镇空间结构发展应采用的模式为：

首先，在资源开发过程中，提倡建设有依托型城镇，即采取矿业公司，矿山营地或功能相对简单的简易矿镇形式开发资源，其高级管理，科研机构和职工生活基地等依托附近的城镇，一般不再新建无依托矿城。矿区与居民点可实行可移动型城镇和远距离通勤的方式，用现代化的生产方式建设矿区，这些矿区机械化程度高，所需人员较少，矿区与居民点相分离，通过建设发达的交通运输网络系统，解决居民点与矿区的通勤问题。矿区开发结束后，这些简易矿镇可搬迁到其他需要进行资源开发的地方，并对原来的矿区进行生态环境的修复。这样，一方面可以使矿区在现代化技术条件下减少生产过程中对环境的污染；另一方面，可以完善居民点的各项设施，使其具有相对完善的城市功能，避免生活区与矿区的混杂。

其次，在加快城镇化、促进经济协调发展过程中，要高度重视产业园区的建设。由于榆林的资源型城镇以重型工业结构为基本特征，这些工业类型的占地面积一般较大，且对环境污染较重，因此，工业项目的布置要以产业关联、规模效应的发挥和减少环境污染为原则，以工业园区的形式集中布置，加大工业园区在榆林经济中的辐射和龙头带动作用。园区在建设过程中应该结合城镇建设布局，节约资金、集约利用道路和市政等设施，来推动城镇就业、工农业和服务业的发展，形成城镇与园区的“以城促园、以园带城”的互动发展模式。工业园区结合资源分布，水资源情况，交通区位可设置成独立的工业园区，也可依托现有城镇布置在其边缘。工业园区在布置时要注意避免工业用地对城镇的污染和干扰。

这种模式在空间结构上表现为中心城区，独立工矿点，工业园区和长距离通勤城镇。概括的说，榆林的资源型城镇空间发展就是要形成资源开采专业化，资源加工辅助产业园区化，生产生活服务设施集中化的中心集聚，外围分散模式(见图 3.1)。

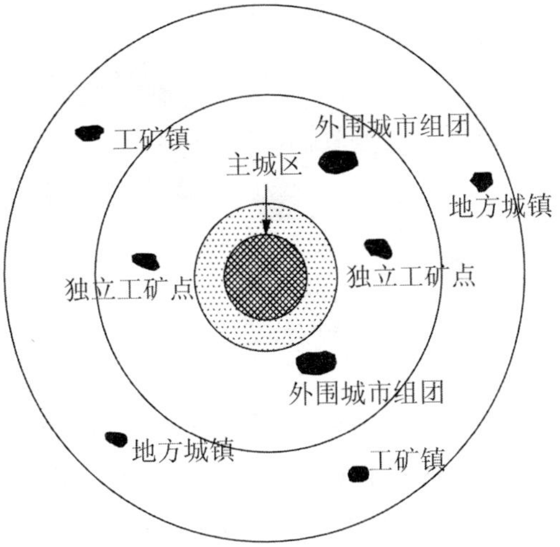

图 3.1　资源型城市空间结构示意图

如资源型城镇神木的空间发展可采取中心城区、外围组团、轴带发展的布局模式，神木中心城是集商贸、文教、旅游服务为一体的煤田综合服务基地，外围组团有锦界工业园区、店塔工业园区、大柳塔工矿镇、大保当工矿镇，通过榆神公路、神延铁路、清杨线神木段、锦大线等交通线路将各组团连接起来。

市域的中心城市——榆林的城镇空间结构，从南至北各组团为金鸡滩工业园区、牛家梁工业园区、老城区、南部化工区、鱼河工矿镇、镇川工矿镇等，通过清杨线榆林段、神延铁路榆林段等交通线路将各组团连接起来。这两个城镇周围的采矿点主要以生产职能为主，生活服务功能可依托现有的城镇解决，或者在采矿点设置少量的简易生活设施。对榆林的其他资源型城镇府谷、靖边、定边、横山等可以采用类似的发展模式。

米脂、吴堡虽然是资源型城镇，但其地形是黄土高原区陵沟壑区，而北部的榆林、神木、府谷、靖边、定边、横山是风沙草滩区，因此米脂、吴堡的城镇空间结构由于受地形条件的限制，跳跃式发展会更加明显，城镇空间结构会保持分散的形态。

2.榆林南部资源分布较少城镇发展模式分析

对榆林南部资源分布较少的城镇绥德、佳县、清涧、子洲，由于受水资源及地形条件的限制，城镇的发展在地形条件允许的情况下采用近域扩张的模式，城镇空间结构表现为中心城区加外围组团的形态（见图 3.2），在城镇空间结构发展的过程中表现为中心城区的集聚、新组团的跳跃和城市开敞廊道的回填。[①]

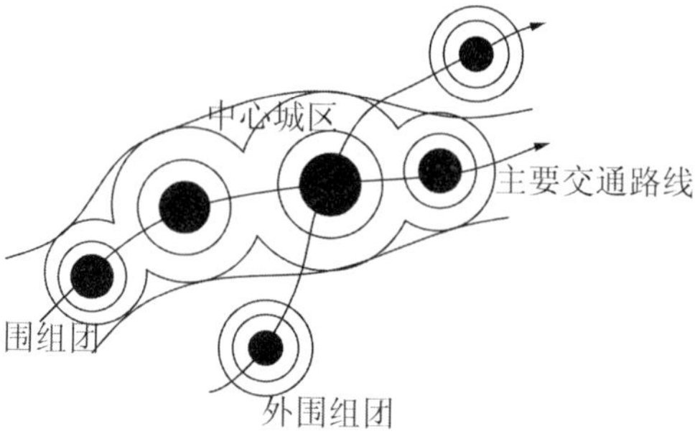

图 3.2 榆林南部资源分布较少城镇空间结构示意图

如清涧，由于没有资源产业对空间结构的影响，其城镇的发展表现出在地形条件许可情况下近域扩张的特点，城镇空间结构表现为带状连续组团的串珠状形态。

对子洲、绥德、佳县由于具体情况的差别，城镇空间结构的发展可能会有一定差异，但城镇空间结构的基本发展模式大致相同。

3.3 发展模式的特点

对榆林的资源型城镇来说，在资源开发过程中要选择发展基础较好，远期发展受地形地貌及水资源约束较小的城镇作为资源开发的依托城镇，这与先矿后城式的资源型城镇相比，可以缩短建设周期，节省基建投资。同时资源的开发能够带动所依托的城镇，使其能够快速发展。例如兖州矿区中心城选择在有 3000 多年历史的邹县县城，矿区主要辅助企业和行政服务设施与县城结合为一个整体，由于矿区的发展，使县城的各项事业获得了迅速的发展。依托型城镇在资源开发过程中主要发展文化、教育、娱乐、旅游、科技及无污染的工业，是生产指挥和生活服务设施的中心，在外围设置可移动型城镇和长距离通勤城镇，结合水资源、交通区位等情况设置工业园区。依托型城镇将生活居住功能集中设置在中心城区，通过完善功能、改善环境、积极发展第三产业、培育新型工业，使其成为具有一定居住规模和经济规模的中心城区，增强对周边地区发展的辐射力和带动力；可移动型城镇结合矿产资源开发基地设置简易的生活服务设施，可以减少资源开发后期城镇搬

① 周庆华.陕北城镇空间形态结构演化及城乡空间模式[J].城市规划，2006(2)：39－45.

迁的成本;长距离通勤城镇可以依靠方便的交通运输网络,将生产与生活基地分开,在生产基地,通过先进的自动化机器设备的使用使生产更加专业化,并能减少对生态环境的破坏,在生活基地可以提高城镇的规模集聚效应,减少工业生产对生活居住的影响,提高生活质量;工业园区的设置可以满足重型工业所占用地较大的要求,使相关的企业之间能有良好的关联协作关系,减少生产成本,提高效益。虽然城市的形态也是分散的,但与传统的资源型城市的分散在功能实体的组成上有很大不同,传统的资源型城镇空间结构形式是“一矿一点,一点一镇,连镇成市”,其结构类型大致分为集中型、一城多镇型和分散型三种形式,这种整体分散的空间形式给城市系统运转效率、生态环境等方面带来诸多问题。上述资源型城镇的空间发展模式不是依托每个城镇都采用这种模式的均衡发展,而是有选择的发展依托型城镇,这样就可以避免服务设施在各小规模城镇中重复建设造成的低效率,同时又使一些比较高级的城市职能得以形成并健康发展,城市的各功能区联系密切,形成形散神聚、有机统一的开放型城镇空间结构。

对榆林南部资源分布较少的城镇来说,要注意发展特色农产品加工业,这些工业由于对环境影响较小,可结合现有城镇进行布置,城镇的空间结构更多的是一种近域扩张式的发展,并且南部区县是黄土丘陵沟壑区,可通过村镇归并,生态移民重点发展一些规模大,发展基础好,受地形和水资源影响小的城镇,以发挥这些城镇的集聚带动作用。

4. 榆林城镇空间结构发展的对策和建议

区域空间结构是在区域内外长期的政治、经济、社会和文化等因素共同作用下逐步形成的。区域内的社会生产力要素的空间分布格局一旦形成，即会处于一种相对稳定的状态，整个区域便成为一个完整的系统，系统内部的自我协调功能会使区域空间结构保持这种结构惯性。只有当区域内外条件发生较大转型时，区域空间结构才会缓慢地调整，形成新的空间格局，空间结构自身的这种结构转型功能可以称为“自组织功能”。尽管区域空间结构具有自组织功能，但它总是滞后于区域社会、经济的发展，由于原有的空间结构不能按照新的资源空间配置和分配资源，对区域社会、经济的发展起阻碍作用。这样，就需要对空间结构进行人为的干预和引导。榆林由于矿产资源的大规模开发，发展速度很快，为了适应产业的发展，除了区域空间的自组织功能外，还要对榆林的城镇空间结构进行人为的调控，其对策和建议如下。

4.1 加强基础设施建设，提高经济社会发展支撑能力

基础设施是经济社会发展的先行官，榆林的基础设施和工业虽然有了较快发展，但从榆林目前的发展情况来看，基础设施仍然是榆林快速发展的瓶颈之一，而且在资源开发过程中对基础设施的依赖性比较大，因此，为了适应榆林的快速发展需要，要进一步加强榆林基础设施的建设。榆林基础设施建设的重点是交通、水利等方面，交通基础设施建设的重点则是公路、铁路和航空。

交通建设要围绕城市发展、产业布局、人口分布以及对外经济联系对交通运输提出的要求进行，以把榆林建设成为区域交通枢纽为目标，进而促进城市发展、改善产业布局、密切对外联系、增强经济吸引力和扩大经济辐射范围。交通基础设施建设包括市内交通设施建设和对外通道建设两方面。在市内交通设施建设方面，要根据城市发展的要求，加快榆林中心城区与周围县市之间的交通建设，使周围县市到榆林城区的距离控制在两小时范围内，从目前的路网情况来看，其重点要转移到东南部地区。根据国家路网规划，青岛至银川的高速公路将通过榆林东南部地区的吴堡、绥德和子洲三

县，在靖边与榆靖高速公路相交；同时规划建设的太中铁路将在绥德与西包铁路相交，进而形成榆林地区两个重要的交通枢纽。因此可以将绥德建设成为榆林南部地区的交通枢纽，加快南部地区与绥德之间的交通建设。同时建设榆林与绥德之间的快速交通线。佳县远离高速公路，但佳县具有丰富的旅游资源，是榆林城区到黄河边最近的一个县，要加快建设榆林到佳县的高等级公路建设，缩短榆林城区到佳县的旅游时间。同时，要加快中心城市到各工业园区的道路交通建设，形成"工作在园区，生活在城区"的格局。在加强市内交通设施建设的同时，要根据全国和全省的交通路网布局，加强对外交通建设，提高对外运输能力。对外交通建设是对内交通建设的基础，只有比较发达的对外交通才能适应资源的大规模开发，树立榆林在全国和全省经济格局中的地位。公路方面，要加快两纵两横主骨架榆林段未完路段的建设进度。两纵指：阿（荣旗）北（海）线榆林段和杨（家坡）清（涧）线；两横指：青（岛）银（川）线陕西段与府（谷）新（街镇）线一级和神朔高速神府段。同时要改扩建"九条"公路次骨架，以增强公路主骨架的运输能力。九条公路次骨架主要包括沿黄公路府谷至清涧段、内蒙古乌审旗至子长榆林段、王渠至志丹、定边至延安、佳乌路榆乌段、佳子路佳米段、G307 吴定路、S204 鱼靖路、榆神路。铁路方面，根据陕西省"十一五"铁路建设的重点工程规划，与榆林市有关的工程主要有：西安经延安至神木铁路复线、太原至中卫铁路、陕北能源重化工基地铁路支线及绥德铁路枢纽建设。上述铁路项目的建设，将极大地改变榆林的交通运输条件，将榆林推到了一个通江达海、四通八达的运输枢纽地位。榆林要抓住铁路建设的历史机遇，争取铁路路线走向、车站选址，为榆林今后的发展留下足够的空间，降低榆林市今后建设铁路运输支线的成本，降低资源开发和工业园区建设的成本。同时，要配合铁路建设加快公路联接线的建设，实现公铁联运。航空方面，要提高榆林机场的等级，争取成为陕西第二大航空港。（榆林道路规划建设情况见图 4.1）

尽管榆林水资源富集区与煤、气、油等能源矿产资源主储区分布相一致，基本上能够满足当前项目建设的需要，但是随着更多大型项目的进入，水资源的短缺将越来越明显。目前的缺水主要是一种资源性缺水，随着资源的开采，会对水质造成污染，今后的缺水将是资源性缺水与水质性缺水的迭加。因为目前的大型开发建设项目主要是沿窟野河、无定河等主要河流展开，这些河流将会受到越来越严重的污染侵扰。因此榆林在资源的开发过程中，要充分利用各种水资源，达到"开发黄河水、存蓄天上水，利用地表水，输水低损耗，用水高效率"的目标，要投资建设比较先进和完备的水利设施，实现"滴水必尽其用，滴水必生其效"的目标，并且要加大对污水的处理能力，减少对环境的污染。目前榆林已建成了神木瑶镇水库、李家梁水库，要抓紧建设黄河调水、采兔沟水库、朱盖沟水库和王圪堵水库等水利设施。

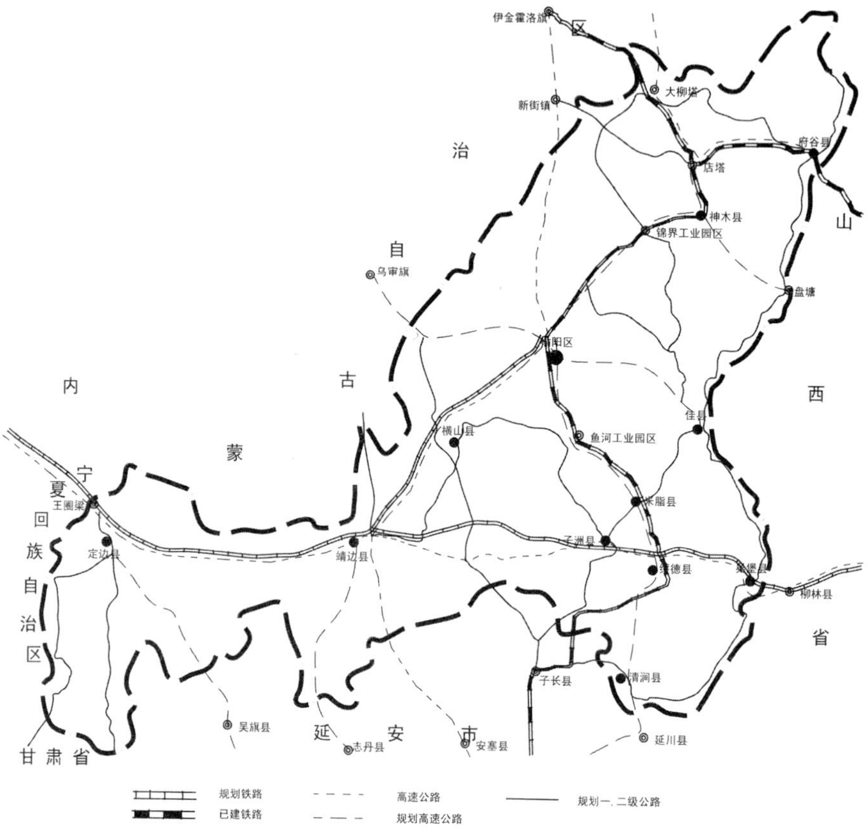

图 4.1　榆林道路规划建设

4.2　统筹城乡，加快推进城市化进程

榆林属生态脆弱区，目前村镇规模小，且过于分散，造成基础设施建设不经济，不利于发挥规模集聚效应，因此，随着户籍制度改革和城市基础设施的完善，在工业化的进程中，人口、资源要适当向城镇集中，推进城市化进程，城镇建设的重点应当按一个中心（榆林市）、三个副中心（神木、靖边、绥德）、县城、重点镇来依次排序。

4.3　加强南部地区发展，减小地区差异

榆林城乡、南北地区和阶层差距在发展过程中有可能进一步拉大。城乡、南北差距大，是榆林的基本市情，南部县的产业结构是以“草、羊、枣、薯”为主的农业型经济结构，劳动效益低，规模小，附加值不高；北部县产业结构是以资源开发及加工为主的工业化初级阶段经济结构，劳动效益和附加值相对较高。南六县与北六县在产业上缺乏相互的联系和协作，以2003年为例，南六县GDP总量仅占榆林市的14%，北六县的GDP总量是南六县的6倍之多，其中神木县，榆阳区和靖边县GDP总量均高于南六县的总和。南六县农民人均纯收入仅为北六县的3/5。南北差距进一步拉大，区域经济发展的失衡，不仅影响和制约全市经济的快速增长，不利于榆林市的区域整体竞争力的提升，而且也会给区域的稳定和持续发展带来众多社会问题。因此，要加大对南六县的扶持力度，在条件允许的情况下，优先把项目放在南六县，以项目带动其发展，减小南部县与北部县的差距。而且榆林的产业结构中，能源化工工业占有较大比重，工业对农业的带动作用小，造成城市与农村重工业与轻工业、农业之间的割裂。因此资源的开发要与榆林的经济社会发展更好地结合，要能够明显地改善当地群众的生产生活状况，增进当地人民群众的福利。

4.4　制定生态政策，注意环境保护

榆林地区的生态环境原本就十分脆弱，由于资源的开发更加剧了对生态环境的破坏，表现为：地表塌陷，植被毁坏，水位下降，水质恶化，人为污染等。因此榆林要给各类开发建设设立一道“生态门槛”，对区域内具有重要生态效益的地域予以重点保护，严禁开发，对于需要开发建设的地段，要做好开发后的环境修复工作，以利于区域的可持续发展。具体来说，就是要划定生态保育区、生态重建区和生态过渡区等，并分别制定各类生态区的开发控制政策。

4.5 鼓励生态脆弱区人口外迁

对一些资源和环境条件非常差,或是一些重要的生态控制区域,城市发展对地区生态环境往往造成非常大的负面影响。对这类地区,从长远考虑,需要采取逐步外迁人口的政策。在当前的条件下,可采取渐进的策略来加强人口的流动性。比如,一方面可通过限制当地建筑用地的总量规模,特别是降低住宅用地的比例来达到控制人口规模的目的;另一方面,可通过经济、法律等手段,如对人口外迁实行奖励,对人口回迁实行严格的资格审查等方法,使生态脆弱区人口逐步向外迁移。

第三部分

快速城镇化地区县域城镇空间结构发展格局的控制实证

——以柘城县体系规划的编制为例

1. 项目规划背景

1.1 国家宏观发展趋势向好

1.1.1 保障国家经济社会快速、稳定、可持续发展

改革开放以后，我国以农业为主导，工业化为基础的经济高速发展，为加快城镇化进程注入了强劲的动力。21 世纪以来，国家经济社会快速、稳定、可持续发展，城镇化进入快速发展期。全国在加快城镇化发展的浪潮下，更多的人力、财力和物力被投入城市，这使原本就存在的城乡差距越拉越大。过大的城乡差距不利于扩大内需和繁荣国内市场、不利于社会的稳定与公正，直接影响到了国家经济社会的可持续发展，党的十六届三中全会适时地提出了以统筹城乡发展为重要内容的“五个统筹”的科学发展观。党的十七届三中全会又提出建设社会主义新农村的若干意见。统筹城乡发展是保证国家经济社会快速、稳定、可持续发展的重要保障。

1.1.2 贯彻落实《中华人民共和国城乡规划法》

2007 年 10 月 28 日，第 74 号主席令公布了由第十届全国人民代表大会常务委员会审议通过的《中华人民共和国城乡规划法》，标志着城乡规划管理由二元走向一元，城乡分治的时代结束。该法第一条明确规定：“为了加强城乡规划管理，协调城乡空间布局，改善人居环境，促进城乡经济社会全面协调可持续发展，制定本法。”第四条明确规定：“制定和实施城乡规划，应当遵循城乡统筹、合理布局、节约土地、集约发展和先规划后建设的原则。”该法于 2008 年 1 月 1 日开始实施，为落实科学发展观，贯彻“工业反哺农业，城市支持农村”和城乡统筹的方针，奠定了法律基础，为城乡规划建设管理提供了法律依据。

1.1.3 国家对编制县域村镇体系规划提出新的要求

为了进一步贯彻落实国家经济社会和各项建设事业发展的方针、战略和政策，进一步实施《中华人民共和国城乡规划法》，落实城乡规划建设管理的法规、规范和规章。国家建设部于 2006 年 7 月颁布了《县域村镇体系规

划编制暂行办法》(建规[2006]183号),提出了县域村镇体系规划编制的要求,要以科学发展观为指导,制定县域城乡统筹发展战略,确定县域产业发展空间布局;预测县域村镇发展趋势,构建县域村镇体系布局;确定空间管制策略,划分县域空间管制区域;制定重点城镇和重点区域的发展策略,明确重点发展的中心镇;统筹配置区域基础设施和社会公共服务设施,实现区域资源共享;确定中心村、基层村布点,合理预测发展规模;制定分阶段实施规划的目标与重点,提出实施规划的措施和有关建议。以指导和规范县域村镇体系规划编制工作,加快县域村镇体系规划编制。

1.2 省域发展环境优化

1.2.1 经济社会快速发展

河南是农业大省、人口大省、交通大省,也是工业强省。5年来,省政府每年拿出6亿多元专项资金,引导支持工业结构调整和高新技术产业化项目,建成了一批结构调整的标志性项目,成为工业经济新的增长点。农产业加工、面粉、食品、饮料、酒、奶业、肉类等劳动密集加工业是河南的优势,直接使农民增收,增加就业,吸引周边省份的农产品来河南,使河南真正成为中国的粮仓。

1.2.2 交通运输四通八达

河南境内三纵四横的铁路网、四通八达的高速公路和不断发展的航空运输,进一步强化了其交通枢纽的地位。目前已形成了“三纵四横”的铁路网,成为全国重要的客货运输中心,共有京广、陇海、焦柳、京九、宁西等10条铁路干线和洛宜、汤鹤等4条铁路支线在境内交汇。西气东输、南水北调等国家重点工程陆续兴建,县域经济发展优势明显,中部百强县河南占39席,河南仍然是全国经济社会活动的中心之一。

1.2.3 重大基础设施建设规模空前

5年来是我省历史上完成投资量最大、建成重点项目最多、项目影响最广的时期。全省基础设施领域完成重点项目建设投资2368亿元,是改革开放头20年的1.7倍;新建等级公路16480公里、高速公路815公里,新增发电装机容量698.8万千瓦,城乡电网改造顺利完成,城乡供电条件显著改善。郑州大学、河南大学等高校新校区建设,河南博物院、省体育中心等一大批公益性设施相继建成，不仅缓解了重要基础产业的瓶颈制约，而且改善了我省的投资环境和对外开放的形象，增强了经济社会发展的后劲。

1.2.4　城镇化进程明显加快

5年来，投资200多亿元用于改善城市基础设施，投资977.51亿元用于住宅建设，有力地推进了全省城镇化进程，带动城镇人口新增668万，城镇化率提高6.2个百分点。完成省域城镇体系规划，为城乡经济社会环境和建设提供了依据。全省确定鹤壁市等六个城乡一体化试点县市，取得显著成效和突破性进展，为县域经济社会发展和建设提供了成熟经验。

1.2.5　文化资源发展独具优势

在我国的区域格局中，河南以文化资源丰厚著称。河南地处中原，是中华民族主要发祥地之一，历史悠久，文化资源丰富，发展文化产业有着得天独厚的条件。河南是文物大省、戏曲大省，也是民族民间文化资源大省。河南的文化资源内涵丰富，底蕴深厚，特色鲜明，对于河南发展文化产业来说，是一笔巨大的文化财富，也是十分稀缺的经济资源。实现文化大发展大繁荣，依托丰富的文化资源，按照跨越式发展的总体战略和“大中求强”的整体思路。通过文化创新，努力探索了因时制宜、因地制宜、因人制宜、多种多样的适应科学发展观要求、符合河南实际、具有河南特色的文化产业发展新路子。

1.2.6　物质文化生活水平提高

为深入贯彻党的十七大精神、中央经济工作会议精神和省委八届五次全会部署，按照科学发展观和构建社会主义和谐社会的要求，统筹考虑全省人民的共同愿望、实际需要和政府财政保障能力，在连续三年为人民群众办好实事 。一是加大对农民的补贴力度；二是切实改善农村村容村貌；三是大力发展农村文化事业；四是进一步提高义务教育保障水平；五是继续改善群众医疗卫生条件；六是扎实推进城市低收入家庭住房保障工作；七是认真做好就业再就业工作；八是加强社会保障和对城乡困难群众的救助；九是努力保障食品药品安全；十是积极推进污染防治。省委、省政府承诺为民办实事，事事关乎民生，件件惠及百姓，日渐深入人心。广大干部群众体验了办实事给经济社会带来的变化，享受了改革发展的成果。为民办实事是科学发展的生动实践、改善民生的主要载体、社会和谐的关键环节，是对各级党委、政府执政能力的重要检验，是推动干部转变作风的积极举措。

1.2.7 加强全省村镇规划管理成为共识

河南省委省政府相继出台了《中共河南省委河南省人民政府关于推进社会主义新农村建设的实施意见》(豫发【2006】1号)和《河南省人民政府办公厅关于加强全省村镇规划和村庄治理工作的意见》(豫政办【2006】98号)。文件明确指出:扎实稳步推进村镇规划和村庄治理工作,实现城乡协调发展,为构建社会主义和谐社会奠定基础。

1.2.8 加快农村基础设施建设和村容村貌整治

河南省人民政府出台了《河南省2008年加强农村基础设施建设搞好村容村貌整治推进新农村建设实施意见》,明确提出:从2008年开始,用3年时间,有效改善农村环境卫生状况和村容村貌,推动社会主义新农村建设取得突破性进展。为贯彻落实省政府这一重大决策,确保把事办好,办出成效,需要编制村镇体系规划,将村镇规划、环境综合整治和农村基础设施建设工作任务进一步明确。

结合县域经济社会发展需要,加快县域村镇体系规划的编制工作。要在原有的县域城镇体系规划的基础上,顺应农村人口、村庄数量逐步减少的趋势,统筹村镇自然条件、历史沿革、村庄规模、经济发展和基础设施配套等因素,以改善农民生产生活为目标,合理确定中心村、基层村的体系和数量,形成中心村和基层村协调发展的空间布局,构建人口相对集中、土地利用集约、生产生活方便和生态安全的村镇空间结构。

1.3 县域发展基础良好

1.3.1 柘城县国家建设部县域村庄整治联系点工作全面启动

为全面贯彻中央关于社会主义新农村建设的要求,做好村庄整治工作,2006年建设部确定了46个全国县域村庄整治联系点(建村〔2006〕173号),柘城县成为河南省国家建设部县域村庄整治联系点之一。积极探索推进村庄整治的有效途径,积累村容镇貌整治经验,是整治试点的首要任务。加快柘城社会主义新农村建设和整治势在必行,必须切实抓出成效。

1.3.2 省林业生态县建设成效显著

柘城县是河南省林业生态县示范县,实施了平原生态防护林、平原绿化、通道绿化、小型公益林、农田防护、村镇绿化等重点林业生态工程，把生态建设、环境保护与经济发展紧密结合起来，初步形成城区森林环抱、村镇树木环绕、道路绿荫成行的生态格局。柘城县正在加快以增加森林植被，构建森林景观为核心，高起点、高标准、高质量地建成绿化景观与廊道相匹配，绿化布局与城乡人文环境相协调，集景观效应、生态效应和社会效应于一体的省级林业示范县。

1.3.3　构建合理的村镇体系是柘城加快经济社会发展的重要任务

近年来，柘城县通过实施“工业强县”的发展战略，工业化进程开始进入加速发展阶段，经济总量达到了历史最高水平，一、二、三次产业均有较大发展，人民生活水平不断提高，实现了经济社会的全面发展。城镇建设力度大，面貌日新月异。构建合理的村镇体系是加快柘城县域经济社会发展的重要任务，是加快工业、农业和城镇化的有效途径，是全面建设小康社会、开展社会主义新农村建设和整治的必由之路。

1.3.4　优化布局村庄建设是首要解决的问题

柘城农村居民点规模小、布局分散，粗放发展，如果不对农村居民点进行必要的整合和优化布局，依据现状的农村居民点布局来配套基础设施和社会服务设施，势必造成巨大的浪费，新农村建设难以取得较好的效果。农村人口转移加速呈正化进程，需要考虑城镇规模、非农产业发展、基础设施配置等；农村产生了大量的空心村，需要考虑居民点的空间整合及农业规模化经营等。因此，要扎实并卓有成效的推进柘城县的社会主义新农村建设，优化农村居民点的布局是应该首要解决的问题。

2. 柘城县发展概况

2.1 柘城自然环境特征

2.1.1 概况和地理位置

柘城县地处豫东平原，隶属商丘市，南北宽27公里，东西长39公里，地理坐标介于东经115°06′～115°32′，北纬34°00′～34°15′之间，周边与4县1区相邻。北邻宁陵县，东接睢阳区，南连鹿邑县，西靠太康县，西北与睢县交界。辖7个镇14个乡。总面积1048平方公里，占全省总面积的0.62%，2007年末全县总人口为94.48万人，城镇驻镇总人口19.89万人，城镇化水平21.05%（如图2.1）。

2.1.2 历史沿革

柘城县历史悠久，约在五千多年前原始社会时期，这里为朱襄氏部落定居场所，北旧城即为朱襄氏故墟，夏称“株野”，商称“秋地”，西周与春秋属陈，战国属楚。至秦始筑城设治，因城内有柘沟环流，一泓清远，柘桑蓊郁，而称名为“柘县”。西汉时属淮阳国，东汉时属陈。三国时属魏，归豫州部陈郡，曹睿时改隶谯郡（今亳州）。自西晋至南北朝，期间历经330余年，柘县被废，南部并入武平，北部并入宁陵。隋开皇十六年（596年）重设县治。定名为“柘城”属梁郡（今开封）唐贞观元年（627年）县废，并入谷熟、宁陵两县。后以“徭输路远，积年陈诉”于唐永淳元年（682年）复置，属宋州睢阳郡（今睢阳区）。五代后梁时，改宋州睢阳郡为宣武军为归德军，柘城仍属之，后晋、后汉、后周三代，柘城县属之。后唐时，改宋州宣武军为归德军，柘城仍属之，后晋、后汉、后周三代，柘城皆属归德军所辖。宋初属京东西路应天府（今睢阳区），至崇宁四年（1105年）改属拱州（今睢县）。金贞元元年（1153年）属睢州。元至元二十五年（1288年）并入襄邑（今睢县）设巡检司。元成宗八年（1304年）复置，属睢州。明洪武七年（1374年）县废，并入宁陵县，三年后复置，属睢州。嘉靖二十四年（1545年）改属归德府（今睢阳区）。清沿明治，中华民国三年（1914年）属开封道，二十一年（1933年）改属河南省第二行政督察专员公署（治所地商丘）。中华人民共和国成立后，柘城县

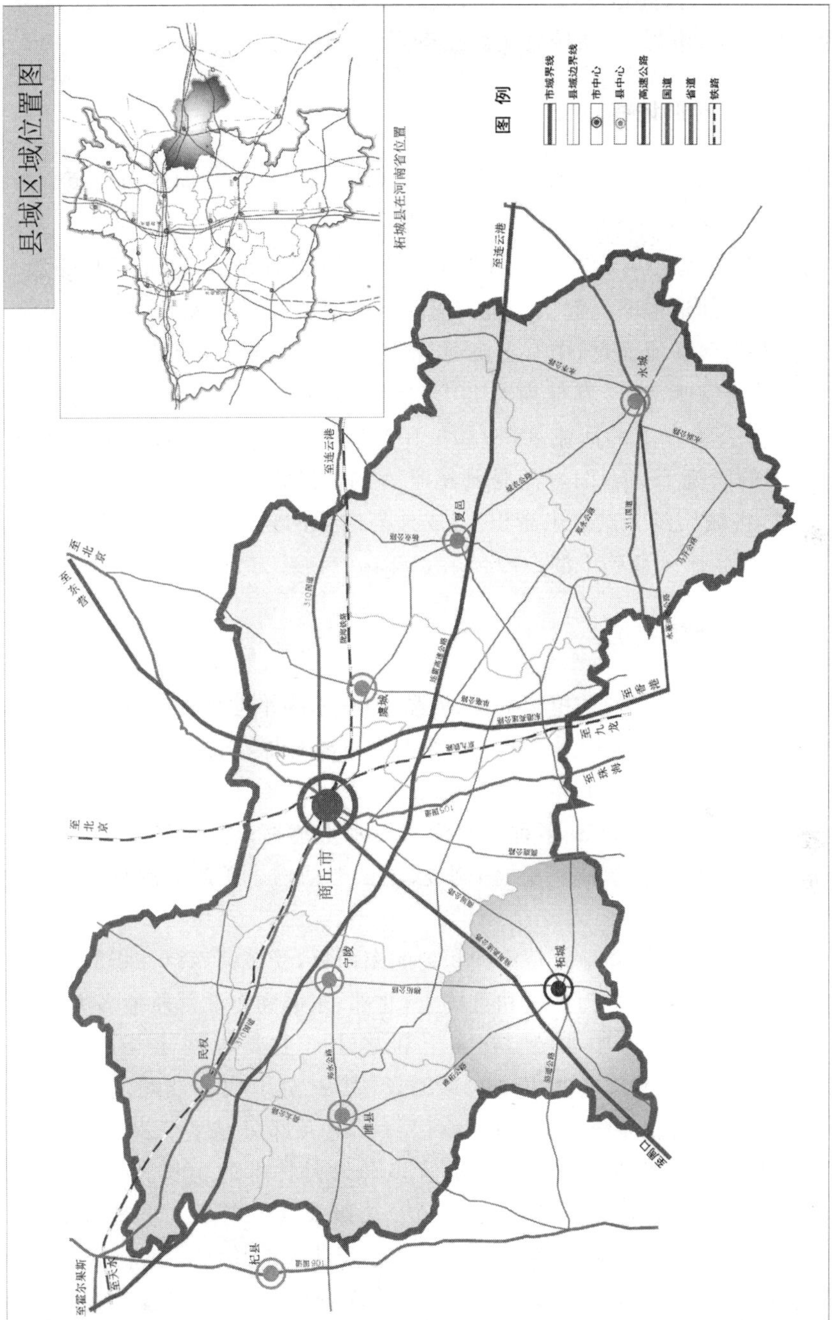
县域区位置图
柘城县在河南省位置
图例
市域界线
县域边界线
市中心
县中心
高速公路
国道
省道
铁路
商丘市
柘城
宁陵
睢县
民权
夏邑
永城
虞城
杞县
至北京
至连云港
至香港
至九龙
至珠海
至霍尔果斯

图 2.1 柘城县域区位图

属商丘行政公署。1958年12月商丘、开封两专区合并，柘城县属开封专区。1961年开封、商丘专区分设，柘城县属商丘专区所辖。1997年商丘升格为地级市，以市带县，柘城县属商丘市至今。

2.1.3 地形地貌特征

柘城县地处黄河冲积平原的东南翼，地势平坦，由西北向东南微倾。海拔高度在42.90米～52.80米，平均海拔高度47.85米。高度差约10米，自然坡降为1/3500～1/5000。由于历史上黄河泛滥改道，形成一些碟形、条形洼地，局部地形略有起伏。境内河流属淮河流域涡河水系，多为季节性河流，南有涡河横流而过，中有惠济河、蒋河、废黄河，永安沟斜贯南北，东有太平沟，洮河蜿蜒南下，其他尚有30多条河渠网布全境，其中集水面积在100多平方公里以上的河流8条；30～100平方公里的河流17条，30平方公里以下的河流15条，旧城湖是县境唯一的内陆湖泊，原系古县城，周长5.5公里，古城历经多次水患淤积，形成外高内低的洼地。旧城湖从二十世纪六十年代后期已渐趋干涸。

2.1.4 资源状况

柘城有较为丰富的动植物资源，但品种单一，为平原地区常见物种。粮食作物主要有小麦、玉米、大豆等，经济作物主要有棉花、芝麻、烟叶、瓜果、蔬菜等；林木主要有泡桐、榆、槐、白蜡条等，果树主要有苹果、桃、梨、等，此外还有100多种花卉，100多种药材河莆等水生植物；动物有牛、马、猪、家畜等，野生动物有鸟类、爬行类、两栖类、昆虫类动物。矿产资源较为贫乏，能源依靠外部输入。

土地资源。柘城县地处黄河冲积扇的东南翼，受黄河南泛冲积的影响，其南部和西南部质地多为粘土和重壤土，北部、东部和东北部质地多为沙壤土，东南部质地多为中壤土、重壤土和淤土。主要为潮土类，面积为80950.99公顷，占土壤总面积的99.82%，其中淤土属占土壤总面积的50.2%，两合土属占49%，沙土属占0.2%。绝大部分是生产潜力较大的一、二级土壤。非耕地中绝大部分适宜多种果树林木的生长。截至2005年，柘城县有一级土地利用类型7个，二级类型26个。土地总面积104203.31公倾，其中耕地71485.5公顷，占全县土地总面积的68.6%，人均耕地1.16亩/人，园地751.8公顷，占总面积的0.7%，林地3931.2公顷，占总面积的3.8%，居民点及工矿用地16965.8公顷，占总面积的16.3%，交通用地4244.7公顷，占总面积的4.1%，水域6336.9公顷占总

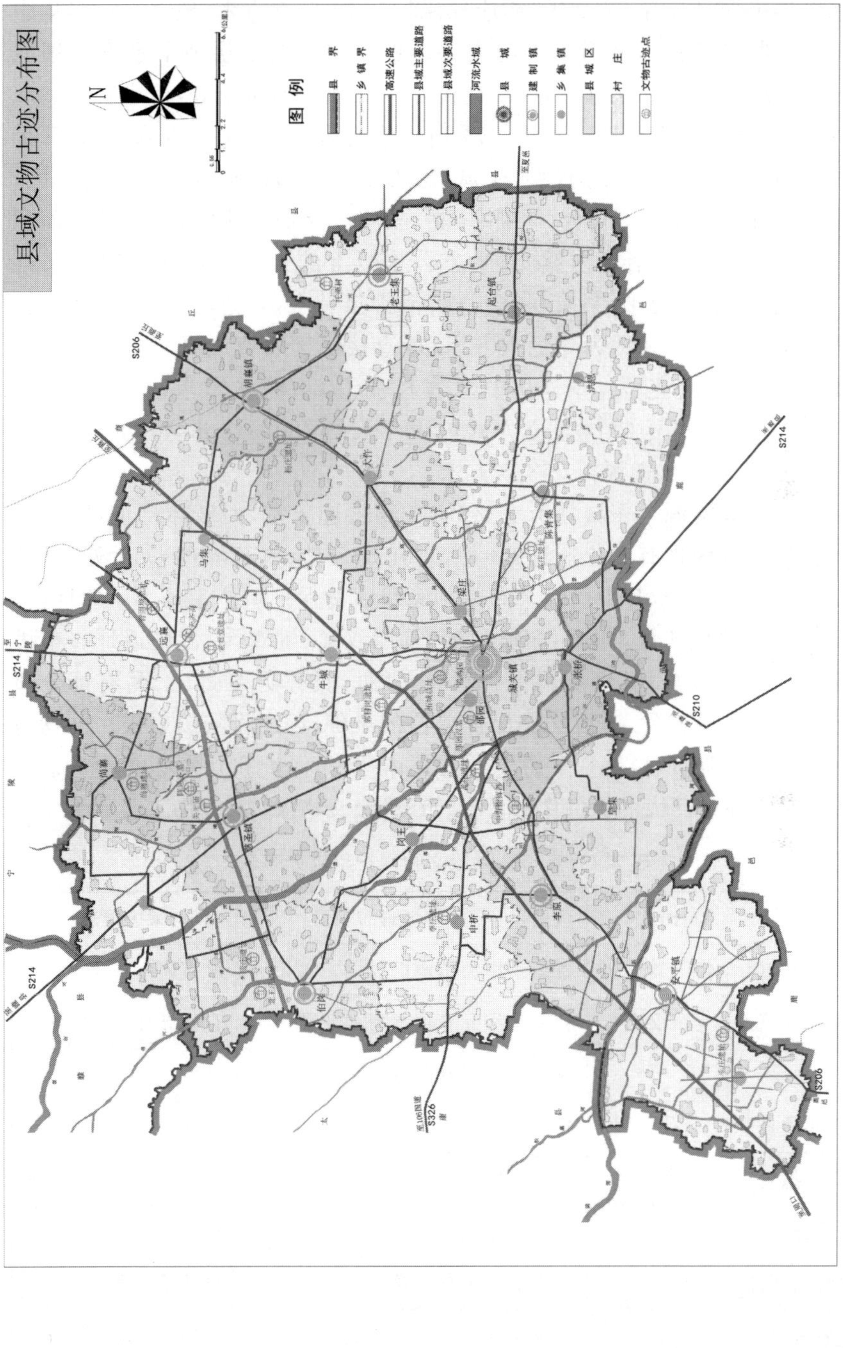

图 2.2　柘城县县域文物古迹分布图

面积的6.1%,未利用土地487.1公顷,占总面积的0.5%。

水资源。全县水资源包括天然降水、地下水及过境水三种。其中,天然降水多年平均径流深82毫米,相应径流量0.84亿立方米,地表径流多集中于汛期,利用较困难,易形成洪涝灾害。地下水中的浅层地下水资源埋藏浅,估计储量为23.3亿立方米,矿化度小于2克/升,水质好,适宜食用和灌溉,是可供开采的主要地下水源,多年平均补给量1.79亿立方米,允许开采量1.36亿立方米。慈圣、远襄、牛城、陈青集一带属富水区或中等富水区,占全县总面积的76%,起台、胡襄、申桥、安平一带属贫水区,占全县总面积的42%。过境水包括境内有10平方公里以上的大小河道41条,分布均匀。在这41条河道中,只有涡河、惠济河常年有水,其他均为季节性河道,地表过境水年均总量约为5亿立方米,可直接用于农业灌溉。全县年均水资源总量为2.49亿立方米,其中地表径流0.84亿立方米,地下水资源1.79亿立方米(重复0.14亿立方米),96年人均280立方米,亩均239立方米。2002年人均水资源为268立方米。

人文景观资源。柘城县历史悠久,文物古迹丰富,但破坏严重,所剩无几。县域范围内现有文化遗址83处,古建筑7处,古墓葬(群)11处,近现代纪念性遗址7处,其中已经公布的国家级文物保护单位1处李庄遗址,省级文物保护单位4处,包括:柘城故城,邵园汉墓、锦鸡园、孟庄遗址。市级文物保护单位3处,县级文物保护单位13处,具体见图2.2。另有部分遗址已经具备县级或省、市级文物保护单位的条件,近期将陆续申报。文物古迹是柘城县的宝贵财富,是旅游资源的载体之一,保护和开发好文物古迹对柘城县旅游业有巨大的促进作用。省、市、县级文物保护单位分布见表2.1。

表2.1 省、市、县级文物保护单位分布表

名称	时代	级别	地理位置	保护情况
柘城故城	新石器—明	省级	城关镇北旧城内	城市建设冲击严重
邵元汉墓	东汉末	省级	邵元乡邵元村西北隅	自然破坏
锦鸡园		省级	县春水路康乐街北端	良好
孟庄遗址	商代—明	省级	岗王乡孟庄村北	有非法建筑
李庄遗址	商代	省级	申桥乡李庄村北	良好
天齐庙	明、清	市级	远襄乡远襄南街	较好
中野指挥部	1947年	市级	岗王乡刘楼村	自然毁坏严重
朱襄陵遗址		市级	大仵乡朱贡寺村	保护较好

续表

名称	时代	级别	地理位置	保护情况
大毛遗址	春秋战国	县级	铁关乡大毛村北 200 米	一般
高庄遗址	新石器—明	县级	陈青集乡高庄村东 200 米	保护较好
北王庄遗址	新石器—汉	县级	伯岗乡北王庄村东	有非法建筑
唐庄遗址	新石器—汉	县级	伯岗乡唐庄村西北隅	一般
尚寨遗址	新石器—汉	县级	尚塞乡尚塞村西南 300 米	有非法建筑
郭村岗遗址	新石器—汉	县级	牛城乡郭村岗西头	有非法建筑
老君堂遗址	新石器—汉	县级	远襄老君堂东头	有非法建筑
扬庄墓群	汉	县级	胡襄镇扬庄村南 500 米	水利工程破坏严重
史堌堆遗址	新石器	县级	老王集乡史堌堆村	村庄覆压
关帝庙	民国	县级	慈圣镇慈圣小学	自然毁坏严重
柘桑树	明	县级	老王集乡板曾口村	保护较好
陈思济墓	明	县级	慈圣乡虎陈村东 500 米	保护较好
青堌堆寺遗址	新石器	县级	远襄乡李安楼西南 600 米	保护较好

生态环境。柘城正处于工业化和城镇化加快发展的阶段，随着城镇的扩张、工业规模的扩大，环境与发展的矛盾日益突出，生态环境十分脆弱。县域污染主要表现为大气污染和水污染，主要污染源为工业排放的废水、废气、废渣、生活用水及社会服务业，污染物主要为 BOD、COD、SS、PH、烟尘、噪音等。其中，地表水污染严重，尤其是河道污染现象很严重。流经境内的涡河、惠济河由于受上游工业、农业生活污水的影响水质均超过 V 类，许多河道已丧失包括水生物生源、农田灌溉、景观等所有的生态功能。由于废污水排放量大，污水未经处理或简单处理直接排入河道，使河道基本成为排污河道。同时随着河道的测渗进入地下，使浅层地下水也受到了不同程度的污染，有害物质均严重超标，污染土壤，直接影响土壤生态系统的结构和功能，使生物种群结构发生改变，生物多样性减少。

2.2　经济社会发展现状及分析

2.2.1　县域经济社会发展势头良好

国民经济总体运行平稳，二、三产业稳定增长，2005 年全县完成国内生产总值39.6亿元，增长11.7%，人均国内生产总值4215元，地方财政一般预算收入5006万元，三产业结构比例为42.2∶24∶33.8。社会消费品零售总额13.8亿元，全社会固定资产投资完成13.3亿元。农民人均收入为2050元，城镇居民人均可支配收入达到4068元。全县优质粮种植面积占耕地面积的90%以上。

2006年柘城县国内生产总值为505531万元，同比增长13.5%。其中第一产业增加值为220033万元，同比增长9.4%；第二产业增加值为126325万元，同比增长16.5%；第三产业增加值159173万元，同比增长16.8%。三产业比例为43.5∶25∶31.5，呈现一三二的结构形式。全县人均生产总值达到5351元，农民人均纯收入达到2458元。2002—2006年经济社会主要指标具体数据见表2.2。

表2.2　2002—2006年经济社会主要指标

指标	2002年	2003年	2004年	2005年	2006年
国内生产总值(万元)	264211	243550	294531	395881	505531
第一产业增加值(万元)	134133	103802	131478	171150	220033
第二产业增加值(万元)	49699	52706	61719	96197	126325
其中工业增加值(万元)	33152	35612	42300	74083	101627
其中建筑业增加值(万元)	16547	17094	19823	22114	24698
第三产业增加值(万元)	80379	87042	101334	128534	159173
全年粮食面积(公顷)	81250	81323	77729	91745	92753
全年粮食总产量(吨)	376134	309766	406306	499913	565660
人均国内生产总值(元)	2845	2609	3221	4207	5351
全社会固定资产投资(万元)	42304	46788	52636	133281	268607
全部工业总产值(万元)	23170	20793	26616	93660	152522
社会消费品零售总额(万元)	99855	109327	122330	137843	158795
地方财政预算收入(万元)	6958	6878	7016	5006	6106
地方财政预算支出(万元)	24658	27982	34340	44761	57161
人均财政收入(元)	75	73.69	74.9	53.5	64.6
城镇居民人均可支配收入(元)	2600	3122	3515	4068	5969

2.2.2　农业结构进一步优化调整

全县认真落实中央关于支持和加强农业的各项政策，加大对农业的投入，通过减免农业税、粮食直补等措施，调动了广大农民的生产积极性，促进了全县农业经济全面快速发展。2006年夏粮播种面积90.19万亩，增加1.5万亩，增长1.7%，夏粮单产和总量再创历史最高水平，全县可实现农林牧渔业总产值39.29亿元，实现增加值22.0亿元。

完成全社会固定资产投资268670万元，同比增长1.01倍，其中农村固定资产投资完成额为59360万元，增长45.9%；社会消费品零售额完成158795万元；地方财政收入完成6106万元；城镇居民人均可支配收入达到5969元，农民人均纯收入2458元。城乡居民生活水平稳步提高，2006年城镇居民人均建筑面积37.66平方米，全年农村居民住房竣工面积121平方米。社会福利和社会保障得到进一步提高，全县参加企业养老保险人数为15100人，参加失业保险的人数为26600人，参加医疗保险的人数为18200人，参加机关事业养老保险人数为4800人。

2.2.3　经济总量不断扩大，综合实力持续增强

2006年全县生产总值比2002年增长91.33%，年均增长17.6%，2003—2006年年均增长27.5%。2002—2006年第一产业年均增长13.2%；第二产业年均增长26.3%；第三产业年均增长18.6%。人均生产总值由2002年的2848元，增加到2006年的5351元，平均增长17.1%。经济结构日趋优化，产业不断升级，全县三产业结构已由2002年的50.8∶18.8∶30.4变为2006年的43.5∶25∶31.5，一产业比重下降了7.3个百分点，二产业提高了6.2个百分点，三产业上升了1.1个百分点。投资规模快速扩大，基础设施较大改善，2002－2006年，全县累计完成全社会固定资产投资53.2亿元，奠定了经济发展的坚实基础。商品贸易发展较快，2003—2006年年均增长12.3%。各项惠民政策使农民收入稳步增长，农村消费市场增速加快，城乡消费品市场持续旺盛。人民生活水平不断提高，居民生活质量明显改善，2006年全县城镇居民人均可支配收入5969元，比2002年提高了3024元；农民人均纯收入2458元，比2002年提高了533元，2002—2006年，城乡居民收入年均分别增长19.3%和6.3%。居民消费水平也不断提高，2006年城镇居民人均消费性支出4299.6元，比2002年提高了2303元；农村居民人均生活消费支出1399元，比2002年提高了469元。柘城县城镇2006年社会经济发展主要指标具体见表2.3。

表 2.3 柘城县城镇 2006 年社会经济发展主要指标

城镇名称	总人口（人）	耕地（公顷）	农业总产值（万元）	工业总值	地方财政收入（万元）	地方财政支出（万元）	农民人均纯收入（元）
城关镇	64132	138	2398	69910	695	590	4103
陈青集	47085	3706	17113	10401	486	486	2459
起台镇	44471	4683	21526	12788	682	682	2921
胡襄镇	45420	3846	25221	10742	501	501	2460
慈圣镇	50948	3968	25314	22166	484	484	2479
安平镇	64761	7417	47485	28666	717	717	2488
远襄镇	41090	3917	17137	24042	393	393	2460
邵元乡	36220	1928	14421	23872	313	288	2469
张桥乡	38700	2514	14446	14493	333	333	2459
梁庄乡	41000	2691	11130	12106	420	420	2465
洪恩乡	33342	2591	14720	9890	330	330	2466
老王集乡	36235	3566	18843	17904	311	311	2469
大仵乡	40008	4130	19614	12959	490	411	2659
马集乡	34465	3403	16606	14152	391	368	2458
牛城乡	47125	4056	18774	11254	481	481	2460
惠济乡	64464	4682	22067	9549	420	420	2460
伯岗乡	49113	3786	20119	8696	390	390	2460
岗王乡	55215	3274	20972	16710	378	378	2459
申桥乡	49500	3502	18714	14493	384	384	2468
李原乡	45429	2824	20079	10401	300	300	2469
皇集乡	37009	2838	16456	14664	249	215	2456

2.2.4　乡镇经济社会发展迅速

乡镇是县域经济社会发展的基础，镇区功能的完善和经济发展，辐射和带动了乡镇域经济社会发展，各乡镇经济社会发展分别见图表。

陈青集镇：面积 53.96 平方公里。总人口 4.7 万人，陈青集镇社会经济发展主要指标见下图。

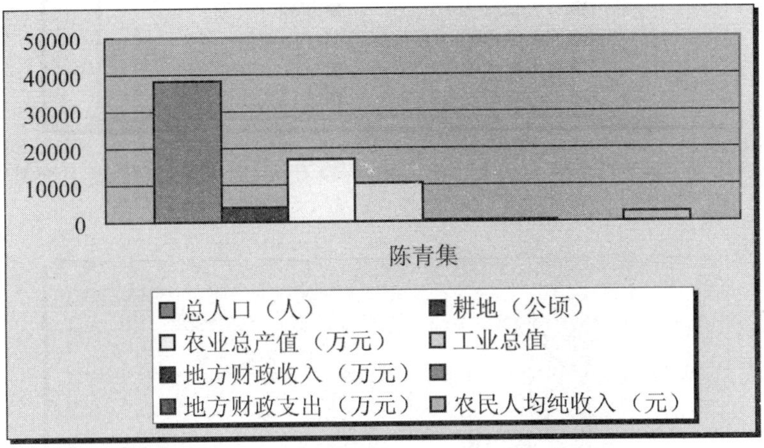

申桥乡：总面积 47 平方公里，总人口 4.95 万人，社会经济发展主要指标见下图。

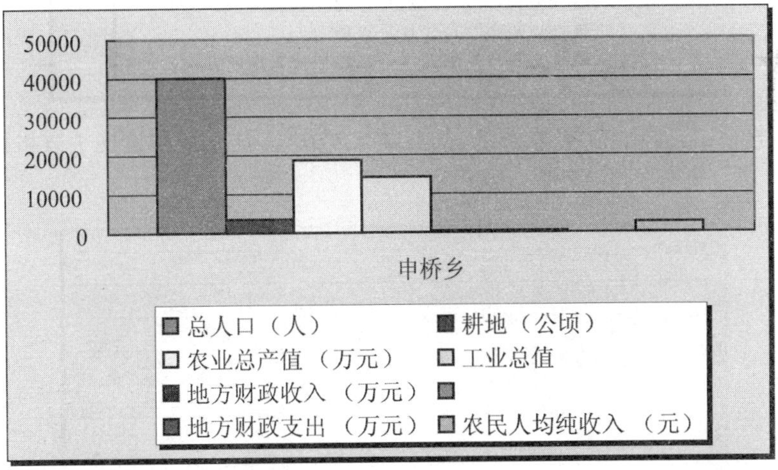

邵元乡：面积 29 平方公里，总人口 3.6 万人，社会经济发展主要指标见下图。

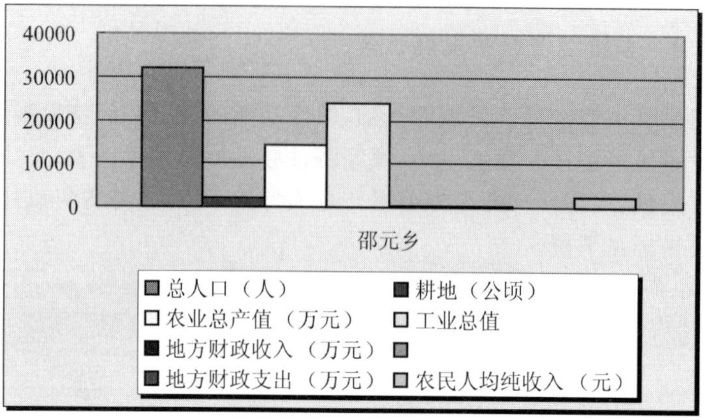

胡襄镇：面积53平方公里，总人口4.5万人，社会经济发展主要指标见下图。

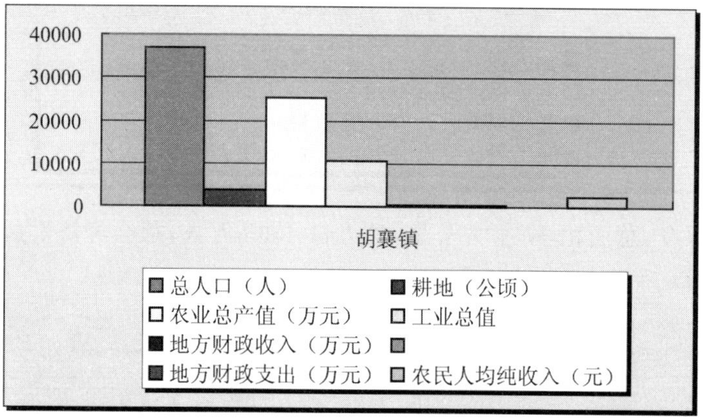

起台镇：面积65平方公里，总人口4.4万人，社会经济发展主要指标见下图。

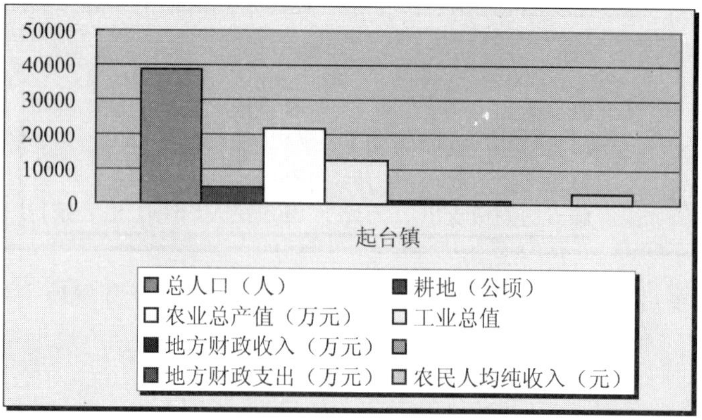

远襄镇：总面积 52.77 km^2，总人口 4.1 万人，社会经济发展主要指标见下图。

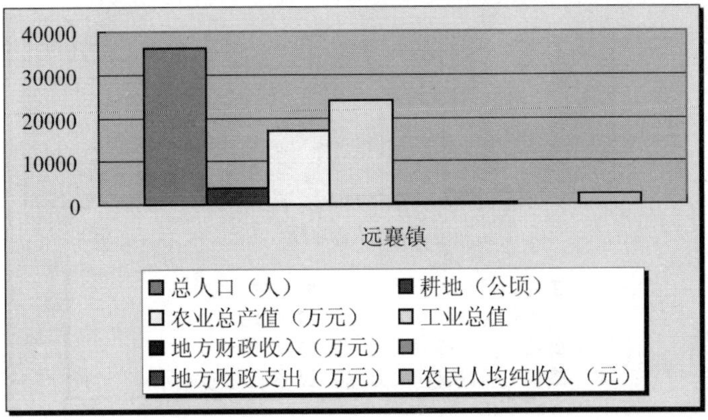

皇集乡：面积 42 平方公里，总人口 3.7 万人，社会经济发展主要指标见下图。

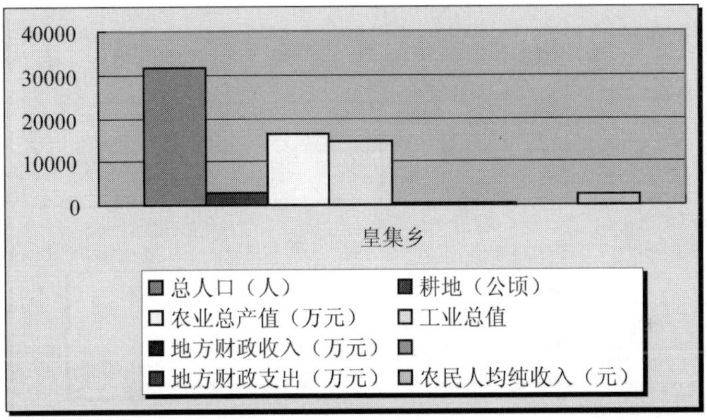

老王集乡：总面积 47 平方公里，总人口 3.6 万人，社会经济发展主要指标见下图。

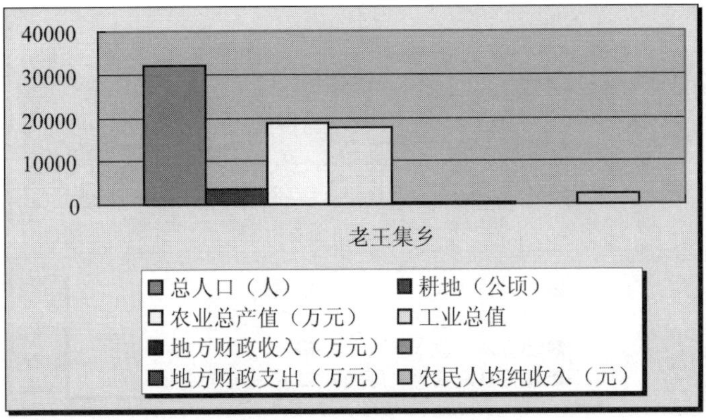

安平镇：总面积87平方公里，总人口6.4万人，社会经济发展主要指标见下图。

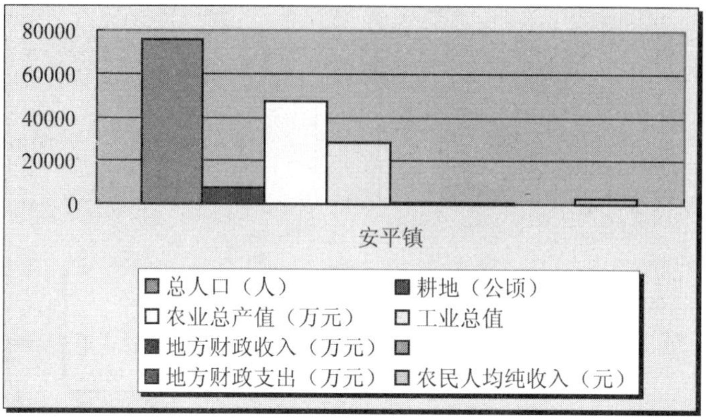

大作乡：面积59平方公里，全乡总人口4万人，社会经济发展主要指标见下图。

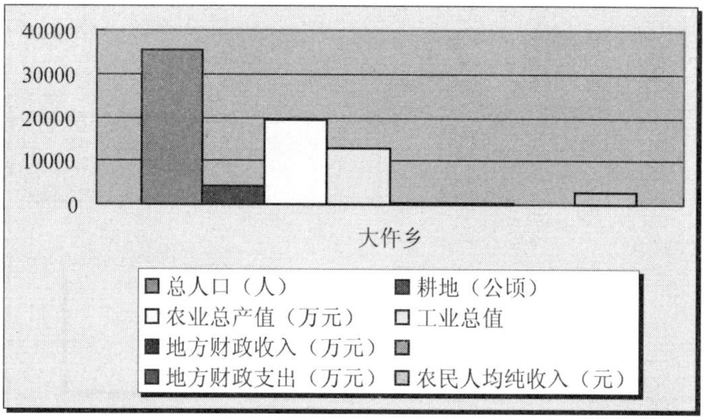

洪恩乡：总面积34平方公里，总人口3.3万人，社会经济发展主要指标见下图。

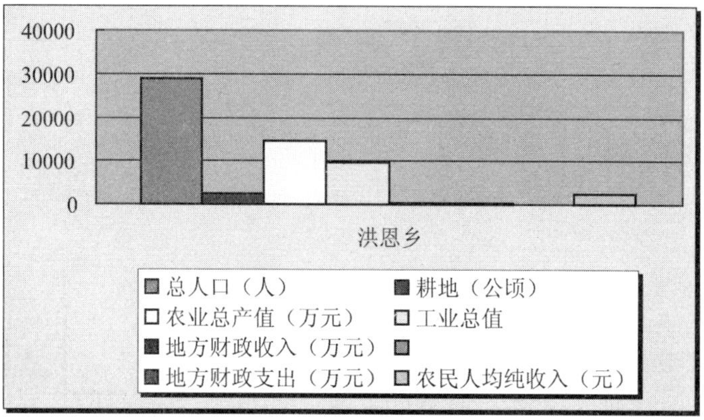

牛城乡：总面积58平方公里，总人口5万人，社会经济发展主要指标见下图。

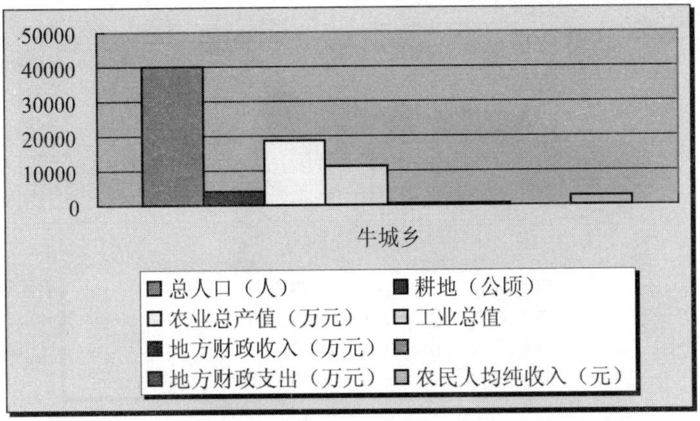

马集乡：总人口3.5万人，社会经济发展主要指标见下图。

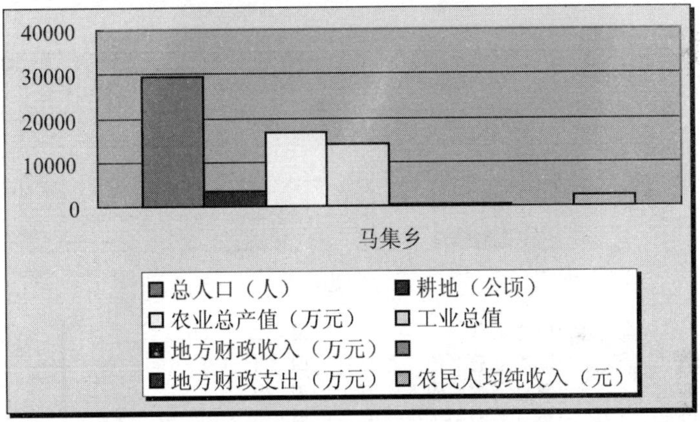

梁庄乡：面积35平方公里，总人口4.2万人，社会经济发展主要指标见下图。

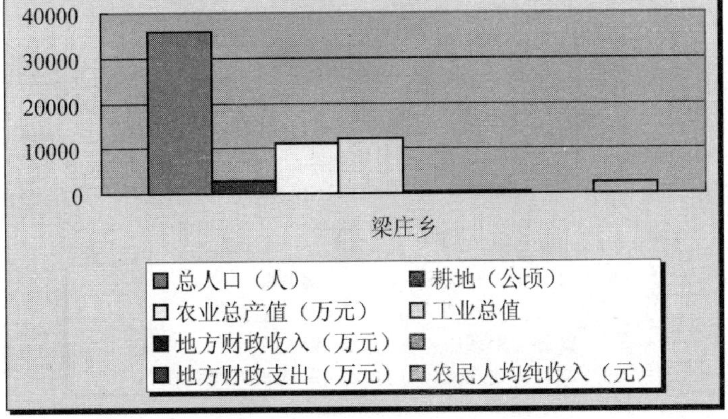

慈圣镇：总面积 64 平方公里，总人口 5.1 万人，社会经济发展主要指标见下图。

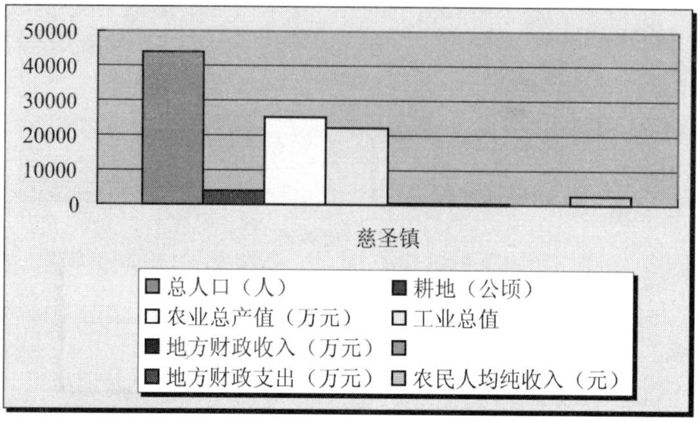

惠济乡：总面积 59 平方公里，总人口 4.6 万人，社会经济发展主要指标见下图。

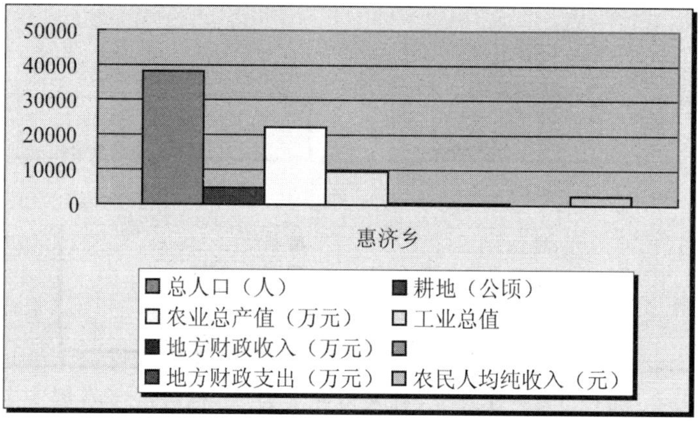

张桥乡：总人口 3.96 万人，社会经济发展主要指标见下图。

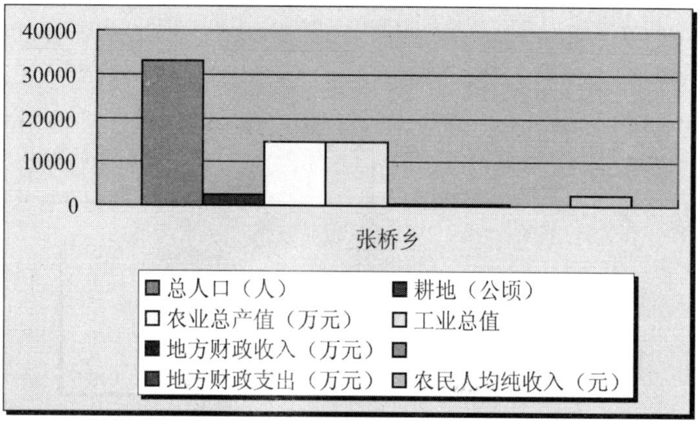

伯岗乡：总面积 58 平方公里，总人口 4.9 万人，社会经济发展主要指标见下图。

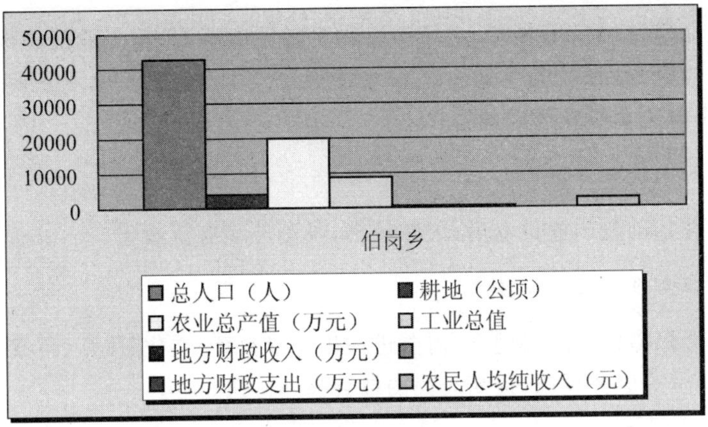

岗王乡：总人口 5.5 万人，社会经济发展主要指标见下图。

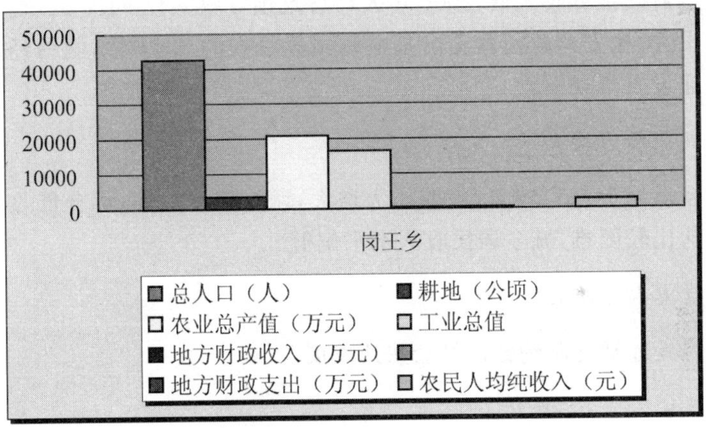

2.2.5 国民经济运行和社会发展中的主要问题

1. 经济总量偏小

县域经济总量与发达县市相比偏小，经济结构不够合理，经济增长方式比较粗放，资源约束日益显现，循环经济意识不强，带动县域经济社会快速可持续发展比较困难。

2. 农业粗放经营

农业经济结构不够合理，农业现代进展较慢，生态高效循环农业推广不够，农产品深加工水平低，农业增产和农民增收的基础还不够稳固，农业增产和农民增收难度大。

3. 工业投入产出效益不高

工业经济结构不合理，主导产业和名牌效应不突出，工业经济效益低，部分企业经营困难，生产链条较短，中小企业技术改造和产品更新换代发展缓慢，影响工业投入产出效益。

4. 基础设施薄弱

县域基础设施建设滞后，欠账较多，投资环境有待改善。

5. 社会服务设施不健全

社会保障体系不够健全，需要进一步完善教育、文化、体育、科技、卫生、通信、商贸等服务设施，提高居民的社会福利待遇。

6. 地方财政收支不平衡

地方财政预算收入低，2006 年人均财政预算收入仅 64.6 元，地方财政预算支出大，地方财政预算支出是财政预算收入的 9.36 倍，制约经济社会发展和建设投资规模。

7. 就业压力增大

城乡新增劳动力较多，就业压力增大，增收难度加大，部分低收入居民家庭生活比较困难，城乡居民收入水平偏低。

8. 资源人才缺乏

资源人才缺乏制约经济社会快速发展。

3. 县域经济社会发展环境与条件分析

3.1 优势条件

3.1.1 重大基础设施的建设

2006年，商周高速公路建成通车，S206省道、S326省道中修工程相继建成通车，“村村通油路”工程建设，极大地改善了柘城的对外交通条件。涡河、惠济河治理工程是国家19项重点治淮骨干项目之一，在柘城县内投资1.4亿元，在各级水利部门和有关建设单位的密切协作下，目前涡河治理工作已经结束，惠济河治理也已进入河道疏浚、堤岸加固阶段。县城第二自来水厂、污水处理厂先后建成投产，垃圾填埋场正在建设中。这一系列重大基础设施的建设为柘城经济发展打下了坚实的基础条件，进一步优化了投资环境。

3.1.2 煤田开发的潜力

柘城县地下煤资源主要分布在以胡襄为中心，东西走向为30公里左右，南北走向为15公里左右，煤炭储量为200亿吨左右。辐射到老王集乡、牛城、远襄、大仵、岗王等乡镇。虽然目前该煤田还处在前期勘探阶段，但是煤炭资源的开发对柘城经济的长远发展将发生重大影响。

3.1.3 劳动力资源充足，周边腹地农产品丰富，有利于发展劳动密集型产业

本县人口众多，劳动力资源充足，农村剩余劳动力较多为县域扩大第二、三产业规模，发展劳动密集型产业提供了良好的条件，同时也为当地商品消费提供了巨大的潜在市场，拉动着当地消费。县域内以粮食、农业经济作物、牧畜养殖业为主的农业经济条件较好，盛产小麦、玉米、大豆、花生、棉花、烟叶等，其中生猪、三樱椒、大蒜等特色产品远销国内外。柘城县是国家商品粮基地县、全国优质面生产基地和牲牧养牛示范县。林业资源丰富，是全国平原绿化县，省林业生产达标县和泡桐生产基地县，有“豫东泡桐之乡”

之誉。因此柘城县具有发展劳动密集型产业的优势,积极提高劳动力素质、加快技能培训,充分利用丰富的农产品资源,选好产业链切入点,是柘城由潜力转变为现实优势的关键所在。

3.1.4 工业发展具有一定规模,初具特色

柘城在酿酒、精细化工、医药、机械制造等工业方面有一定的基础,培育了一批支柱产业,形成了特色明显、具有较强竞争优势的金刚石微粉、辣椒、皮革、医药化工、食品加工、服装纺织、木材加工等七大支柱产业,涌现出了越发造纸、财通制衣、宝发精细化工、桦桐纸业、正星加油机、新源磁性材料、伊科皮革、金刚石微粉城、白师傅清真食品、恒星食品、铝锅厂等一批实力雄厚、发展强劲的重点骨干企业。全县乡镇企业和个体私营企业经济发展迅速,形成了慈圣、牛城、城关3个工业小区,出现了具有地方特色的木线条加工、皮革加工、铝制品加工、桐木加工、食品加工、金刚石微粉加工等各类加工专业村。

3.2 制约因素

3.2.1 产业结构不合理,经济基础薄弱

经济产业结构不合理的矛盾突出,二三产业发展严重滞后。柘城虽是农业经济大县,但农业产业化水平低;近几年工业经济总量不断增长,但总量仍然较小,在全县经济总量中份额较低,工业结构不合理,以原材料加工为主,劳动密集型、资源密集型产业占主导地位,技术含量偏低,高科技企业很少,行业的发展缺乏大型企业集团的支撑和带动;第三产业发展水平不高,现代服务业发展缓慢。经济运行的综合效益较差,经济面临可持续发展的压力大。

3.2.2 资源品种少,开发力度不够

柘城县缺乏矿产资源,水资源也相对贫乏,地表水多为过境水,并且污染严重。有限的土地资源承载了全县的社会经济发展。作为土地资源的衍生物,动植物资源相对丰富。动植物资源体现在农产品上。胡芹生产不成规模,市场狭小,宣传力度小,开发力度不够;柘桑、柘蚕几乎丧失传统,举步维艰。文物古迹作为旅游资源,目前还缺少开发利用。总体上看有特色资源,没有优势资源,特色还不够突出,应有的优势没有充分发挥出来,资源状

况显得比较平淡。

资源的开发利用直接关系到经济趋势和整体效益。种植业结构是合理利用土地资源的关键。传统的农业结构已经不适应形势的要求，必须调整农业结构，减少粮食作物种植面积，扩大经济作物种植面积。同时，农业要向高效、高科技、高产出方向发展。柘城农业在这方面仍面临着艰巨的任务。首先，粮食种植面积仍旧很高，总体产量大，单产不够理想；其次，经济作物规模小，分散种植使得难以发挥优势，产量不高；再次，缺少总体协调和引导，缺少市场建设和开发。

农业提供的是初级农产品，只有少量农产品进行了粗加工，这种初级产品和粗加工产品附加值都相对很低，对提高农民收入作用有限。

3.2.3　县域基础设施薄弱，城镇化滞后

柘城县基础设施相对落后。县域范围内只有公路交通，道路系统不完善，公路档次不高，路况一般。县乡公路基本实现了乡乡通油路，由于县乡间、乡间公路建设年头已久，又缺少维护，路况大多很差，部分路段已经完全丧失了柏油路的功能，相当数量村庄还是原始的土路。落后道路的道路交通严重制约了柘城经济的发展。县域电力设施有待进一步的建设，电信设施有较大进步，但距离信息时代的要求仍有较大的差距。城镇供水、燃气、污水处理、垃圾处理等基础设施也十分落后。

与经济发展相比，城镇化进程更加滞后。2007 年，全县总人口为 94.48 万人，其中城镇人口为 14.85 万人，以城镇人口为统计口径的城镇化水平为 20.1％；而 2007 年河南省的城镇化水平已达到 34.3％。滞后的城镇化直接造成农村剩余劳动力大量滞留在农村地区，使农业增效、农民增收乏力，阻碍农村经济结构的调整和全县城乡经济结构的优化，使地区经济发展缺乏足够的凝聚力和集聚效应。同时，滞后的城镇化还是企业的分散布局与地区生态环境恶化的重要原因。

3.2.4　人口密度大和环境资源压力

2007 年末全县总人口为 94.48 万人，人口密度为 892.6 人/平方公里，是全国人口平均密度的 6.6 倍，是河南省人口平均密度的 1.5 倍，商丘人口平均密度的 1.18 倍。在人口素质不高的状况下，这种高人口密度在人与自然、人口增长与经济增长的关系上暴露出一系列的问题，面临的生存压力大，这在一定程度上导致一次性、短视的生产经营活动，既破坏自然界的生态循环，又造成形象问题。人多地少、水资源短缺等先天不足使得柘城的环

境资源压力加大，近年来发展的造纸、皮革等工业给本来就比较紧张的环境资源压力进一步加剧。

3.2.5 周边区域发展竞争激烈

柘城处于黄淮海地区，经济基础相当薄弱。无论是经济总量、人均GDP、财政收入还是农民人均纯收入柘城都相当低。周边县区的鹿邑、淮阳、太康、睢县等在排名都超过了柘城，经济基础相对较好，发展势头强劲，并且都在谋求优化经济结构，提高经济竞争力，在区域竞争中赢得先机。纵观周边县区，已经充满了激烈的竞争，而柘城县在区域竞争中处于后发劣势，如何摆脱经济落后的状态，已经成了当务之急。2005 年柘城县与周边县(市)部分经济技术指标比较具体见表 3.1—表 3.4。

表 3.1　2005 年柘城县与周边县(市)部分经济技术指标比较

城市名称	生产总值(万元)	第一产业(万元)	第二产业(万元)	工业(万元)	第三产业(万元)	人均生产总值(元)
河南省	105870000	18920000	55140000	48960100	31810000	11347
商丘市	5607800	1881300	2209400	1831900	1517000	6879
柘城县	395881	171150	96197	74083	128534	4215
民权县	541094	216000	174079	146329	151015	6425
睢县	512341	222067	193469	161256	96805	6441
宁陵县	272717	104300	85257	72908	83160	4655
虞城县	674825	295425	206608	173612	172792	6262
夏邑县	574833	223000	190838	163085	160995	5113
永城市	1311688	348000	704928	622301	258760	9849
周口市	5955000	2052900	2365300	2063000	1536800	5579
太康县	614447	277209	199139	175635	138099	4501
淮阳县	657176	268457	290300	253138	98419	4968
鹿邑县	728377	212966	302949	260177	212462	6279

资料来源：河南统计年鉴 2006。

表 3.2 2005 年柘城县与周边县(市)部分经济指标对比表

城市	土地面积（平方公里）	人口（万人）	耕地面积（千公顷）	人均耕地（公顷/人）	农林牧渔业增加值（万元）	人均农林牧渔业增加值（万）	农民人均纯入（元/人）
河南省	167000	9768	7201.2	0.074	18920000	1936.9	2870.58
商丘市	10704	817	666.50	0.082	1881285	2302.7	2346
柘城县	1042.03	94.11	70.76	0.075	171150	1818.6	2050
民权县	1240.18	84.38	74.27	0.088	216003	2559.9	2136
睢县	919.08	79.70	63.16	0.079	222068	2786.3	2309
宁陵县	797.16	58.71	48.56	0.083	104426	1778.7	2096
虞城县	1541.44	107.98	93.52	0.087	295425	2735.9	2104
夏邑县	1485.70	112.65	93.82	0.083	223000	1979.6	2319
永城市	2019.98	133.45	118.97	0.089	348000	2607.7	2700
周口市	11968	1071	826.07	0.077	2052910	1916.8	2276
太康县	1761	136.87	125.51	0.092	277209	2025.3	2286
淮阳县	1467	132.63	104.25	0.079	268457	2024.1	2078
鹿邑县	1248	116.31	87.27	0.075	212966	1831.0	2571

资料来源:河南统计年鉴 2006。

表 3.3 2005 年柘城县与周边县(市)部分经济指标对比表

省市	名称	工业增加值（亿元）	人均工业增加值（元/人）	财政收入（万元）	人均财政收入（元/人）	财政支出（万元）	居民储蓄存款（万元）	居民人均存款（元/人）
河南省	全省	3200.2	3276.2	5380000	550.8	11160000	64890000	6643.1
	全市	110.19	1348.7	165572	202.7	531501	2925000	3580.2
	柘城县	2.6452	281.1	5006	53.2	44761	217663	2312.9
	民权县	5.2887	626.8	5199	61.6	40008	180539	2139.6
	睢县	5.5260	693.4	5886	73.9	43068	196359	2463.7
商丘市	宁陵县	2.3356	397.8	4306	73.3	32816	136467	2324.4
	虞城县	6.8189	631.5	9848	91.2	56188	239178	2215.0
	夏邑县	5.7031	506.3	6468	57.4	49568	358517	3182.6
	永城市	53.4406	4004.5	50266	376.7	86011	455802	3415.5

续表

省市	名称	工业增加值（亿元）	人均工业增加值（元/人）	财政收入（万元）	人均财政收入（元/人）	财政支出（万元）	居民储蓄存款（万元）	居民人均存款（元/人）
周口市	全市	98.82	922.7	133409	124.6	546190	3672800	3429.3
	太康县	4.7690	348.4	7564	55.3	53060	341823	2497.4
	淮阳县	11.2644	849.3	9146	69.0	49888	317763	2395.9
	鹿邑县	13.9542	1199.7	11033	94.9	53622	332161	2855.8

资料来源：河南统计年鉴 2006。

表 3.4　2005 年柘城县与周边县（市）部分经济指标对比表

省市	名称	在岗职工平均工资（元）	社会消费品零售总额（万元）	人均社会消费品零售额（元/人）	小学适龄儿童入学率（%）	初中适龄人口入学率（%）	卫生技术人员（人）	职业医师（人）
河南省	全省	1012.7	33584300	3438.2	99.7	98.3	289157	111134
商丘市	全市	10197	1725390	2111.9	99.1	98.0	20555	7196
	柘城县	7367	137843	1464.7	97.5	97.2	1715	377
	民权县	8193	170686	2022.8	100.0	98.0	1711	416
	睢县	8738	124894	1567.1	100.0	98.0	1874	406
	宁陵县	7850	101960	1736.7	99.6	98.7	2177	540
	虞城县	9009	145220	1344.9	99.0	99.0	1948	472
	夏邑县	7550	168046	1491.8	99.4	97.7	2665	706
	永城市	17892	306907	2299.8	98.9	96.8	3250	814
周口市	全市	8051	2065198	1928.3	99.5	97.6	22288	9199
	太康县	7430	226461	1654.6	100	100	2215	666
	淮阳县	7625	223069	1681.9	100	99	2980	781
	鹿邑县	8396	241267	2074.3	100	96.4	1991	423

资料来源：河南统计年鉴 2006。

3.3 机遇

3.3.1 国家支持“三农”的政策

党的十六大以来，党中央、国务院顺应时代要求，遵循发展规律，与时俱进加强“三农”工作，坚持把解决好“三农”问题作为全党工作的重中之重，不断强化对农业和农村工作的领导；坚持统筹城乡发展，不断加大工业反哺农业、城市支持农村的力度；坚持多予少取放活，不断完善农业支持保护体系；坚持市场取向改革，不断解放和发展农村生产力；坚持改善民生，不断解决农民生产生活最迫切的实际问题。

5年来，中央安排大量投资，支持大型商品粮基地和优质粮食产业工程建设，加大小型农田水利建设的专项资金，不断加大“三农”投入，加强农村基础设施建设。加强农业科技和生产性服务体系建设，不断完善对农民的补贴政策，实施了4项补贴政策，即对种粮农民直接补贴、良种补贴、农机具购置补贴和农业生产资料综合补贴，对农民的生产性经营给予更多的补贴。全面取消农业税，切实减轻农民负担。为了兼顾农民利益与粮食安全，实施粮食最低收购价政策。加强政府对农村的公共服务，大力发展农村教育、医疗等社会事业。先后实施了农村中小学危房改造工程、西部地区“两基”攻坚计划、农村中小学远程教育、农村职业教育、农村贫困学生“两免一补”等政策措施，在全国农村全部免除义务教育阶段的学杂费，加强农村义务教育。先后实施了以乡镇卫生院为重点的农村卫生基础设施建设、农村基层计划生育服务体系建设等工程，并建立以大病统筹为主的新型农村合作医疗制度。增加对新型农村合作医疗制度的补贴，进一步加大对于农村最低生活保障制度的转移支付。

柘城县认真贯彻落实了这些中央关于支持和加强农业的各项政策，制定了促进县域农村经济社会发展的措施，通过减免农业税、粮食直补等措施，调动了广大农民的生产积极性，促进了全县农业经济全面快速发展。柘城县较好地完成了全县农业和农村经济工作的各项目标任务，被农业部评为“全国粮食生产先进县”并受到表彰，抓住农业综合开发项目的契机，农贸市场作为一项国家级农业产业化重点龙头项目、万村千乡市场工程——农资大市场等先后落户柘城。

3.3.2 中部崛起战略实施，国家将加大对农业、农村的支持力度

国家“十一五规划”中提出的“中部崛起”的空间经济发展战略，将中部地区定位为：现代化的全国重要商品粮和高效特色农业生产基地、以能源原材料及后续深加工产业和劳动密集型制造业为支撑的资源和劳动双密集型工业基地、以中心城市为依托的全国重要的特色高新技术产业基地。国家将加大对中部农村地区农田水利、电网、县乡公路、生态环境保护等的投资力度。给予中部粮食主产区更大的财政支持，完善主产区粮食流通基础设施建设，鼓励建立各类粮食批发市场，大力发展农产品深加工业。

3.3.3 河南省有关加快黄淮地区四市发展的政策

为实现中原崛起，促进区域协调发展，全面建设小康社会，2007 年 5 月 14 日，省委、省政府出台《关于加快黄淮四市发展若干政策的意见》，提出明确思路，突出重点，着力推动黄淮四市（商丘市、信阳市、周口市、驻马店市）加快发展。

省委、省政府出台含金量高、综合性强的实质性支持政策，集中各方面力量助推黄淮四市发展，具有很强的针对性。初步框算，这些政策四年累计投入财政资金 100 亿元以上，通过电价调整减少电价负担 18 亿元以上，通过贷款贴息可引导银行贷款 240 亿元以上，将有力地促进柘城县加快经济发展、解决民生问题和提高自主发展能力。

3.3.4 河南省基础设施建设投资发展重点转向农村

2008 年省政府办公厅下发的《河南省 2008 年加强农村基础设施建设搞好村容村貌整治推进新农村建设实施意见》表明，今年河南省将加大对农村的投资，把基础设施建设和社会事业发展的重点转向农村。意见要求，各级财政要坚持做到对农业投入增长的幅度高于本级财政经常性收入的增长幅度。今年全省财政用于改善农业和农村生产生活条件的资金，将突破 500 亿元，省级财政支农投入增长将达到 15%以上。各市县的财力性转移支付资金也将划出一定比例用于农村基础设施建设和村容村貌整治。这些政策将为柘城县建设新农村提供良好的机遇。

3.3.5 东部产业转移的机遇

随着东部沿海地区的产业升级和结构调整，生态环境、能源以及劳动力方面却逐步面临着紧张的局面。在有限的空间资源下，劳动密集型产业的

制造成本将会上升。对土地资源、劳动力资源依赖度比较高的制造业往中西部地区转移的趋势将进一步加快。在国家区域产业和空间政策中，明确中部地区要充分利用原材料基地、交通枢纽等优势条件，努力发展建设先进制造业基地。柘城地处中原，经济欠发达，在这次产业转移的浪潮中可以充分发挥土地资源、劳动力资源量多价廉的优势，大力吸纳和承接沿海制造业的产业转移，积极推动工业化进程。近年来，柘城加大了招商引资的力度，吸引了一批外来企业入驻，如财通制衣、宝发精细化工、桦桐纸业等。随着柘城交通区位条件的改善，招商引资和民营经济的发展还将进一步迅猛发展。

4. 县域城镇发展现状分析

4.1 县域城镇发展概况

2007年末柘城县县域总人口94.48万人，土地总面积1042平方公里，城镇驻镇总人口19.89万人，城镇化水平为21.05%，同期商丘市域城镇化水平为28.9% 、河南省城镇化水平是34.3%、全国的城镇化水平是43.9%，县域内共有城镇7个，乡政府驻地集镇14个，城镇密度为每百平方公里0.7个，高于河南省同期城镇密度每百平方公里0.6个(见图4.1)。

柘城县现辖7个建制镇，分别是城关镇、陈青集镇、起台镇、胡襄镇、远襄镇、慈圣镇、安平镇；14个乡，分别是邵园乡、张桥乡、梁庄乡、牛城乡、洪恩乡、大仵乡、老王集乡、马集乡、惠济乡、伯岗乡、岗王乡、申桥乡、李原乡、皇集乡。柘城县城镇现状规模见表4.1。

表4.1 柘城县城镇规模现状一览表

序号	城镇名称	驻地人口规模（万人）	城镇总人口和城镇化水平
1	县城	6.4132	城镇驻镇总人口19.89万人，城镇化水平21.05%。数据来源:《商丘市统计年鉴2007》
2	慈圣镇	1.3121	
3	远襄镇	0.9244	
4	梁庄乡	0.8211	
5	邵园乡	0.7521	
6	起台镇	0.7501	
7	安平镇	0.6823	
8	胡襄镇	0.5864	
9	伯岗乡	0.5443	
10	李原乡	0.5579	
11	张桥乡	0.6218	
12	老王集乡	0.5108	

续表

序号	城镇名称	驻地人口规模（万人）	城镇总人口和城镇化水平
13	牛城乡	0.4945	城镇驻镇总人口19.89万人，城镇化水平21.05%。数据来源:《商丘市统计年鉴2007》
14	岗王乡	0.4291	
15	大仵乡	0.4291	
16	申桥乡	0.4100	
17	皇集乡	0.4094	
18	马集乡	0.4027	
19	陈青集镇	0.3811	
20	惠济乡	0.3242	
21	洪恩乡	0.3212	

注:乡集镇人口不计入城镇人口。

4.2　县域城镇现状特征及存在问题分析

4.2.1　城镇空间分布特征

城镇空间分布不均衡。现在的城镇均是在原来的乡集镇也就是乡政府驻地村落的基础上发展而来的,在农业经济为主导的时代,乡集镇是本乡域内的农业生产管理和服务中心,由于柘城县地处平原地区,为了便于农业生产的管理和服务,因此乡集镇的空间分布是比较均衡的,城镇空间上也呈现出比较均衡的特点。如果考虑到城镇的规模,那么现有的城镇的空间分布就显示出不均衡的特点,从城镇分布现状图上可以看出,柘城县规模较大的城镇主要分布在县域主要的对外联系通道上,主要是沿S208商周公路、S210、S214等省道,受交通导向作用明显,因此形成了较大的城镇规模。

4.2.2　城镇职能结构现状特征

城镇职能不健全。城镇的职能主要反映在政治、文化和经济这三方面,其中政治和文化中心的职能是各个城镇所共有的,城镇职能的差异主要体现在其经济中心的职能上,其本质也就是城镇产业支撑门类的差别上,也就是城镇在区域内所承担的经济分工的不同。通常,许多城镇的工业经济是

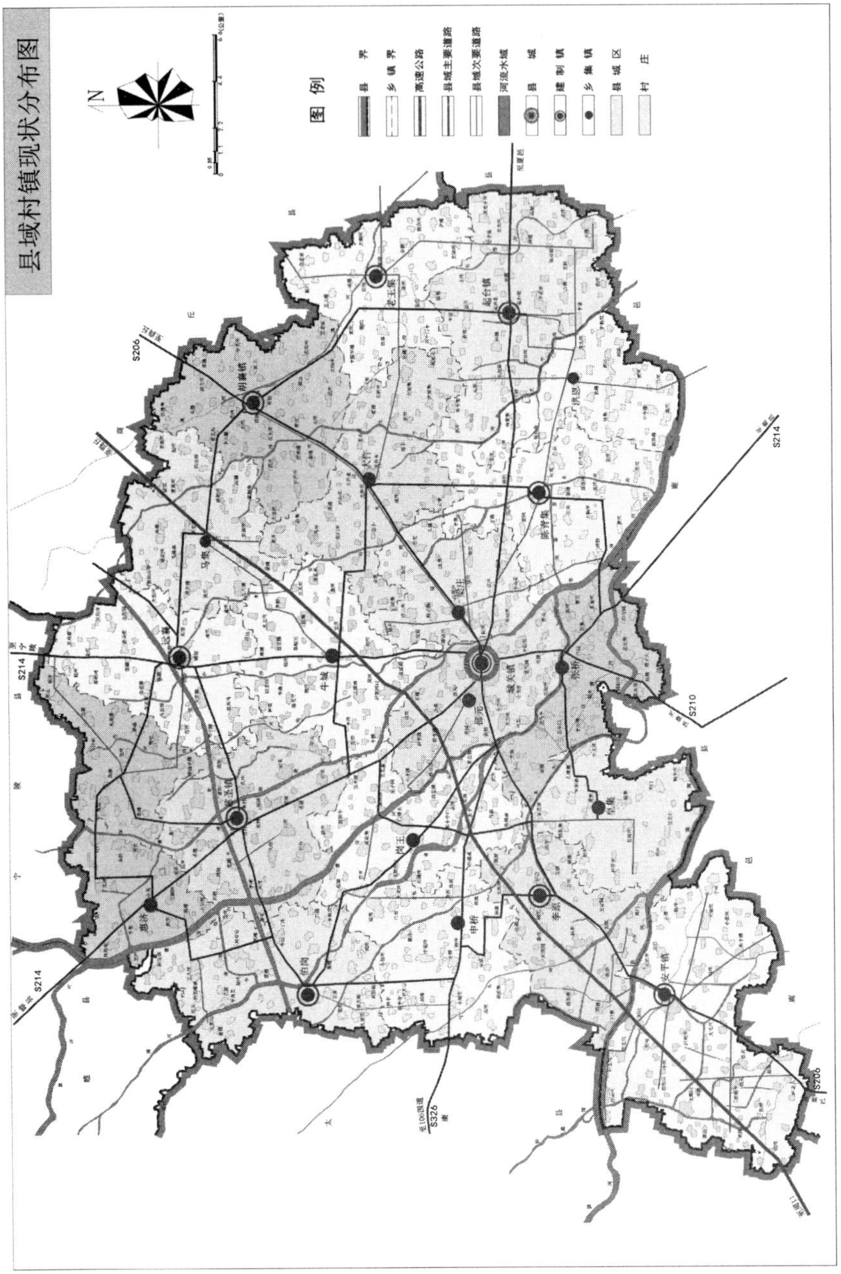

图 4.1　柘城县域现状分布图

建立在对本地资源条件的开发利用上，而柘城资源平淡，资源开发低效，多数乡镇显现出缺少支柱产业的支撑，产业发展处于较低的层次，表现出发展缓慢，后劲不足，工业规模都较小，大多是初级加工业和简单制造业。多数城镇职能表现为内向型，城镇和乡集镇只是本乡镇域内的行政管理和文化中心，城镇的经济中心职能均体现为日常的集市贸易等低档次的商贸业。城镇间联系以纵向联系为主，横向联系较弱。导致城镇结构组织化程度偏低，整合不足。

4.2.3 城镇规模等级结构现状特征

城镇规模不大，等级结构不完善。县城作为区域中心城市，无论是县城用地规模还是产业规模都显得偏小。县城人口规模仅有 6.4 万人，三产业结构为 50.8：18.8：30.4，说明目前县城对人口的集聚是以行政、文化中心职能为主，而经济中心职能对人口的集聚作用较弱，因此县城对带动县域经济发展的作用不强。

柘城县乡镇规模都不大，慈圣镇、胡襄镇等镇区人口超过 1 万，远襄、梁庄和邵园等 10 个乡镇的人口在 0.5 万人以上，其他乡镇驻地人口都较少，均在 0.5 万人以下。各乡镇驻地人口差异较大。乡镇辖区面积都不大，使得乡镇腹地狭小，不利于乡镇集聚能力的发挥和规模的扩展，尤其是建制镇的人口规模与其自身应承担的职能不协调。

4.2.4 村镇现状布局不完善

村镇现状布局不完善。村镇现状分布基本合理，没有形成完善的村镇体系。总体上呈现出区域雷同的特征，大多城镇职能不完善，城镇规模较小，经济实力较弱，辐射带动作用不强，就业吸纳能力和综合承载能力不强。县域中心镇规模小、服务职能弱，辐射带动能力不强。中心村缺乏规划和定位，不具备服务功能。一部分村庄规模过小，缺乏规划引导，建设无序，重复建设现象严重。

4.2.5 城镇规划建设管理滞后

城镇规划建设管理滞后。从城镇的建设现状来看，城镇用地的拓展普遍缺乏规划的引导与约束，处在一种较自发和粗放的状态中，沿公路进行无序的蔓延。集镇区建设用地存在各自为政现象，建设用地零散，存在“一张皮”现象，土地浪费严重，土地利用强度低。多数街道和街坊乱堆乱放现象严重，面貌破旧。道路、电力、电信等基础设施欠帐太多；教育、文化、医疗等服务设施不完善，甚至部分设施仍是空白；科、教、文、卫设施数量不足且布局不合理。总体来看，柘城县城镇和乡集镇呈现出缓慢的发展步伐。

这种现象存在的原因主要来自两方面，一是缺乏城镇规划引导。城镇规划编制滞后，不按规划进行建设。二是由于城镇缺乏产业支撑，城镇建设缺乏资金的保障，城镇规划难以得到实施。

4.2.6 县域土地资源制约城镇建设发展

县域土地资源制约城镇建设发展。土地是社会经济活动的物质载体，长期沿袭的城乡分割型土地管理体制和刚性化的土地流转机制，形成了城乡特点迥异的土地利用格局，妨碍了城乡间土地资源的合理流动和高效配置，制约城乡经济的发展和城乡一体化的进程。在县城内部，一方面土地短缺问题相当严重，县城作为区域中心城市，用地规模偏小，制约了中心城市的产业布局活动，影响了中心城市在区域经济中的集聚作用和辐射能力。另一方面又存在县城用地分散、闲置、浪费、低效利用等诸多问题。目前，县城建设用地指标偏大，围大院圈围墙建设情况较多，造成土地浪费、利用率低等现象，县城功能分区不明确，缺乏用地的整体性、建设用地显得松散，生产用地分散分布于老城区、新区，生活用地零散低层次建设，居住区建设不完整、零散住宅建设较多等问题，影响了县城功能的发育和发展。在乡镇镇区内，建设缺少规划的强力约束，作为经济活动的重要载体的土地所产生的效益明显不够。在农村，乡镇企业布局分散，大量占用土地。农民住宅用地比例过大，空心村的现象特别明显，随着村庄的向外扩张，农村住宅制度未能做到“批新交旧”，故当新的院落落成之后，老的院落自然就废弃了，很大程度上造成了土地资源的浪费。

近几年及未来一段时期内，柘城县经济发展主要依赖工业投资和县城基础设施建设等固定资产投资增加而增长。而国家加大了投资领域的调控力度，实施严厉的土地政策，保护基本农田，这也在相当程度上制约着柘城产业布局活动，不利于占地大企业的发展，影响了资本的内聚和产业的发展，使社会经济发展和土地保护的矛盾更加突出。

5. 县域产业布局规划

5.1　产业发展现状

柘城县工业具有一定的基础，经过几年的调整和努力，柘城县工业经济逐步进入发展的快车道。特别是 2005 年以来，工业经济保持了快速增长，工业经济总量大幅度提升。目前，已初步形成了以纺织服装、酿酒、制药、化工、造纸、食品、皮革、木材加工、铝制品、金刚石微粉及制品等为支柱产业的工业格局，是国内闻名的三樱椒、皮革、铝制品、食品、木制品及金刚石微粉加工生产基地和经销市场。全县培养了一批活力强、潜力大的工业企业，并形成了金刚石微粉及制品产业、纺织服装、食品加工三大产业集群。主导产业对全县工业的支撑和带动作用日趋明显，已成为推动全县经济发展的重要力量。近几年，通过大力招商引资，一批工业项目落地柘城，涉及多个产业，带来柘城产业不断发展，成为柘城新的经济增长点，也为柘城工业发展增添了后劲。柘城工业处于工业化初期阶段，是工业经济不断扩大规模，实现跨越式发展的关键阶段。目前，优势产业发展良好，不断壮大，主要产品产量、工业产值等指标实现了快速提高。2006 年，全县完成工业总产值 36 亿元，完成工业增加值 10.1 亿元，工业经济效益继续提高，工业经济效益综合指数达 160%，全县限额以上工业企业 39 家，继续保持了快速增长。

5.2　产业发展原则

(1)突出特色，与县域资源结构相适应。

(2)继续壮大传统优势产业，拉长产业链条。

(3)优化升级产业结构，积极发展可持续产业。

(4)向集中化、规模化方向发展。

5.3 产业结构调整

产业的发展实行“扶农、优工、促三”的政策措施，即扶持农业、优化工业、加快发展服务业，促进三次产业链式融合。规划逐步形成产业结构比较合理的经济结构体系，至 2010 年县域一、二、三产业结构比例调整为 29∶38∶33，2015 年调整为 25∶40∶35，2020 年调整到 21∶45∶34。

5.3.1 农业

农业是国民经济之基，发展现代农业是社会主义新农村建设的首要任务。

保证现有农业增产，加快农业科技进步，努力提高农业综合生产能力，稳定粮食生产，提高农业技术含量，围绕创汇农业、商品农业、绿色农业、生态农业、有机农业等方向推广现代优质高效农业，充分挖掘柘城县农业特色；以增加农民收入为核心，积极调整农业结构，发展畜禽养殖、辣椒、中药材、林果种植、木材等特色农业和经济作物；以市场为导向，以大型农副产品加工企业为龙头，以农产品流通企业和农民专业协会为纽带，以各类农业市场为平台，加快推进农业产业化、规模化，加强农副产品精深加工技术的引进与开发，重点发展农副产品加工，拉长农业链条，搞好多种经营；拓展农业多种功能，探索发展农业观光旅游等。

农业的组织空间包括城郊农业圈、高效农业区、粮食主产区、林果基地、中药材种植示范区、观光农业区和畜禽集中养殖区等。各乡镇应根据自身条件和已有特色，选择发展适合的农业类型。

5.3.2 工业

未来相当长一段时期内，实施工业立县，加快工业化进程是柘城县发展重要战略。优化工业的产品、技术结构，带动农业、服务业发展，增加就业岗位，促进城镇化水平提高。

1. 工业行业评价

综合分析各产业的比较优势、产业规模、发展活力、技术含量、利税贡献等，选取区位商、某产业增加值占工业增加值的比重、某产业利税占该产业增加值的比重、增长速度四项指标，并考虑产业的环境影响、技术层次等，对柘城县的工业行业进行评价，以更好地确定未来的主导产业。

柘城县目前的主要产业为金刚石微粉、皮革、辣椒、木材、食品、医药化工、纺织服装等七大工业体系。

2. 工业规划

规划将全县工业分为县级支柱产业、县级战略产业和乡镇级支柱产业三类。

支柱产业：金刚石微粉等超硬材料加工、皮革加工、医药化工、纺织服装。

四大支柱产业是柘城核心竞争力的主要体现，是最有优势和基础的，对经济增长具有主要支撑作用。

它们的发展应侧重于“优化强化、重点提质”：不仅要重“量”，更要重“质”；促进企业整合，积极培育大型企业，做大做强优势产业，限制低层次数量扩张；用先进适用技术改造提升传统产业，加速传统产业技术改造，淘汰落后生产力，延长产业链条，提高资源的综合利用率和深加工度，促进初级产业高度化。

新的经济增长点：包括食品加工和高新技术产业。它们发展应以“加快壮大、着力培育”为主。

食品加工一直以来被作为七大支柱产业之一，但目前规模仍偏小，在区域中比较优势不明显，不过此类产业是与农业发展最密切的工业，是调整产业结构的重要接续产业，依托全国闻名的三樱椒之乡、优质小麦基地县，为食品加工产业的发展打下了坚实的基础，所以应积极发展。

高新技术产业是另一战略产业。高新技术产业是知识密集型产业，具有消耗少、污染少、技术含量高、附加值高等特点，理应作为柘城县产业结构战略调整的重要选择。目前，柘城县已形成了超硬材料、精细化工等行业。发展高新技术产业，一则有利于培育新的经济增长点，保证经济的持续发展，二则能为各产业提供技术支持。而且一般而言，高新技术产业对环境质量的要求较高，可促使县域生态环境不断改善。针对柘城实际，其高新技术产业应重点发展医药业、精细化工、新材料、信息技术等。

乡镇级支柱产业：支撑各个乡镇经济增长的产业。它们的发展政策应是“引导分工，积极发展”。

积极发展乡镇企业，依托各城镇设立多个规模化特色工业聚集区，并以此推动村级小工业区的集中整合，提高规模效益。

乡镇企业的发展应积极采用产业集群的组织形式，根据各乡镇的实际条件，形成多个乡镇级产业集群，如：木材加工、辣椒深加工、农产品加工等，带动乡镇经济和农业发展。产业集群是指在某一产业领域相互关联的企业及其支撑体系在一定区域内大量集聚发展，并形成具有竞争优势的经济群落，它是产业组织的地域创新。国内外实践证明，产业集群是一种非常有效的经济发展战略，有利于促进中小企业的发展和一个地区主导产业的培育。

5.3.3 服务业

随着工业化进程的不断推进，第三产业比重会持续上升。规划期内，应将服务业作为产业结构调整的重要突破口来抓，加快发展服务业，加速工贸互动，农贸联动，提高其在GDP中的比重，增强对经济增长的贡献作用，发挥对劳动力较强的吸纳能力，带动产业结构优化升级。

立足柘城实际，依靠柘城特色经济，新建一批功能完善、结构合理的专业市场体系，搞好辣椒城、瓜果蔬菜批发市场、棉花交易市场等特色农产品交易市场的建设，培育新型商业业态，提升壮大文化产业，改造提升现代物流业，大力发展房地产等现代服务业。

5.4 柘城产业发展定位

产业的分布应根据其产业特性，以县城为主体，以各乡镇区为支撑点，积极向农村地区延伸覆盖。

产业总体发展方向——二个延伸、四个基地(见图5.1)。

二个延伸：商丘工业基地的重要补充与延伸；商丘生态旅游环境“后花园”之一。

四个基地：全国商品粮生产基地、全国辣椒产业基地、全国金刚石微粉等超硬材料加工基地、未来豫东煤炭生产基地。

所谓商丘工业基地的重要补充与延伸，是指县城工业集聚区是商丘工业基地的延伸，其发展产业是对商丘工业的重要补充。

所谓商丘生态旅游环境“后花园”之一，是指县城北湖开发建设，将成为商丘生态旅游的好去处；柘城县生态林业县的建设将为商丘生态环境提供重要的保障。

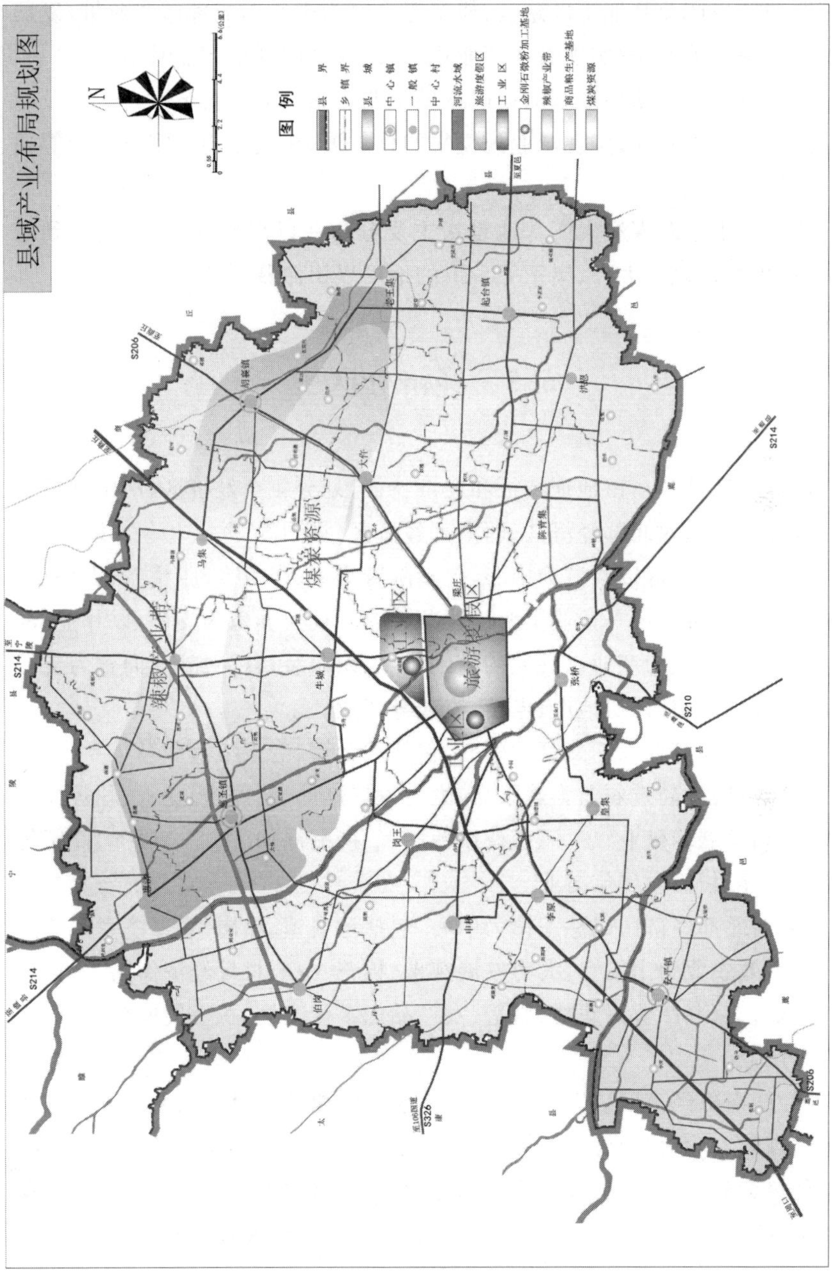

图 5.1　柘城县县域产业布局规划图

所谓全国商品粮生产基地是指在全县范围内建设全国商品粮生产基地。

所谓辣椒产业基地是以慈圣、胡襄等乡镇为中心形成辣椒产业带,发展辣椒加工等相关产业,实现农业产业化,建设成全国辣椒产业基地。

所谓金刚石微粉加工基地是以县城工业集聚区为全县金刚石微粉及制成品的集聚发展基地,实现产业规模集约化发展,建成全国金刚石微粉等超硬材料加工基地。

所谓未来豫东煤炭生产基地是指主要分布在以胡襄为中心,辐射到老王集乡、牛城、远襄、大仵、岗王等乡镇的地下煤田储藏资源。

5.5 经济分区

依据柘城县各乡镇地理特征和经济特征,划分 4 个经济区,即中部经济区、东部经济区、西北部经济区、西南部经济区(见图 5.2)。

(1)中部经济区以县城为中心,包括陈青集镇、岗王乡、张桥乡、大仵乡、牛城乡。该经济区第一产业主要以蔬菜、瓜果、规模养殖为支柱,以林业、渔业、副业为辅;二、三产业以县城的精细化工、织服装、食品加工、商贸为支柱产业,积极发展旅游、房地产、电信、交通等产业。

(2)东部经济区以胡襄镇为中心,包括起台镇、老王集镇和马集乡、洪恩乡。该经济区以高效农业为着眼点,大力发展烟叶、胡芹、棉花、大蒜等经济作物,适当发展养殖业;二、三产业以酿酒、农产品深加工、综合服务、商贸等产业为主导,积极发展旅游业。

(3)西北部经济区以慈圣镇为中心,包括远襄镇、伯岗镇、惠济乡。该经济区以高效农业为出发点,大力发展辣椒、棉花、中药材等经济作物,适当发展养殖业;二、三产业以建材、制造、农产品加工为支柱,积极发展综合服务、商贸等产业。

(4)西南部经济区以安平镇为中心,包括李原镇、申桥乡、皇集乡。该经济区以高效农业为立足点,大力发展棉花、辣椒、柳条种植,适当发展烟叶、水果种植和养殖业。二、三产业以棉花加工、木材加工、柳编为主导,积极发展鸡爪麻花特色加工业,使以前的柳编和鸡爪麻花形成真正的产业。

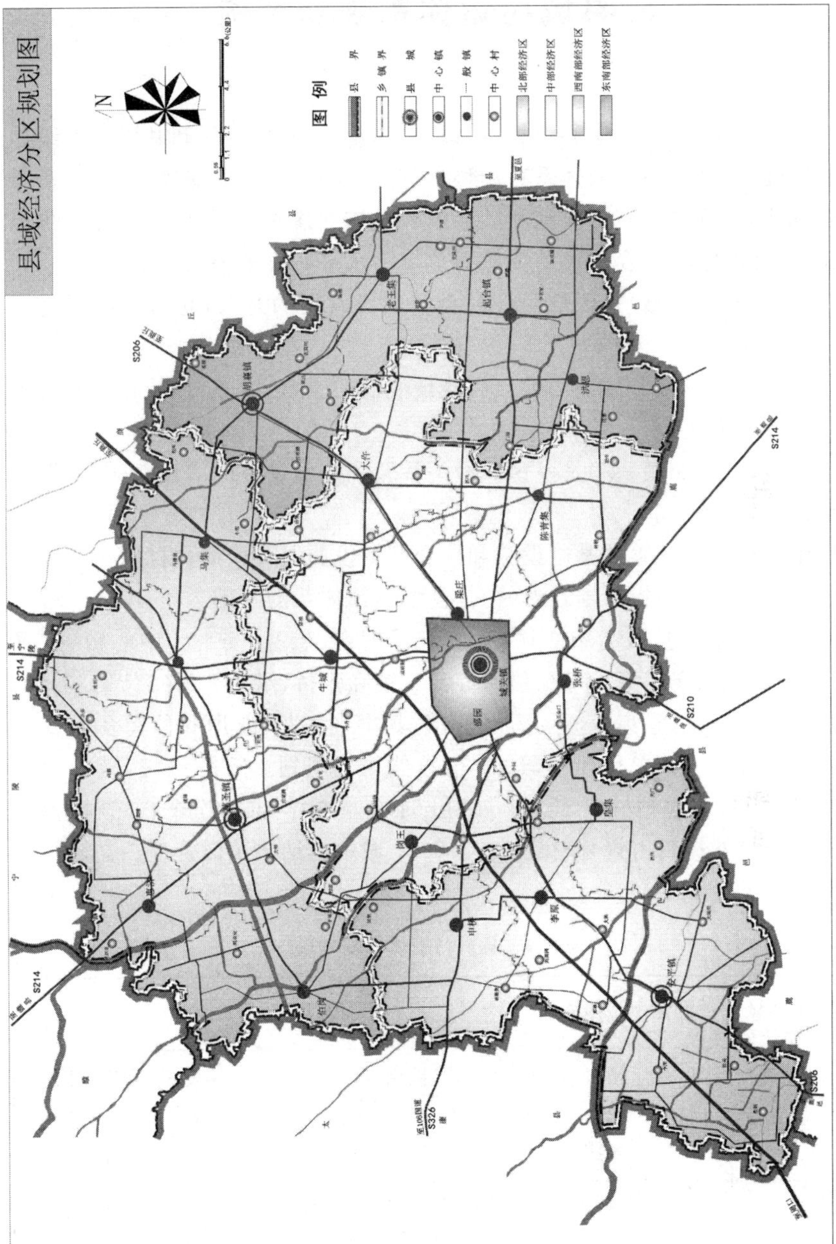

图 5.2　柘城县县域经济分区规划图

6. 县域村镇体系规划结构

构建以中心城区、中心镇、一般镇(建制镇、乡)、中心村和基层村五级县域村镇体系,使县域村镇体系布局科学、等级规模合理、职能优势互补、资源综合利用,实现县域基础设施和社会服务设施共建共享,县域经济社会快速健康可持续发展,城乡居民的物质文化生活水平有显著提高。

中心城区(县城)是区域经济社会和建设发展的龙头,起承上启下的辐射带动作用。

中心镇是县域分区经济社会和建设发展的重点,服务、带动和引导村镇加快建设与发展。

一般镇(建制镇、乡)是乡镇域经济社会和建设发展的增长点,辐射带动本乡镇的发展。

中心村有较完善的基础设施和社会服务设施服务于周边村庄。

基层村(行政村、所辖自然村)是县域村镇体系的基础。

本次规划以县城为中心城区,确定了胡襄、慈圣、安平为中心镇,陈青集、起台、远襄、老王集、李原、伯岗等 6 个镇和张桥、洪恩、大件、马集、牛城、惠济、岗王、申桥、皇集等 9 乡为一般镇,其中老王集、李原和伯岗乡撤乡设镇。县域现有 494 个行政村,1240 个自然村。规划 425 个村庄,其中规划 61 个中心村,占规划村庄 15%;规划 364 个基层村(共 697 个自然村,拟迁并 543 个自然村),占规划村庄 85%;69 个城中村纳入镇区管理。县域村镇体系规划见表 6.1,图 6.1。

表 6.1　县域村镇体系规划表

县城	中心镇	一般镇	中心村	基层村(行政村)
中心镇	胡襄镇		崔楼、祁楼、张沃、陈洼、侯庄	金楼、铁佛寺、王拐、李关、侯大庄、武庄、任庄、赵方、李美、老龙、大韩、王老家、后芦、唐楼、高庄、史庄、尹庄
	安平镇		张炳、李庄、梁堂、河东	史老八、罗庄、赵油、蔡洼、后岗、西李楼、大毛、东李楼、后王、前王、宋庄、靳阁、后郑、大史、王营、冯庄、周堂、古楼、于庄、杨庄、小张、张店、张庄、刘洼、刘屯、崔桥、花庄

续表

县城	中心镇	一般镇	中心村	基层村(行政村)
中心镇	慈圣镇		虎陈、大韩、雷屯、前梁、丁刘	孔庄、君臣、陈阳、后梁、毛楼、宋屯、谢关、白庄、楚庄、孟庄、李滩、康屯、刘桥、塔坡、张楼、户楼、刘庄、桑口、苏楼、陈庄、张桥、后台、肖庄
一般镇		起台镇	梁双、李老家、贾楼	史大、冯桥、唐楼、来楼、赵庄、买臣、韩楼、许陈、李集、前韩、赵庙、楚庄、王庄、史老家、吉楼、徐庄、李寨、陈集、彭庄、高店、高庙、李尧、岳庄
		陈青集镇	崔庄、砖桥、谢庄	毛堂、李集、郭堂、梁楼、陈社庙、王口、许大庄、后徐王、王楼、前园、王庄、周位、曹庄、大杨庄、杨楼、时堂、梁湾、沈庄、党庄、吕关
		老王集镇	史陆庄、谢堂、陈楼、余心白	双楼、高庄、李楼、潘庄、前秦、十门李、索庄、许关、杨堂、尹楼、赵楼、余庙、板口、大柴
		远襄镇	范庄、常胡同	余老家、陈楼、杜庄、司洼、元兵马、马张桥、余双楼、王双庙、权庄、大张旗、余花、王候、老官张、任庙、董庄、邓庄、陆庄、庞堂
		伯岗镇	李显武、刘双安、大贺、牛洼、董楼	王寨、许王、郭徐杨、郭庄、翟桥、吕楼、丁庄、郭楼、聂庄、梁庄、王大庄、何仪傧、邓屯、张关、李自美、曹楼、孔庙、七里岗、王楼寨、尚庄、邓屯
		李原镇	刘菜园、郑寨、大陈	方庄、侯楼、尹庄、柳庄、后营、大胡庄、赵楼、阎口、王富园、朱刘、丁口集、魏桥、苏庄、鲁庄、前彭、庙东、姚楼
		张桥乡	张集、小岗、王金门	老王集、大魏、领子朱、吕岗、田付元、赵庄、周庄、闫赵、曹堂、梁楼、李本寺、耿口、花马李、赵楼、董庄、张木堂
		洪恩乡	吕庄、任集、白桥	郭楼、柿黄、贾庄、明台、位庄、齐大、郭草、李楼、中杨、田楼、胡店、刘奶庙
		大仵乡	刘楼、豆小、岳集、大梁	张白、夏庄、马庄、孙楼王树林、王楼、张楼、胡家山、王庄、张小、陈丰、刘山村、宋集、朱贡寺、谢集、周楼

续表

县城	中心镇	一般镇	中心村	基层村(行政村)
		马集乡	马楼、程庄、小张	高八寨、谢楼、闫新、闫庙、吴庄、曹楼、马老家、陈新、东寺、林楼、侯庄、曹吴、李楼、红旗、杨庄、索堌堆、马申楼、寨门张、史楼
		牛城乡	陈天平、梁老家	何堂、单桥、韩庄、张堂、草帽王、陈楼、大王、李寨、王楼寨、史庄、元庄、固堆、田玉白、马庄
		惠济乡	刘屯、洪庙、尚寨、窦楼	赵庄、朱桥、王菜园、双庙、贾堂、金桥、朱庄、代口、李屯、丁王口、陈楼、魏堂、周店、仿宋、荣堂、王元庄、胡庄、单楼、安庄、任庄、何庄、吴楼、东吴楼
		岗王乡	沙河、刘楼、程六	李中口、孙楼、张楼、大李、马庙、孟庄、盆尧、东左、张寨、金庄、果元、王玉条、韦堤口、半坡、陈庄、赵庄、双庙、官庄、王辇、刘柿、西左、高庄
		申桥乡	胡庙、梁集	中祖庄、申桥、高庄、小周、刘楼、大吉、黑里寺、后李、小赵、吕堂、孟庄、王苞、翟洼、袁东、袁西、西魏、孙庙、安庙

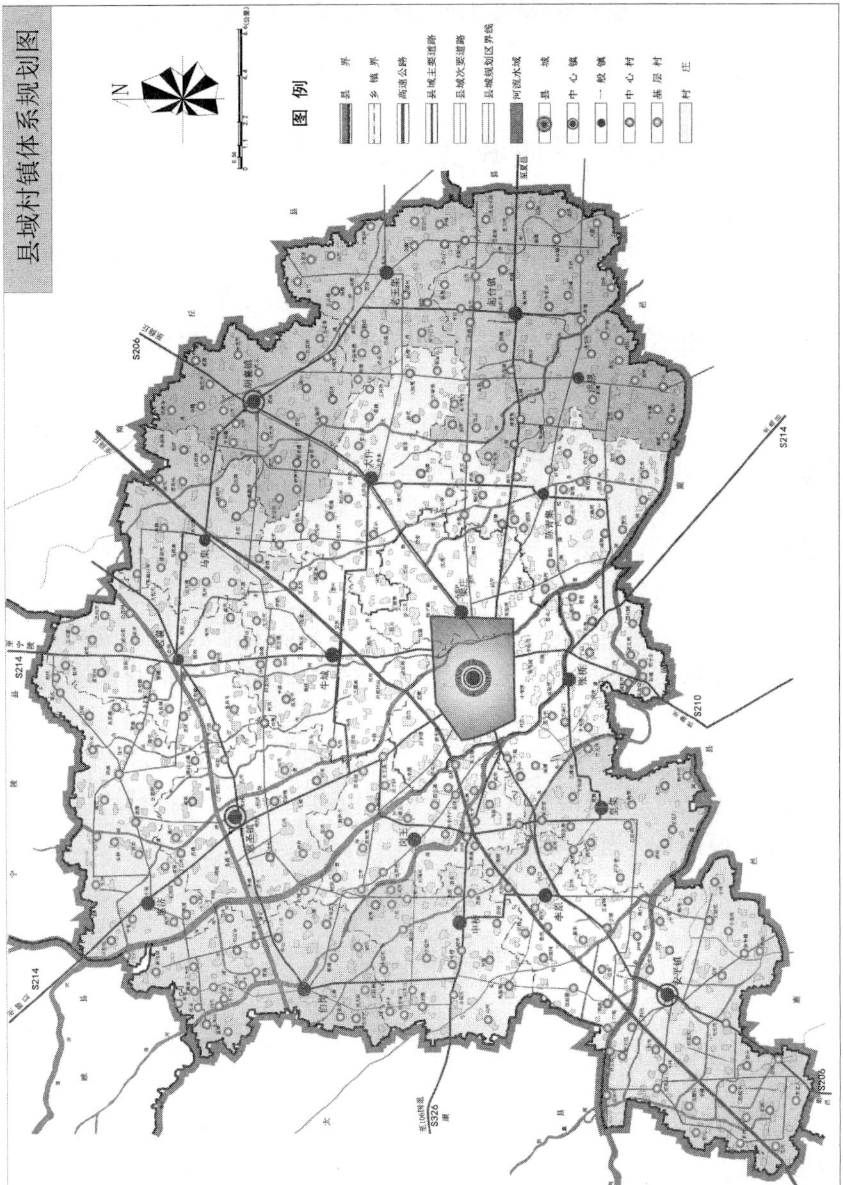

图 6.1　柘城县域村镇体系规划图

7. 县域城镇发展布局规划

7.1 县域城镇发展背景分析

现代城镇的发展历史证明了这样一条客观规律,城镇形成和发展的根本动因是以工业化为基础的经济发展,柘城县的经济发展刚进入了工业化的初级阶段,规划期内工业发展面临着较好的发展机遇,城镇发展的动力将逐步增强,能否使经济与城镇发展形成"双向互促共进"的关系,造就双赢的局面,以政府为主导进行非农产业的同行业产权重组和空间调控与集聚是一项最基础也是最重要的工作。城镇是一定地域内的经济中心和社会服务的中心,就柘城县现在经济发展阶段对城镇布局的要求上来讲,根据区域经济发展的一般规律,它需要城镇进行非均衡的发展,优先依托发展条件较好的城镇形成增长极,发挥增长极的辐射和带动作用,带动和加快区域的发展,但是从城镇作为一定区域的社会服务中心的职能来讲,它需要城镇的布局是均衡的,所以城镇的布局需要兼顾效率和公平。据此,我们制定如下的城镇发展布局规划。

城镇发展布局规划是在综合分析城镇体系现状问题、对各城镇进行评价的基础上,重点对"三结构"即:等级规模结构、职能结构、空间结构进行合理安排,提高城镇总体运行效率。

7.2 县域城镇发展对策

7.2.1 强化中心城区

柘城县城作为县域中心城区,是全县的经济增长极,城镇化的主要载体,也是区域竞争力的主要依托。强化中心城区要从规模和产业两方面着手,通过提高县城首位度和产业带动力来实现功能的强化。要优先完善县城综合服务功能,提升发展品质,增强辐射带动能力,提高县城竞争力。

7.2.2 重点发展中心镇

中心镇是城镇化载体的重要组成部分，起着承上启下的桥梁与龙头作用，通过中心镇对周边经济的带动，可以提升区域经济的凝聚力，增强中心镇区的辐射力，促进城乡经济协调发展。应该突出重点，采取倾斜培育的政策，形成强有力的区域性增长支点，引导和带动区域村镇发展。

7.2.3 积极引导一般镇

一般镇是县域经济社会发展的基础，要培育那些现状条件好、发展潜力较大的一般镇，突出重点，彰显特色，加快发展，避免一哄而上。一般集镇与农业生产紧密联结，要为农业现代化建设搞好服务。

7.2.4 优化城镇空间布局

根据城镇布局，加强空间调控，加强城镇的产业支撑，扩大城镇规模。引导人才、资源和投资向城镇发展轴和中城镇集中，提高城镇的集中化程度，优化空间布局。

7.2.5 完善城镇结构

以点带线，以线带面，完善城镇结构。城镇发展要选准几个点，通过经济动脉使各点连接起来，进而活跃经济轴线，通过经济轴线联动整个区域经济的活力，形成既有带动又有推动的经济构架，最终形成整个城镇体系结构的完善。

7.2.6 节约集约建设用地

土地的集约经营、高效利用是城镇建设发展面临的重大课题，要提高城镇建设及管理水平，节约集约建设用地，逐步建立科学合理城镇布局。

7.3 县域城镇发展布局规划

7.3.1 城镇发展条件评价和城镇发展时序

1. 城镇发展条件评价

选用以下 8 项评价因子对县域城镇发展条件（中心性）进行评价：A. 宏

观政策(是否为重点镇那一级);B. 交通区位条件(包括同县城的空间时距);C. 现状工业产值;D. 现状城镇(或乡驻地)人口规模;E. 农民人均纯收入;F. 现状 GDP 总量;G. 现状财政收入;H. 现状居民存款余额进行附权打分,乡镇发展条件分级如下,具体见表 7.1。

表 7.1 柘城县乡镇发展条件分级表

等级	城镇名
一级城镇	县城
二级城镇	胡襄镇、慈圣镇、安平镇
三级城镇	陈青集镇、远襄镇、李原镇、起台镇、老王集镇、伯岗镇
四级城镇	申桥乡、皇集乡、大仵乡、惠济乡、洪恩乡、张桥乡、马集乡、岗王乡

2. 城镇发展时序和行政区划调整建议

现状城镇体系已不适应未来城镇建设的要求,应进行新的整合。首先,建制镇数量少,应增加建制镇数量;其次,行政区划对城镇建设和管理已经产生阻碍,宜进行调整。

从城镇布局和城镇建设现状分析,老王集镇的工业发达;伯岗乡财政收入有保证,集镇建设方兴未艾,势头和前景较好;李原乡处在商周公路附近,小集镇建设有一定的规模;建议老王集乡撤乡建镇,伯岗乡撤乡建镇,李原乡撤乡建镇。

县城建设用地已经扩展到邵园乡和梁庄乡,原有的乡镇管理模式已经不适应县城建设和管理的需要,建议撤销城关镇、邵园乡和梁庄乡,县城区设置 3～4 个街道办事处。

根据县域产业布局规划和县域经济发展所处的阶段,规划近期属于整合和调控,重点是加强非农产业向重点发展城镇中的集聚。

7.3.2 规模等级结构规划

结合《柘城县城总体规划》,规划的城镇规模等级结构如下。

规划到 2010 年在全县总人口控制在 97 万人左右的基础上,城镇驻镇人口达到 24 万人左右,全县城镇化水平达到 24.7%左右。县城区人口规模达到 16 万人左右。三个中心镇,慈圣镇、胡襄镇和安平镇的人口规模分别为 1.8、2.0、1.2 万人。

到 2015 年,全县总人口控制在 99.9 万人以内,城镇驻镇人口达到

34.7万人左右，全县城镇化水平达到34.7%左右。县城区人口规模达到21万人左右。三个中心镇，慈圣镇、胡襄镇和安平镇的人口规模分别为2.5、2.6、1.9万人。

到2020年，全县总人口控制在103万人以内，城镇驻镇人口达到45万人左右，全县城镇化水平达到43.7%左右。县城区人口规模达到27万人左右。三个中心镇，慈圣镇、胡襄镇和安平镇的人口规模分别为3.2、3.5、2.8万人。柘城县城镇等级规模见表7.2。

表7.2 柘城县城镇等级规模表

等级序列		城镇规模（万人）	城镇名称	备注
1	中心城区	27	县城	1个
2	中心镇	3.5	胡襄镇	3个
		3.2	慈圣镇	
		2.8	安平镇	
3	一般镇	1.9	起台镇	6个
		1.9	陈青集镇	
		1.7	远襄镇	
		1.0	老王集镇	
		1.0	伯岗镇	
		1.0	李原镇	
		0.5～1	张桥乡、洪恩乡、大作乡、马集乡、牛城乡、惠济乡、岗王乡、申桥乡、皇集乡	9个（乡集镇住地人口不计入城镇人口）

7.3.3 县域城镇布局结构规划

1. 县域城镇布局空间结构规划

在柘城县现状城镇空间布局的基础上，规划县域城镇布局应形成“一心、双环、两轴、三点、四区”的空间结构（见图7.1）。

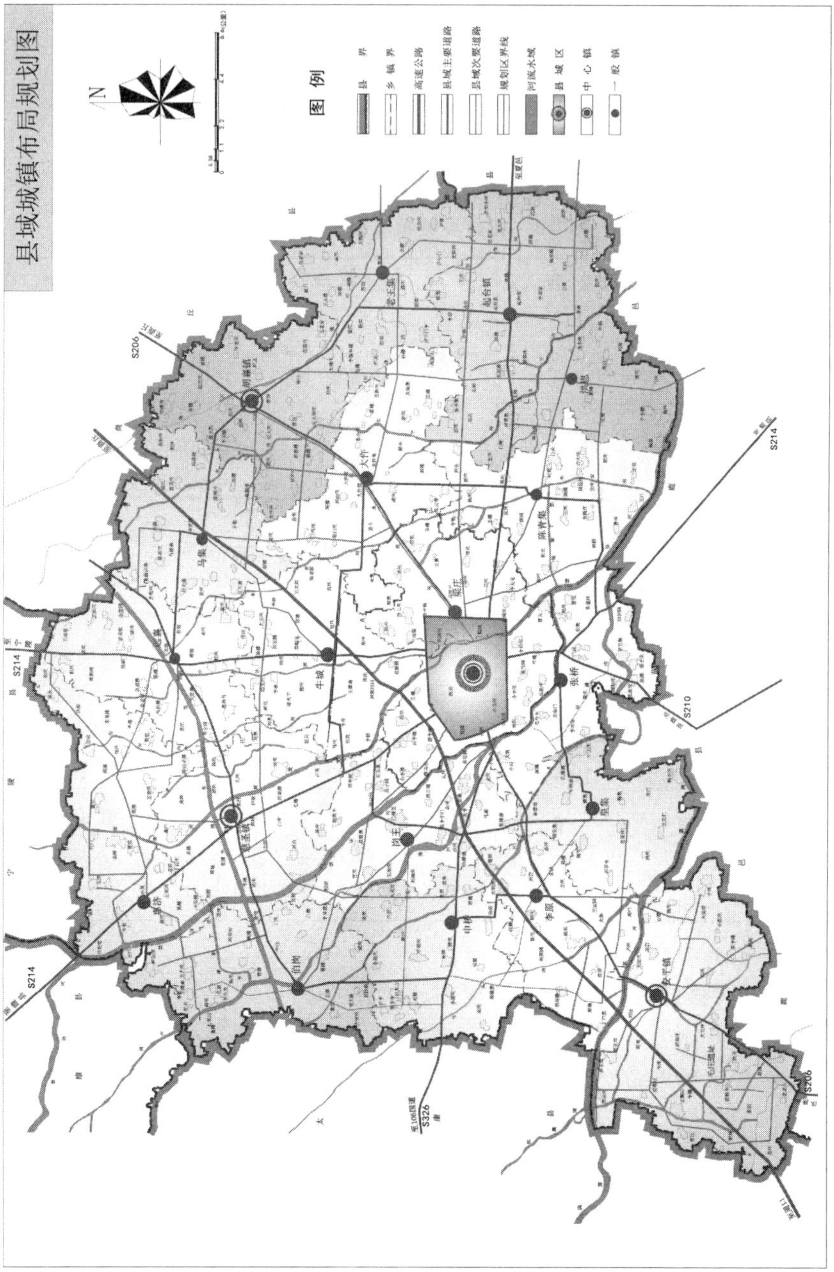

图 7.1 柘城县城镇布局规划图

“一心”即县城城区，它是县域的极核，县域政治、经济、文化中心。

“双环”即内外两个环县公路，它是联系全县各乡镇的主要交通纽带。

“两轴”即商周公路和柘睢、柘鹿公路。是指两条城镇发展轴，一是以商周公路为依托，沿线联结胡襄、县城、安平等城镇；二是以柘睢、柘鹿为依托，沿线联结慈圣、县城等城镇。

“三点”即胡襄镇、慈圣镇、安平镇三个中心镇。

“四区”根据柘城县经济社会总体发展战略，结合县域自然条件及经济社会发展的地域差异特点，从加快城镇化进程、培育中心城镇，有利区间及乡镇间产业协作，实现产业合理空间布局，提高区域基础设施共享水平等为出发点，将全县分为四个城镇经济区，一是以胡襄为中心的，包括起台镇、老王集镇、洪恩乡在内的东部经济区；二是以县城为中心，包括陈青集、牛城、岗王、大作、张桥在内的中部经济区；三是以安平为中心，包括李原、皇集、申桥在内的西部经济区；四是以慈圣为中心，包括远襄、伯岗、惠济、马集在内的北部经济区。

2. 县域城镇职能结构规划

城镇的职能可分为综合职能和产业职能。综合职能主要体现城镇在区域中的地位和中心性，产业职能则主要体现城镇的主导产业和经济职能分工。县域城镇职能结构现状特点是城镇的中心职能不突出，产业结构趋同化，城镇间经济联系较少，各自为政，缺少互补和合作。这种特点显然不符合市场经济发展的规律和要求，也对今后全县经济的持续发展壮大造成不利的影响。今后职能结构调整的主要任务应是进一步强化县城区综合职能，尤其是经济中心职能，扩大县城的区域影响力和经济带动作用。同时，在优化各级城镇工业结构的同时，重点发展城镇的商贸职能和综合服务职能（见图 7.2）。

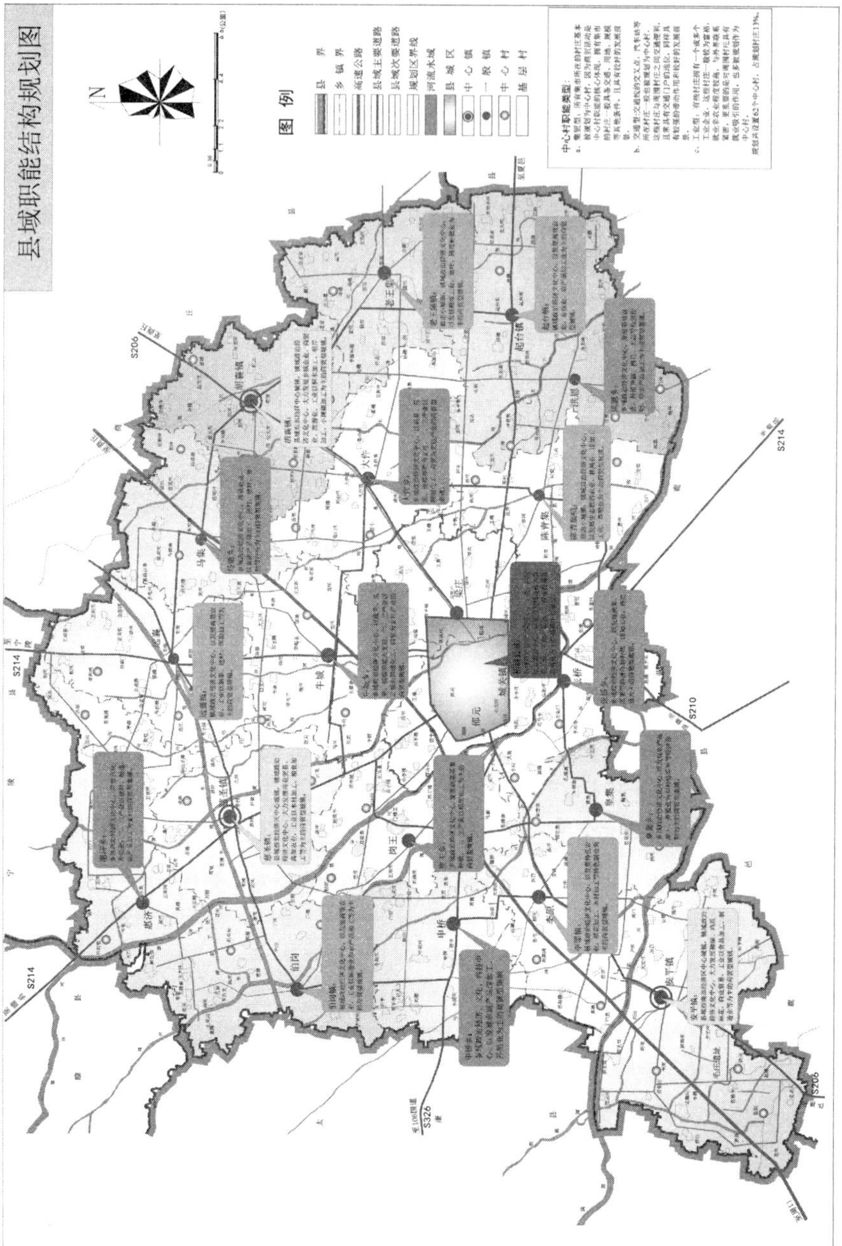

图 7.2 县域职能结构规划图

规划未来县域城镇分为县城、中心镇、一般镇3个职能等级，各级城镇的职能调整方向和区域分工见下表7.3。

表7.3 柘城县城镇职能等级表

等级层次	城镇名称	职能调整方向和重点	规划职能分工
中心城区	县城	重点发展高技术含量工业，农副产品加工，商业贸易及旅游业，提高区域中心地位。	县域政治经济文化中心，工业、商贸、地方旅游中心。
中心镇	胡襄镇	大力发展工业、商贸业、旅游业。工业以桐木加工、胡芹加工、小辣椒加工为主。	县域东部地区中心城镇，镇域政治经济文化中心
	慈圣镇	大力发展商业贸易、高效农业。工业以木材加工、粮食加工等为主。	县域西北经济区中心城镇，镇域政治经济文化中心。
	安平镇	大力发展柳编、鸡爪麻花、商业贸易。工业以食品加工、制造业等为主。	县域西南部经济区中心城镇，镇域政治经济文化中心。
一般镇	起台镇	高效农业、畜牧业、农产品加工业	镇域政治经济文化中心
	陈青集镇	生态旅游农业，林果业，深加工工业，养殖业	旅游小城镇，镇域政治经济文化中心
	老王集镇	酿酒工业、烟叶、棉花种植业	旅游小城镇，镇域政治经济文化中心
	远襄镇	高效农业，工业以制革、建材、面粉加工等为主。	撤乡设镇，镇域政治经济文化中心
	柏岗镇	高效农业，工业以铸造业和农产品加工等为主。	撤乡设镇，镇域政治经济文化中心
	李原镇	特色农业，棉花加工、木材加工等特色副业	撤乡设镇，镇域政治经济文化中心

续表

等级层次	城镇名称	职能调整方向和重点	规划职能分工
	张桥乡	蔬菜、瓜果等经济作物种植，深加工业，养殖业	乡域政治经济文化中心
	洪恩乡	高效农业，种植辣椒、棉花、大蒜等经济作物，以农产品加工为主	乡域政治经济文化中心
	大仵乡	以蔬菜、瓜果、规模养殖为支柱，二、三产业以精细化工、商贸为支柱产业	乡域政治经济文化中心
	马集乡	高效农业，以农副产品深加工、药材、建材、养殖等产业为主	乡域政治经济文化中心
	牛城乡	以蔬菜、瓜果、规模养殖为支柱，二、三产业以县城的精细化工、商贸为支柱产业	乡域政治经济文化中心
	惠济乡	高效农业，养殖业；二、三产业以建材、制造、农产品加工为支柱	乡域政治经济文化中心
	岗王乡	蔬菜瓜果种植，二、三产业以精细化工为主	乡域政治经济文化中心
	申桥乡	高效农业，以农副产品深加工、养殖业为主	乡域政治经济、文化、科技中心
	皇集乡	发展农产品加工、养殖业为主，种植瓜果等经济作物	乡域政治经济文化中心

7.3.4　县域各城镇规划建设用地规模

中心城区建设用地控制指标。柘城县城总体规划确定了镇区人均建设用地控制指标，近期(2010 年)人均建设用地为 105 m^2/人；远期(2020 年)人均建设用地为 103 m^2/人。

中心镇和一般乡镇人均建设用地控制指标。按照《镇规划标准》(GB50188—2007)现状人均建设用地大于 140 平方米的，规划应调整到 140 平方米以内。因此，本次规划充分考虑到各城镇的职能分工，中心镇规划期末人均建设用地调整到110平方米以下，一般镇规划末人均建设用地调整到120平方米以下。各城镇规划建设用地具体见表7.4。

表7.4 各城镇规划建设用地表

城镇名称	2010年规划用地规模（公顷）	2015年规划用地规模（公顷）	2020年规划用地规模（公顷）
县城	1680	2184	2790
胡襄镇	216	312	420
慈圣镇	240	300	384
安平镇	144	228	336
起台镇	126	175	220
陈青集镇	132	180	228
远襄镇	108	156	204
老王集镇	72	89	105
伯岗镇	80	93	115
李原镇	84	96	120
张桥乡	78	86	96
洪恩乡	96	108	112
大仵乡	84	100	116
马集乡	42	50	60
牛城乡	84	94	108
惠济乡	69	97	118
岗王乡	54	64	78
申桥乡	87	93	102
皇集乡	102	110	119

7.3.5 小城镇建设策略

（1）强化产业支撑。（2）完善城镇功能。（3）完善基础设施。（4）保护生态环境。（5）调整用地布局，实行规模团聚发展。（6）扩大城镇规模。（7）改善交通条件。（8）加强城镇建设的规划管理。

8. 县域村庄布局规划

8.1　县域村庄布局相关因素研究

8.1.1　人口流动

根据对城镇化进程的研究，在逆城镇化现象出现以前(相对完整的正常区域在城镇化水平达到70%以前)，人口从农村向城镇集中是区域城乡人口流动的绝对主流，因此对于本规划阶段柘城县来讲，人口将大量的由农村向城镇转移，农村人口将持续下降，随着户籍制度的改革，行政区划对人口流动方向的约束越来越小，人口流动方向呈现出多样化和难以预测性，但是不管人口如何流动，有两个方面是可以肯定的，一是农村人口在逐步减少，相应的农村聚落的规模和数量也在减少，城镇则恰恰相反。二是农村人口在减少，农村的规模在缩小，数量在减少，但是农村绝对不会消失。

8.1.2　农村聚落的功能和空间布局

从农业发展来看，随着农业生产技术的提高，农业机械化的发展，农业劳动力人均耕种的耕地面积和耕作半径都在扩大，因此规模化和集约化的生产成为未来现代农业的一个重要特点，这种生产方式的变革将对农村聚落的功能和空间布局产生深刻的影响，从农村聚落的功能上来讲，未来的农村就是规模化的农业生产所需要的产业工人的居住地，从农村聚落的空间布局来讲，与规模化的农业生产相适应的农村聚落应该呈现出村庄规模较大、布点较少的特征。

8.1.3　农村基础设施和社会服务设施的合理经济的配置

不管是农村聚落还是城市聚落都需要配置相适应的基础设施和社会服务设施，从基础设施和社会服务设施本身来讲，它对聚落具有规模性要求，低于门槛规模，基础设施和社会服务设施势必会影响经济的运行，长此以往难以维系，因此从基础设施和社会服务设施的合理经济的配置角度来讲，客观上需要农村聚落向规模化发展。

8.2　县域村庄布局方法——功能区位和规模门槛法

8.2.1　方法概述

针对上述相关因素的分析研究，本规划组在大量参考省外地区相关规划基础上提出了我们的方法——功能区位和规模门槛法。

依据未来农村所具有的功能——规模化的农业生产所需要的产业工人的居住地，来确定中心村（永久性农村聚落）的布局，并引导人口向其积聚，以适应未来农业生产方式的变革。确定一个农村聚落的基本规模，现状低于这个规模的村庄，限制其发展，通过宅基地划拨手段，以行政区划为依据引导其向本行政村规模较大的基层村（临时性农村聚落）和中心村进行集中，形成中心乡镇—中心村—基层村三级居民点体系，在规划期内随着城镇化进程的加快，村庄的人口规模都是在萎缩的，在发展过程中一旦基层村人口低于门槛规模，便成为限制发展村。同样以宅基地划拨为手段，引导其向中心村进行集中，这样经过若干年的发展，最终形成中心镇—中心村两级的居民点体系（一主多副的乡镇域空间结构），整个过程就是逐步引导农村聚落向数量少、规模大的特点发展的过程。

8.2.2　实施步骤

第一步：以现状村庄人口规模、规划期末耕作半径和布局均衡的原则为依据，以实现农业的规模化生产和基础设施和社会服务设施的经济合理配置为目的，以实现乡镇域“一主多副”的空间结构为目标，进行中心村（永久性农村居民点）的布局。

第二步：根据村庄的现状规模分布，结合国家、省市确定的基层村的人口标准，结合县域地形、地貌的基本情况，合理确定村庄发展的门槛规模，调整行政村的行政区划，使每个行政村的人口均高于门槛规模。

第三步：将现状人口规模低于门槛规模的村落实体列为限制发展的村，以宅基地划拨为手段引导其向行政村域内较大规模的村庄（基层村）进行集中，实现小规模村落的逐步消亡，并对其土地进行复垦。

第四步：在城镇化进程中，一旦基层村的人口规模低于了门槛规模，便进入了限制发展的村落行列，调整行政村的行政区划，使其向就近的中心村进行合并，同样以宅基地划拨为手段，引导人口规模在门槛规模以下的基层村的人口向中心村的逐步集中。

8.3 县域村庄布局规划

8.3.1 规划原则与目标

1.规划原则

(1)充分考虑现状条件,坚持就地就近,不大拆大迁,经济可行的布局原则。避免跨行政村布点,以减少土地调整矛盾,布点村庄的人口集聚范围限于本行政村村民组。

(2)以适应农业规模化生产发展趋势的原则,兼顾耕作的出行半径,均匀布点,方便农民耕作。

(3)参照上一层次规划,结合区域基础设施和社会服务设施的现状和规划,考虑服务半径、经济水平等因素,合理确定村庄等级和配套服务设施。

(4)加强村容村貌整治,保护和改善村庄周边环境,防止水源污染和其他公害,有利于自然生态环境保护,促进县域可持续发展的原则。

(5)对于部分具有特色的村庄要结合其自然条件和名胜古迹,合理开发和建设,继承并延续村庄的传统特色。

2.规划目标

规划近期:2008—2015 年为综合整治实施阶段。

2008—2010 年为年起步阶段

完成县域所有村庄村容村貌分类整治建设,并同时加强示范村的建设,使全县农村基础设施、公共服务设施和环境卫生状况显著改善,从根本上解决农村普遍存在的"五乱"(垃圾乱倒、柴草乱垛、沙石乱堆、污水乱流、房屋乱建)问题。

2011—2015 年年为实施调控阶段

村庄体系初步建立,中心村村庄建设基本完善,基础服务设施有针对性的优先在中心村和集镇布置,使其逐步起到辐射带动周边村庄的作用。

规划远期(2016—2020 年):为提高完善阶段,县域村庄体系完善,农村居住点布局合理,村庄内部结构功能明确、布局合理,基础服务设施健全,并能促进村庄的发展。城乡资源进一步整合,土地集约利用,社会、经济、环境综合效益明显。

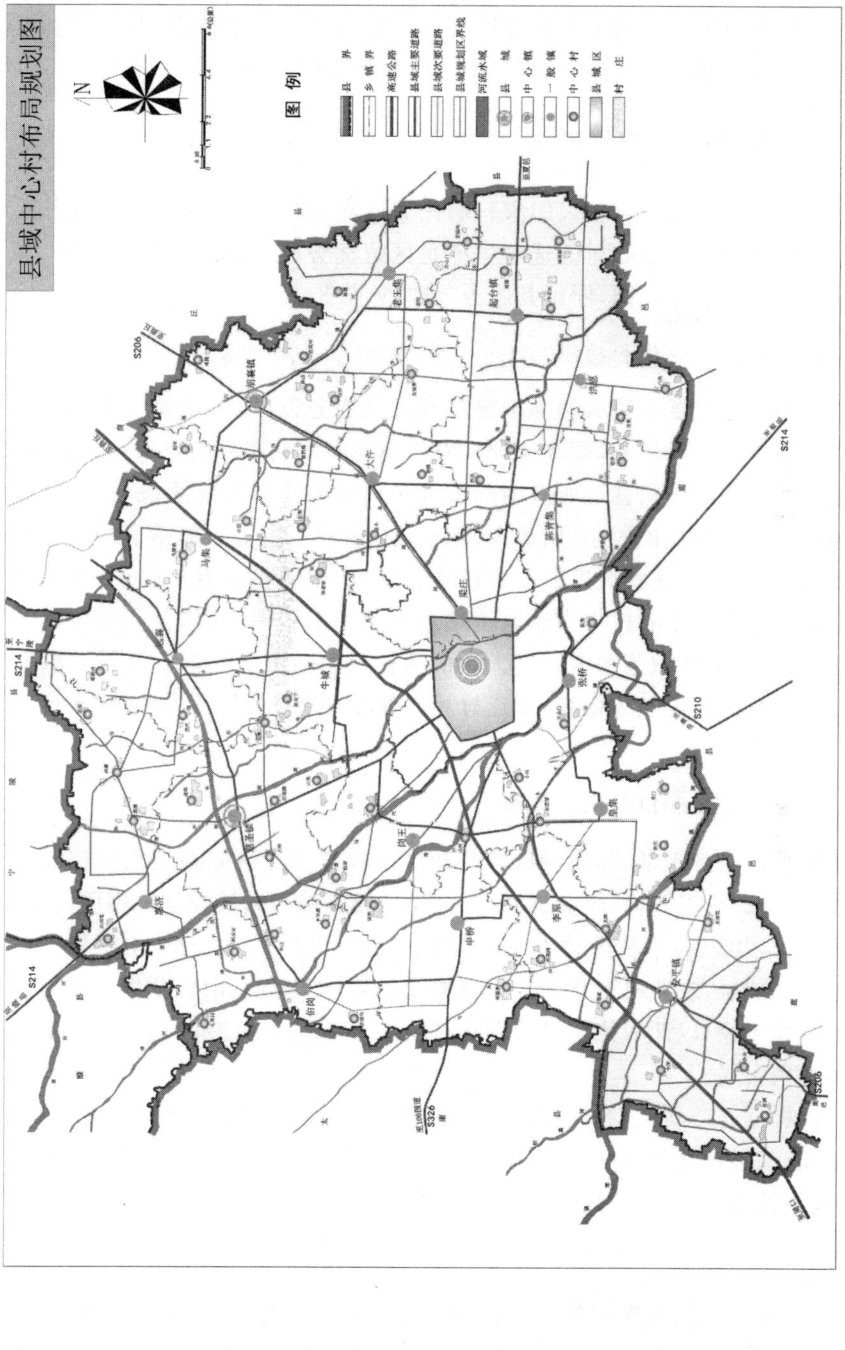

图 8.1　柘城县域中心区布局规划图

8.3.2 等级层次

村庄等级的划分则主要依据镇规划标准等相关技术依据，并考虑县域内村庄的实际情况，将村庄划分为中心村和基层村两类。

8.3.3 中心村布局规划

中心村是人口规模较大的农村居民聚居点，设有兼为周围村庄服务的公共设施的村庄。中心村的选定应满足区位优势、联系合理、规模经济、节约用地的选址布点原则，明确其服务范围(见图 8.1)。

1. 中心村的地位和功能

要想合理配置乡镇域的基础设施和社会服务设施，必须要改变现状的村镇体系空间布局模式，即改变现在农村小规模散乱布局的空间结构，那么适度的进行迁村并点就理所应当的成为了该项工作的重要手段，迁村并点是将村镇中现有规模较小、用地大、基础设施和社会服务设施落后的自然村迁入择点而建(或现状规模较大和设施完备)的中心村或者集镇，并将原居住宅基地还耕。中心村作为非城镇化地区的基本居住点，具备一定规模的设施，承担一定地域范围内农村人口的居住及生活服务功能。迁村并点工作与中心村的建设互为依存，即迁村并点中心村建设的原因，中心村是迁村并点的工具。

2. 耕作半径和门槛人口规模

根据由同济大学、苏州科技学院和中国建筑设计研究院三家单位联合承担的国家“十五”科技攻关课题——《小城镇区域与镇域规划导则研究》的研究成果，2020 年农村劳动力的耕作半径将达到 1.5～2 公里，由于柘城县地处平原地区，农业机械化生产的条件优越，因此本规划取 2 公里为规划期末的耕作半径，以此为依据参考现状村庄的人口规模和空间位置，进行中心村的均衡布局。

同样据此项研究，我国中部地区中心村的人口规模应达到 1000～4000 人规模，基层村达到 300～1000 人规模，根据柘城县村庄现状的规模分布情况，规划认为柘城县的村庄门槛规模应取 500 人为宜。

3. 中心村设置原则

(1)有一定的集聚规模，人口一般在 2000 人左右，有一定的经济实力，基础设施条件较好，对周边农村有一定的吸引辐射的村庄。

(2)一般为行政村所在地,有经济社会和建设管理职能。

(3)交通条件相对便利,与周边村庄联系方便,与镇中心保持良好的经济、交通、社会及服务联系,在镇域中能承担其中心作用的有一定服务半径的村庄。

(4)有集贸设施或是周边地区习惯集聚的村庄可考虑设中心村。

(5)乡镇合并前原乡政府驻地村有一定的基础服务设施,可考虑设中心村。

根据各乡镇村庄布局的现状和经济社会发展情况,按照耕作半径 2 公里(服务面积 13 平方公里)和中心村设置原则,规划共设置 61 个中心村,占规划村庄 15%,县域中心村规划见表 8.1。

表 8.1　县域中心村规划一览表

乡镇等级层次	乡镇名称	中心村	中心村数量(个)
县城	—	—	—
中心镇	胡襄镇	崔楼、祁楼、张沃、陈洼、侯庄	5
	安平镇	张炳、李庄、梁堂、铁关	4
	慈圣镇	虎陈、大韩、雷屯、前梁、丁刘	5
一般镇	远襄镇	梁双、李老家、贾楼	3
	起台镇	崔庄、砖桥、谢庄	3
	陈青集镇	史陆庄、谢堂、陈楼、余心白	4
	老王集镇	范庄、常胡同	2
	李原镇	李显武、刘双安、大贺、牛洼、董楼	5
	伯岗镇	刘菜园、郑寨、大陈	3
	申桥乡	张集、小岗、王金门	3
	皇集乡	吕庄、任集、白桥	3
	牛城乡	刘楼、豆小、岳集、大梁	4
	大仵乡	马楼、程庄、小张	3
	惠济乡	陈天平、梁老家	2
	洪恩乡	刘屯、洪庙、尚寨、窦楼	4
	张桥乡	沙河、刘楼、程六	3
	马集乡	胡庙、梁集	2
	岗王乡	天门、如意、崔庄	3

4. 中心村职能

根据以上原则所确定的中心村可大致分为以下几种类型。

集贸型:所有集市所在的村庄基本被规划为中心村,因为商贸活动是中心村职能的核心体现,拥有集市的村庄一般具备交通、用地、规模等其他条件,且具有较好的发展前景。

交通型:交通线的交叉点,汽车站等所在村庄一般也被规划为中心村,这些村庄与周围村庄之间交通便利,且常具有交通门户的地位,同样具有较强的带动作用和较好的发展前景。

工业型:有些村庄拥有一个或多个工业企业,这些村庄一般较为富裕,就业非农业程度较高,与外界联系紧密,更重要的是对周围村庄具有就业吸引的作用,也多被规划作为中心村。

服务型:具有为周围的行政村提供各项服务的功能。

8.3.4 基层村布局规划

基层村是县域村镇体系的基础,是从事农业生产的最基本单元。基层村一般为行政村管辖范围。

基层村设置原则:

一般为行政村所在地,有经济社会和建设管理职能;村庄人口规模在500人以上,大部分在1000户左右;位于农业地带,与县城远景发展没有矛盾;基本无周边村庄人口迁入;村庄建设有一定的规模,有一定的基础设施和服务设施;具有一定文化、历史价值,需进行保护的村庄;交通条件、自然条件、资源条件优越,具有一定的发展潜力。

规划共计设置364个基层村,占规划村庄的85%。(见图8.2)

基层村在规划期内要完善配套设施,并有序引导农村人口逐步向其转移和集中,新增住宅原则上应全部安置到设点村庄。近期基层建设应以整治改造为主,注重绿化、美化、亮化,加强农村危房改造,尽量避免大拆大建。远期可以按照新农村规划建设标准进行建设。

柘城县域村庄布局规划共设置61个中心村,占规划村庄15%;规划确定364个基层村,占规划村庄85%。2020年预测村庄总人口为67.6万人,其中城乡两栖人口预测为10.1万人。县域村庄等级见表8.2。

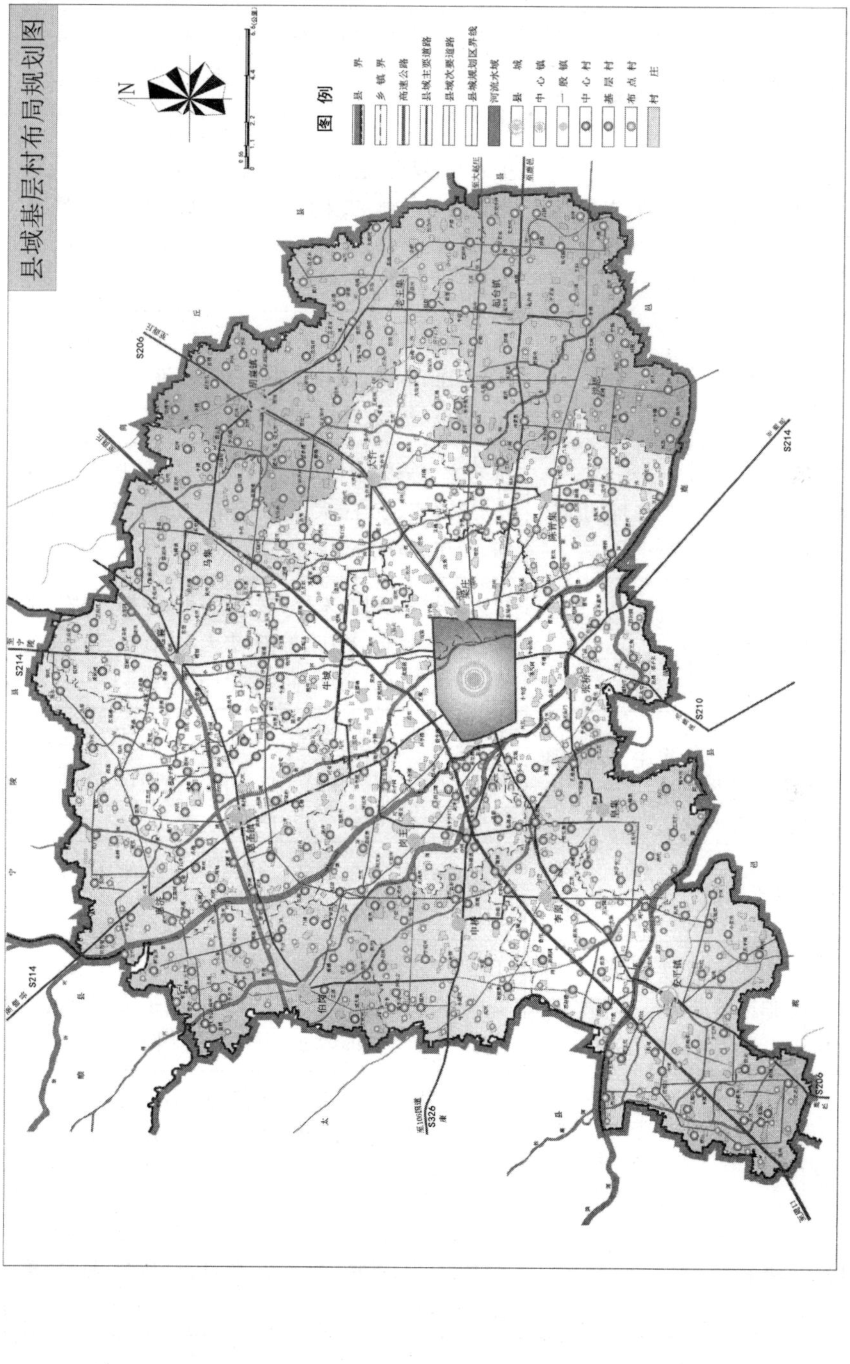

图 8.2　柘城县域基层村布局规划图

表 8.2 县域村庄等级表

序号	城镇名称	中心村	基层村
1	胡襄镇	崔楼、祁楼、张沃、陈洼、侯庄	金楼、铁佛寺、王拐、李关、侯大庄、武庄、任庄、赵方、李美、老龙、大韩、王老家、后芦、唐楼、高庄、史庄、尹庄
2	安平镇	张炳、李庄、梁堂、河东	史老八、罗庄、赵油、蔡洼、后岗、西李楼、大毛、东李楼、后王、前王、宋庄、靳阁、后郑、大史、王营、冯庄、周堂、古楼、于庄、杨庄、小张、张店、张庄、刘洼、刘屯、崔桥、花庄
3	慈圣镇	虎陈、大韩、雷屯、前梁、丁刘	孔庄、君臣、陈阳、后梁、毛楼、宋屯、谢关、白庄、楚庄、孟庄、李滩、康屯、刘桥、塔坡、张楼、户楼、刘庄、桑口、苏楼、陈庄、张桥、后台、肖庄
4	远襄镇	范庄、常胡同	余老家、陈楼、杜庄、司洼、元兵马、马张桥、余双楼、王双庙、权庄、大张旗、余花、王候、老官张、任庙、董庄、邓庄、陆庄、庞堂
5	起台镇	梁双、李老家、贾楼	史大、冯桥、唐楼、来楼、赵庄、买臣、韩楼、许陈、李集、前韩、赵庙、楚庄、王庄、史老家、吉楼、徐庄、李寨、陈集、彭庄、高店、高庙、李尧、岳庄
6	陈青集镇	崔庄、砖桥、谢庄	毛堂、李集、郭堂、梁楼、陈社庙、王口、许大庄、后徐王、王楼、前园、党庄、吕关、王庄、周位、曹庄、大杨庄、杨楼、时堂、梁湾、沈庄
7	老王集镇	史陆庄、谢堂、陈楼、余心白	双楼、高庄、李楼、潘庄、前秦、十门李、索庄、许关、杨堂、尹楼、赵楼、余庙、板口、大柴
8	伯岗镇	李显武、刘双安、大贺、牛洼、董楼	王寨、许王、郭徐杨、郭庄、翟桥、吕楼、丁庄、郭楼、聂庄、梁庄、王大庄、何仪傧、邓屯、张关、李自美、曹楼、孔庙、七里岗、王楼寨、尚庄、邓屯
9	李原镇	刘菜园、郑寨、大陈	方庄、侯楼、尹庄、柳庄、后营、大胡庄、赵楼、阎口、王富园、朱刘、丁口集、魏桥、苏庄、鲁庄、前彭、庙东、姚楼
10	张桥乡	张集、小岗、王金门	老王集、大魏、领子朱、吕岗、田付元、赵庄、周庄、闫赵、曹堂、梁楼、李本寺、耿口、花马李、赵楼、董庄、张木堂

续表

序号	城镇名称	中心村	基层村
11	洪恩乡	吕庄、任集、白桥	郭楼、柿黄、贾庄、明台、位庄、齐大、郭草、李楼、中杨、田楼、胡店、刘奶庙
12	大仵乡	刘楼、豆小、岳集、大梁	张白、夏庄、马庄、孙楼王树林、王楼、张楼、胡家山、王庄、张小、陈丰、刘山村、宋集、朱贡寺、谢集、周楼
13	马集乡	马楼、程庄、小张	高八寨、谢楼、闫新、闫庙、吴庄、曹楼、马老家、陈新、东寺、林楼、侯庄、曹吴、李楼、红旗、杨庄、索堌堆、马申楼、寨门张、史楼
14	牛城乡	陈天平、梁老家	何堂、单桥、韩庄、张堂、草帽王、陈楼、大王、李寨、王楼寨、史庄、元庄、固堆、田玉白、马庄
15	惠济乡	刘屯、洪庙、尚寨、窦楼	赵庄、朱桥、王菜园、双庙、贾堂、金桥、朱庄、代口、李屯、丁王口、陈楼、魏堂、周店、仿宋、荣堂、王元庄、胡庄、单楼、安庄、任庄、何庄、吴楼、东吴楼
16	岗王乡	沙河、刘楼、程六	李中口、孙楼、张楼、大李、马庙、孟庄、盆尧、东左、张寨、金庄、果元、王玉条、韦堤口、半坡、陈庄、赵庄、双庙、官庄、王犛、刘柿、西左、高庄
17	申桥乡	胡庙、梁集	中祖庄、申桥、高庄、小周、刘楼、大吉、黑里寺、后李、小赵、吕堂、孟庄、王苞、翟洼、袁东、袁西、西魏、孙庙、安庙
18	皇集乡	天门、如意、崔庄	杨集、李庄、王克仁、胡庄、张集、易周、罗李、军胡、孔楼、中王庄

9. 县域村庄建设分类改造规划

9.1 村庄在规划期内发展格局预测

柘城县经济社会处于快速发展时期。按照农村现代化的发展趋势，大致可对村庄发展格局做出以下预测：

规模较小的村庄将面临消亡。

少部分农村将继续保持典型农村的特征或内涵，即居住人口仍以农业和相关产业活动为主，村庄经过改造成为现代化水平较高的农村居民点。

一部分农村将成为非农活动为主、兼有农业经营的新型乡村社区。

一部分目前的“农村”将转变为基本上没有农村活动的城镇社区。

9.2 村庄建设分类

为了规划村庄的合理布局，指导乡镇的村镇体系规划，特在此提出县域村庄整合与建设策略。

首先，对村庄采用定量分析方法对全县村庄进行评价

评价指标：村庄规模、交通条件、自然环境条件、资源状况、配套设施状况。各个指标均设极好、好、中、较差、很差五个级别，分别用 5 分、4 分、3 分、2 分、1 分来代表。具体见表 9.1。

对各指标的评价赋值主要根据指标对村民生产生活的负面影响程度而定。其中，对于最重要的指标——村庄规模而言，规划以目前村均人口为衡量基准线，平原地区 400 以下的村庄，为很差；平原地区 400～600 人的村庄，为较差；平原地区 600～800 人的村庄，为中；平原地区 800～1000 人的村庄，为好；平原地区 1000 人以上的村庄，为极好。不同指标层级对应分值见表 9.1

表 9.1　不同指标层级对应分值表

指标层级	极好	好	中	较差	很差
对应分值	5	4	3	2	1

按各个指标重要性的不同，将五个指标权重分别设定为：村庄规模40%；交通条件20%；自然环境条件15%；资源状况15%；配套设施状况10%，具体见表9.2。

表9.2　指标权重设定表

指标	村庄规模	交通条件	自然环境条件	资源状况	配套设施状况
权重	40%	20%	15%	15%	10%

村庄发展条件综合指数的计算公式如下：

$$V_i = \sum W_j F_j$$

式中，V代表村庄综合指数得分；W为指数权重；F指标；i表示第i个村庄；j为第j个指标。

用以上公式对现有的各个村庄（自然村）进行评价，并按照县域村庄的区位及未来所具有的功能和作用，本规划将县域内的村庄分为城中村、中心村、基层村（基层村，包括保护村）、迁并村等4类。

城中村：是指目前已经在城镇的现状建成区内的村庄以及在城镇规划建设用地内的村庄，包括县城规划建设区内的村庄、新城规划建设区内的村庄、镇规划建设区内的村庄。

中心村：21%～25%的村庄，各方面条件较为优越，可予以适当发展，这类村庄已在中心村布局规划中确定了。

基层村：16%～20%的村庄，也是指以按照本规划确定的村庄门槛规模为依据，基层村一般为行政村管辖范围。是行政村村域内规模较大、或者具有历史文化价值的村庄，在规划远期也不需要搬迁，属于保留的布点村庄。

迁并村：可分为近期整体迁并村和远期逐步迁并村庄。近期整体迁并村庄：对于综合指数小于9的村庄，予以迁并，而且根据空间管制的要求，禁止建设区内的村庄应全部予以搬迁，也是指人口规模小于门槛规模以下的自然村；远期逐步迁并村庄：10%～15%的村庄，改造保留，逐步搬迁，但对于其中任何一项指标评价为“极差”的村庄要进行迁并。

县域现有494个行政村，1240个自然村。本次村庄布局规划共设置61个中心村，占规划村庄15%；364个基层村，占规划村庄的85%；有69个城中村按城镇管理；425个中心村和基层村规划了697个自然村，拟迁并543个自然村。

9.3 村庄整治与建设分类管理策略

对于县域内村庄整治和建设管理策略主要应坚持“改造城中村、加强中心村、整治基层村、控制迁并村”的方针。

1.改造城中村

从行政体制而言，改造城中村就是进行撤村设居委会的工作。对县城规划区范围内各街道办所辖的村庄和各镇镇区规划区范围内的村庄进行撤村设居委会工作。

(1)社区居委会的确定原则

县城规划区内各街道办管辖村庄；原镇政府所在地村庄；根据各乡镇总体规划，被纳入镇区规划的村庄；设施较为齐全，有一定的积聚规模，属于原建制镇所在地的村庄。

(2)社区居委会规划

社区居委会主要以搞好社会服务为其主要职能，撤村设居委会村庄的各项建设活动均由原街道办和所在地政府代为管理，以便更好地促进城镇的各项建设能够合理有序地进行，为柘城县的稳步城市化奠定基础。

全县范围内共涉及撤村设居委会村庄69个。

(3)社区居委会建设措施

社区居委会的建设应当遵循柘城县总体规划或各乡镇总体规划的要求。结合各撤村设居委会村庄实际，从建设改造而言，主要分为以下两种类型。

近期内城中村的改造：这类村庄对县城远景发展影响较大，经济条件较好。应依据城镇总体规划或建设规划，严格要求不得新建、扩建、改建独立式或联立式的个人住房，充分结合县城、县城新区、镇规划建设区的实施，根据城镇建设推进要求，按照城镇总体规划和近期建设规划要求，进行规范的规划设计、集中综合整治，规范建设为城镇社区。统筹安排失地农民的居住、就业、社会保障等问题，制定具体的政策和措施。做好规划管理工作，保证拆迁的顺利实施。此种模式适合对县城远景发展影响较大的村庄，如县城建成区或各乡镇建成区内所辖的经济条件较好的村庄。

县城内的城中村改造主要有两种方式，一是村组自筹资金组成股份公司进行改造，二是通过招、拍、挂的方式，通过房地产开发企业参与改造，但不论采取哪种形式，规划建设必须符合县城总体规划用地及市政设施建设的要求。

规划远期内城中村的改造：应根据现有情况，以进行就地改善、整饬，提升住区内住户的居住状况为主，加强基础设施配套和绿化建设，重点改善村容村貌、环境卫生，制定防灾减灾的措施，严格控制无序发展，在不扩大现有建设用地规模和总体开发强度的基础上，可适度进行改建和调整。做好规划管理工作，并制定区别已建合法房、改建房屋、扩建房屋拆迁补偿政策，以便今后拆迁的顺利实施。近期编制村庄规划，以整治为主，加强村庄人居环境治理。此种模式适合县城规划区或各镇区规划区范围内的村庄，如位于县城规划区内的梁庄乡：陈庄、杜菜园、阮庄、高庄户、岭子杨等；牛城乡：史庄、李桥、李丹、后岗、郑楼、双庙杨、北郑、张堂、金陈等；邵元乡：周元、关桥、小李、邵元、小方、大方等。

位于各乡镇镇区规划区内的城中村有，牛城乡：牛城、药厂；陈青集镇：陈青集；申桥乡：舒庄；胡襄镇：张庄、胡芹、北街、西街、南街、东街、曹洼；起台镇：起台北、起台南；远襄镇：西街、东街、南街、北街；皇集乡：皇集；老王集乡：西街、东街；安平镇：安平；大仵乡：仵北、仵东、仵西；洪恩：洪恩村；马集乡：马集村；慈圣镇：东村、西村、南村、北村；惠济乡：小吴；张桥乡：张桥村；伯岗乡：伯东、伯西、北张；岗王乡：岗王、门楼王；李原乡：李原、后营等。鼓励城镇规划建设区的村庄，通过市场化运作与配套政策相结合的方式，采用土地置换等多种方式和措施，合理安排建设时序，逐步引导镇区城中村新建和改建。

2.加强中心村

中心村是一定地域范围内的社会服务的中心，是进行社会主义新农村建设的重点，是未来农业规模化生产的农业劳动者的居住地，应从行政管理体制、设施配套的优先配套引导农业人口向其的集聚。

(1)中心村建设措施

1)中心村建设要坚持“统一规划、合理布局、量力而行、分步实施”的原则，中心村的规划要与所在镇的相关规划相衔接。

2)中心村建设要与“空心村”的改造，与农村土地整理，土地复垦相结合。

3)中心村建设中应规划相应的产业发展用地，积极鼓励和引导中心村因地制宜，发展养殖、种植业、无污染的加工业和第三产业。

4)在中心村土地指标、农民建房等方面给予相应的优惠政策。

5)与中心村联络的道路必须达到三级公路以上标准，村庄内部道路硬化率必须达到100%。

6)完善中心村的基础设施和社会服务设施建设,中心村必须配置小学、医疗室、文化活动站、商店、农贸市场、幼儿园等社会服务设施,完善电力、电讯、给水、排水、有线电视等市政工程设施。

7)近远期结合,近期重点进行环境整治和市政、公共服务等配套设施建设,加强村庄人居环境治理。

8)中心村建设用地标准应控制在人均140平方米以内。

(2)中心村的实施机制

首先应进行行政村行政区划的调整,将本规划确定的中心村周边人口规模不足的行政村向其进行合并,由于农村土地属于集体所有制,因此建议由村民大会或者代表大会商议确定人口集中居住的方式,即可以选择向调整后的规模较大的村庄(村落实体)进行集中,也可以选择新地址进行规划建设,中心村选址确定后,应开展新村改造或者新建的规划设计方案,同时限制此外的村落的一切就地新建行为,以宅基地向新址划拨为手段,引导人口的空间集中,由于中心村具有向一定地域的农村提供社会服务的功能,需要配置教育、文化和市场等设施,因此其人均建设用地标准应比基层村大,根据柘城县地处平原地区、现状人均建设用地的指标和《河南省社会主义新农村村庄建设规划导则》的要求,确定柘城县中心村人均建设用地标准为140平方米左右为宜,提升中心村主要是提升中心村对于人口吸引力和对周边村的服务功能,因此主要是要在中心村优先配置与之功能配套的基础设施和社会服务设施。

3.整治基层村

在规划远期也不需要搬迁,属于一般的行政村庄,可进行以改善居住环境,完善配套设施为主的整治工作。

(1)基层村建设措施

基层村建设要坚持“量力而行、分步实施、完善设施、提高生存状况、促进经济发辰”的原则,要与所在镇的相关规划相衔接。近期本着节约原则,充分立足现有基础进行房屋和设施改造,防止大拆大建,防止加重农民负担。基本保持村庄整体布局结构和农民住房现状,着重对村内的公共基础设施和社会事业进行综合治理完善,同时进行“空心村”的改造和治理,使村庄功能在原来基础上得到质的改善。远期可以按照新农村社区规划建设标准进行建设,使其成为新农村社区。严格控制扩张,适度发展,整合现有资源,集约利用土地,与农村土地整理,土地复垦相结合;基层村建设中应整合原有产业发展用地,积极鼓励和引导整治的基层村因地制宜,发展养殖、种植业;与基层村联络的道路必须达到四级公路以上标准,村庄内部主要干道硬化率必须达到100%；完善基层村的基础设施和社会服务设施建设，整治的基层村必须配置小学、医疗室、文化大院、幼儿园等社会服务设施，完善电力、电讯、给水、排水等市政工程设施；基层村建设用地标准应控制在人均120平方米以内。

(2)实施机制

中心村确定之后，再以行政村为单位进行一次行政区划的调整，将人口不足1000人的行政村进行就近的合并，调整后行政村范围内人口规模最大的村落就是所确定的基层村，村域范围内人口较少的自然村落即为迁并村，同样以宅基地划拨为手段，引导人口由迁并村向基层村集聚，迁并村不得再进行新的建设，不再新批宅基地，基层村中人均建设用地按照人均120平方米标准控制，宅基地的划拨应结合空心村整治进行，尽量不再新增，基层村所配置的社会服务设施以满足本行政村范围内人口使用，因此为了引导人口向其集聚，服务设施应在基层村中集中配置，迁并村不再新增服务设施。此外随着城镇化进程的加快，当基层村域范围内人口全部集中到基层村内后，如果人口仍然少于500人规模，应再进行行政区划调整，将其向就近的中心村进行合并，并停止一切新建活动，同样以在基地划拨为手段引导人口向中心村集中。

4.迁并村庄

迁并村庄根据村庄面临的实际问题和村庄内居民的生存状况，再结合各乡镇的实际情况，分为近期整体搬迁和远期逐步迁并两种形式。

(1)近期整体搬迁村庄

1)确定原则

人口规模过小，一般不超过200户，经济收入来源少；无发展潜力，基础设施、服务设施落后；受水利工程、地质灾害或其他自然灾害影响严重的村庄；地处偏远地区，交通不便；工业园区扩建时影响较大的村庄。

2)近期整体搬迁村庄规划

对于那些条件较差的村庄，条件许可则在近期向附近村庄或城(镇)区转移。确定为近期可以对全村居民实施搬迁的村庄有老王集乡：索庄村的代庄；申桥乡：袁西村的前袁楼；慈圣镇：肖庄。

3)近期整体搬迁村庄建设措施

对于近期整体搬迁村庄应该自本规划执行之日起，禁止村域内的一切建设活动，并停止对此类村庄的基础设施投入，避免建设资金的浪费。

4)规划实施机制

近期整体搬迁村庄，根据具体情况有步骤、有计划地进行整体搬迁、局部搬迁或通过加强防护措施达到安全标准一般。搬迁村庄要慎重选址，向条件优越的地区搬迁，避免二次搬迁。同时，将改善农民生存条件和提供农民就业出路统筹考虑，促进搬迁农民致富，并采取有效措施保护搬迁村农民和村集体的合法权益。

在搬迁目的地选择方面，一是具有可操作性，尽可能在同一行政辖区内统筹；二是充分考虑搬迁地农民的经济能力、技能特点、文化习惯等，选择能够促进与当地农民融合，能够发挥搬迁农民技能，促进就业的地区作为接受地；三是选择发展条件好，限制条件少，相对富裕，能够长期稳定发展的地区作为搬迁的目的地。对少数村庄面积和人口规模偏小、位置偏远、基础设施配置困难的村庄，可引导就近集中向基础设施条件好的中心村迁建。

(2)远期逐步迁并村庄

对这类村庄近期一般保留其行政编制，远期撤销其行政编制。同时村民在空间上逐步向条件较好的地区迁移。

1)远期逐步迁并村庄确定原则村庄人口小于500户的村庄；县城远景发展过程中，位于县城主要发展方向的村庄。

2)远期逐步迁并村庄规划

逐步迁并的村庄为县域村庄选址布点中拟迁并的543个自然村。

3)远期逐步迁并村庄建设措施

因重大工程建设需要搬迁的村庄和对长期生活在位置不当、交通不便、环境条件差的河流滩区的自然村落，逐步搬迁，原则上由政府主导，建立生态补偿机制，采取多种迁建途径，逐步改善生态环境。按照县域村庄选址布点布局要求，另选新址迁建农民新村时原则上搬迁到布点村庄或新村规划选址，也可根据农民意愿直接迁入小城镇。近期编制村庄规划，以整治为主，改善生产生活条件，加强村庄人居环境治理。

确定为逐步迁并村庄在近期内主要以控制蔓延和整治为主，逐步压缩对其的基础设施投入，通过基础设施投入的倾斜引导村民外迁；同时对村庄内的建设活动应予以制止，以避免重复建设带来的资源浪费。

4)远期逐步迁并村庄搬迁动力机制

村庄的自然更新。随着村民住宅的更新，规划控制其新建住宅，引导建到布点村庄或新村规划选址，原有宅基同时应予以收回；划定为逐步搬迁村庄内，当地政府应严格限定宅基审批制度，不再新批宅基，需要新批宅基者应划定到搬迁目的地内。

(3)村庄迁并的可行性

1)经济条件许可

近年经济发展迅速，政府财政实力大幅提升，民间资本较多，现已具备以城补村、以工补农的条件。已有能力帮助自然环境恶劣，缺乏基本生存条件的村庄搬迁到生活条件较好的地区。

2)村民积极性高

生存条件恶劣的村庄迁并，村民积极性高。特别贫困的村庄，国家每年都有扶贫资金，将这部分资金用于村庄搬迁，是彻底解决贫困的一个有效举措。富裕农民对村庄合并，改善生活环境也有积极性。

3)迁入地能够提供一定就业机会

乡村二、三产业发展很快，生活条件较好的村庄迁入地一般都是二、三产业较发达的村镇，能为移民提供就业机会。随着经济社会的发展，乡村以服务业为主的第三产业会持续发展，使搬迁农民在新农村中能就业，能增收，能长期稳定居住。

4)利用改造增加移民收入

要使村镇建设用地集约发展，必须对旧村镇进行改造利用。加强旧村庄中空闲地的利用，使迁移后原村庄用地得到充分利用，发挥经济效益，成为移民新增经济收入的一部分。

(4)迁并保障措施

1)迁并安置地选择原则

搬迁安置区用地首选县城；其次为各乡镇政府所在地；再次为中心村和易地新建。

2)迁并安置引导措施

a.政策引导

政府通过行政行为，限制迁并村庄的发展，严格宅基地审批制度，对本次规划建议迁并的村庄不再审批宅基地，对原有住宅使用年限已到的禁止其在原有宅基上新建住宅，而建设到安置地内。

b.基础设施倾斜

在基础设施投入方面，本着基础设施投入效益最大化的原则，当地政府可适当削减对迁并村庄的资金投入，以此方式推动其迁并趋势。

3)迁并安置区的住宅模式导引

a.农民公寓式

在社会主义新农村村庄规划的指导下，统一建设多层农民公寓。该种模式对土地的利用效率最高，鉴于农村生产生活的实际情况，其接受程度不理想，适用于以下三种情况：一是从事农业生产人口比率较少的村庄；二是近郊型村庄的改造和建设；三是建设用地比较紧张的村庄；四是经济条件好的村庄。

b.联体别墅式

两户或以上住户在社会主义新农村村庄规划的指导下,集体联建。此种模式相对节省土地资源,故值得广泛推广。一是适用于经济条件一般的村庄;二是适用于新建村庄。

c.独门独院平房式

平房是传统的农村住居模式,土地资源利用不够集约。适合建设的村庄:一是用于空心村的整治改造;二是在旧村基础上逐步拆旧房建新村;三是经济条件相对贫困的村庄规划建设新村。

9.4 县域村庄选址布点

9.4.1 村庄布点要求

行政村设点数量应以行政村规划人口规模作为依据,其中又有两种方法,即:根据现状人口;根据规划人口。比较科学合理的方法应是根据规划人口进行。

行政村设点标准的确定主要依据相关规范标准和对规划期内村庄人口的把握。

规划人口规模小于500人村庄,不再设点;500～1000人的行政村,原则只设1点;1000人以上的行政村,可设1～3点;2000人以上的行政村,可设2～4点;3000人以上的行政村可设3～5点。

9.4.2 村庄布点建设标准

新农村的总要求为“生产发展、生活宽裕、乡风文明、村容整洁、管理民主”,依此,确定村庄建设的标准为:布局合理、交通便利、设施齐全、环境优美、特色鲜明。

近期布点村庄建设应以原地整治改造为主,注重绿化、美化、亮化,加强村容村貌环境治理,尽量避免大拆大建。远期布点村庄可以按照新农村规划建设标准进行建设,完善配套设施,并有序引导农村人口逐步向其转移和集中,新增住宅原则上应安置到布点村庄。

9.4.3 中部经济区村庄选址布点

中部经济区包括陈青集镇和牛城乡、大柞乡、张桥乡、岗王乡等5个一般镇。重点调整县城周边的村庄布局,为工业发展、基础设施布局、生态体系构建预留空间；对于条件较好的村庄，积极“撤村设居”，实施县城管理体制；严格控制空间新建村庄用地规模。按照工业空间组织规划，引导企业向发展轴带、产业园集聚发展；协调好发展轴带沿线工业企业与村庄之间的空间关系，搞好规划建设。保护北湖、惠济河、废黄河等河流沿线生态环境，构建生态廊道。

1. 陈青集镇村庄选址布点规划

该镇现辖 24 个行政村，99 个自然村，总人口 4.7 万人。规划确定了崔庄、砖桥、谢庄 3 个中心村、20 个基层村，1 个城中村。23 个中心村和基层村规划了 46 个自然村，迁并 53 个自然村。预测 2020 年镇域总人口 4.4 万人。具体详见村庄选址布点统计表 9.3 及图 9.1。

表 9.3　陈青集镇村庄选址布点统计表

行政村名称	现状			规划				
	自然村名称	人口（人）	建设用地规模（公顷）	布点村庄	人口（人）	规划用地规模（公顷）	主导产业	村庄建设类型
陈青集	陈集、白庄、曹庄、赵庄	1802	23.4	—	—	—	商贸服务业	城中村
崔庄	崔庄、杨庄、侯楼、刘庄、前王、蔡庄、王宿堂、李庄、马桥	1962	25	崔庄、王宿堂	2000	28.0	加工工业、养殖业	中心村
砖桥	砖桥、前辛庄、后辛庄	3303	43	砖桥、前辛庄、后辛庄	3550	49.7	林果业、深加工工业	中心村
谢庄	车洼、梁堂、西堂、谢庄、位庄、姜庄、刘庄、梁窑、东西李	3171	41.2	梁庄、梁窑、东西李	3420	47.9	生态农业、农副产品加工	中心村
毛堂	毛堂、梁庄、王油坊、前程、后程、郭庄、朱庄	2481	32.3	毛堂、前程	1200	16.8	生态农业	基层村

续表

行政村名称	现状			规划				
	自然村名称	人口（人）	建设用地规模（公顷）	布点村庄	人口（人）	规划用地规模（公顷）	主导产业	村庄建设类型
李集	李集、杨庄、褚庄	2053	26.7	李集、褚庄、杨庄	1630	22.8	养殖业	基层村
郭堂	陈庄、连庄、郭堂、宋庄	3544	46.1	连庄、郭堂、宋庄	1700	23.8	林果业	基层村
梁楼	梁楼	877	11.4	梁楼	500	7.0	传统农业	基层村
陈社	户庄、侯庄、聂庄、安庄、陈社庙、大张、小张、耿楼、史庄	2448	31.8	陈社庙、大张、聂庄	1500	21.0	传统农业	基层村
王口	盆刘庄、香赵庄、王口	2027	26.4	盆刘庄、王口	1000	14.0	传统农业	基层村
许大庄	许大庄、周大庄、丁庄、方庄	2243	29.2	许大庄、方庄、周大庄	1590	22.2	传统农业	基层村
后王	阎庄、后徐庄、程庄、魏庄、宋庄	1792	23.3	后王、程庄	1000	14.0	养殖业	基层村
王楼	王楼、小李庄	748	9.7	王楼	500	7.0	养殖业	基层村
前元	耿楼、小张、农科、打油李	1776	23.1	耿楼、打油李、	1000	14.0	养殖业	基层村
党庄	大杜庄、小杜庄、丁大庄	1192	15.5	党庄	600	8.4	养殖业	基层村

续表

行政村名称	现状			规划				
	自然村名称	人口（人）	建设用地规模（公顷）	布点村庄	人口（人）	规划用地规模（公顷）	主导产业	村庄建设类型
吕关	中吕庄、后吕庄、徐庄	1283	16.7	后吕关	600	8.4	养殖业	基层村
王庄	王庄、杨庄、赵庄、前耿楼	1775	23.1	王庄、前耿楼	1000	14.0	传统农业	基层村
周位	周位、张牦牛	1154	15	周位、张牦牛	1150	16.1	传统农业	基层村
曹庄	香赵庄、柳林王、曹庄	1530	19.9	香赵庄、曹庄	1430	20.0	传统农业	基层村
大杨庄	大杨庄、汪庄、李油坊	1809	44.6	大杨庄、汪庄	1000	14.0	林果业	基层村
杨楼	杨楼、谢庄、宋庄	1433	7.8	杨楼	650	9.1	传统农业	基层村
时堂	时堂、李楼、前吕关	1463	19	时堂、前吕关	1000	14.0	林果业	基层村
梁湾	高庄、路庄、朱庄、阎庄、前梁湾、中梁湾、后梁湾	3429	44.6	高庄、后梁湾	1400	19.6	养殖业	基层村
沈庄	沈庄	602	7.8	沈庄	550	7.7	传统农业	基层村

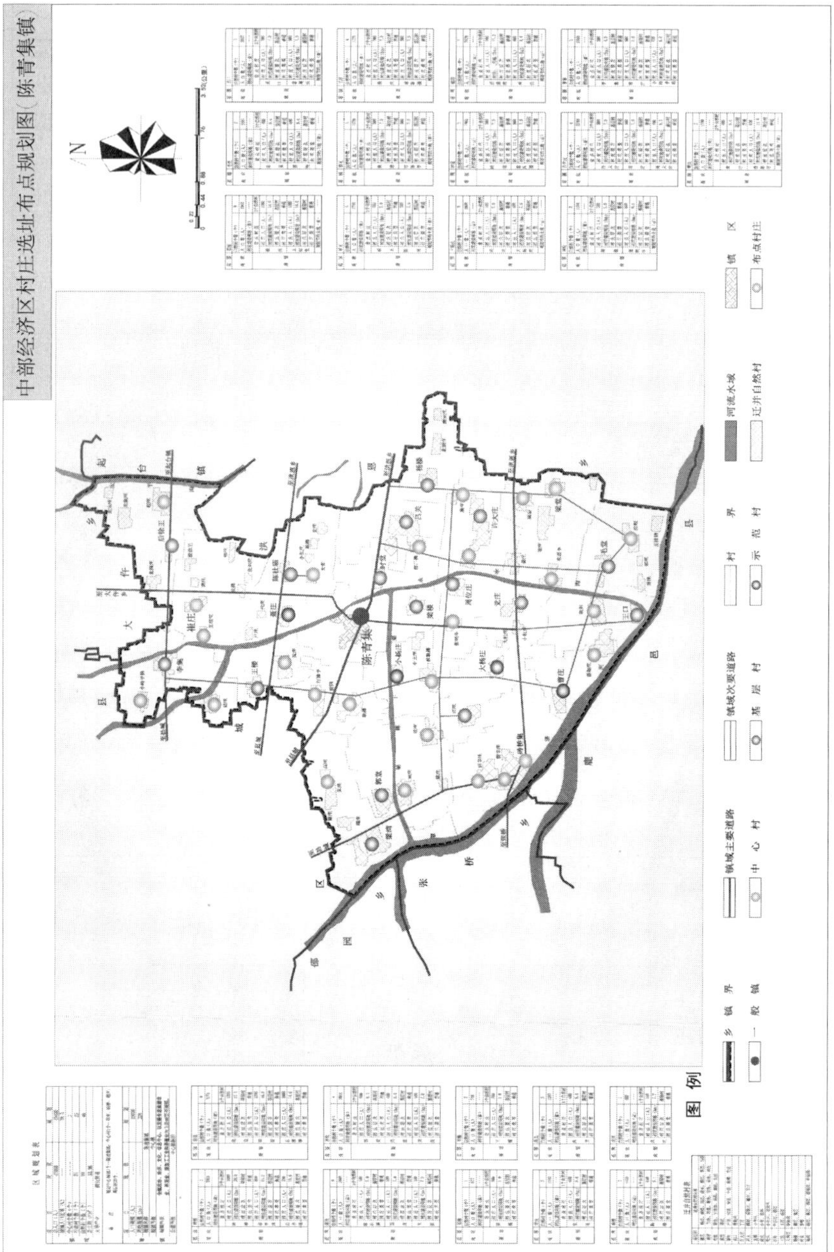

图 9.1 陈青集镇村庄选址布点规划

2. 牛城乡村庄选址布点规划

该乡现辖22个行政村，自然村66个，总人口5万人。规划确定了陈天平、梁老家2个中心村、13个基层村，10个城中村。15个中心村和基层村规划了25个自然村，规划拟迁并41个自然村。预测2020年乡域总人口2.6万人。具体详见村庄选址布点统计表9.4及图9.2。

表9.4　牛城乡村庄选址布点统计表

行政村名称	现状			规划				
	自然村名称	人口（人）	建设用地规模（公顷）	布点村庄	人口（人）	规划用地规模（公顷）	主导产业	村庄建设类型
李丹	王少楼、路庄、胡庄、任庄、韦子园、李丹	2946	38.3	—	2500	—	加工工业	城中村
后岗	后岗	2396	31.1	—	1996	—	加工工业	城中村
郑楼	郑楼、前徐、后徐、王庄、杨庄	3021	39.3	—	2624	—	加工工业	城中村
王楼寨	王楼寨、左庄、后王庄、孙庄、赵庄	2712	35.3	王楼寨、孙庄	2330	32.6	蔬菜种植	基层村
史庄	刑井、史庄、皇堂、梁庄、杨楼	2788	36.2	史庄、杨楼	2200	—	加工工业	城中村
李桥	邓庄、杨庄、李桥	1483	19.3	—	1083	—	加工工业	城中村
药厂	周庄、宁庄	678	8.8	—	500	—	农副产品加工	城中村
袁庄	元庄、关庄、张庄、吴庄、董楼	2066	26.9	张庄、董楼、关庄	2180	30.5	林果业	基层村
双庙杨	马刘桥、刑庄、杨庄、杜坟、萍庄	2445	31.8	—	1776	—	商业贸易	城中村

续表

行政村名称	现状			规划				
	自然村名称	人口（人）	建设用地规模（公顷）	布点村庄	人口（人）	规划用地规模（公顷）	主导产业	村庄建设类型
何堂	何堂	764	9.9	何堂	820	11.5	养殖业	基层村
王楼	东王楼、西王楼	1069	13.9	—	611	—	加工工业	城中村
单桥	单桥	1018	13.2	单桥	1060	14.8	养殖业	基层村
北郑	梁楼、张花、郑楼	1367	17.8	梁楼、郑楼	1300	18.2	养殖业	基层村
田玉白	田玉白、郭庄、刘庄	1744	22.7	田玉白	1770	24.8	蔬菜种植	基层村
韩庄	韩庄	647	8.4	韩庄	670	9.4	蔬菜种植	基层村
张堂	张堂	1132	14.7	—	632	—	加工工业	城中村
草帽王	草帽王、房庄、汤庄、赵庄	997	13	草帽王	1060	14.8	林果业	基层村
陈楼	陈楼	1004	13.1	陈楼	1060	14.8	林果业	基层村
固堆	固堆、马庄、禹楼、赵庄	2230	29	固堆	1960	27.4	林果业	基层村
大王	大王、止张	2051	26.7	大王、止张	2030	28.4	加工业	基层村
金陈	金庄、陈庄	1680	21.8	—	1280	—	加工业	城中村
李寨	李寨、杨堂	968	12.6	李寨	970	13.6	高效农业	基层村
陈天平	前黄堂、赵伯灵、陈天平、徐胜楼、后黄堂	2578	56.7	前黄堂、赵伯灵	2730	38.2	高效农业	中心村
梁老家	梁老家、王座	2039	40.6	梁老家、王座	2440	34.1	高效农业	中心村
穆庄	李尧、穆庄	—	—	李尧、穆庄	1000	14.0	高效农业	基层村

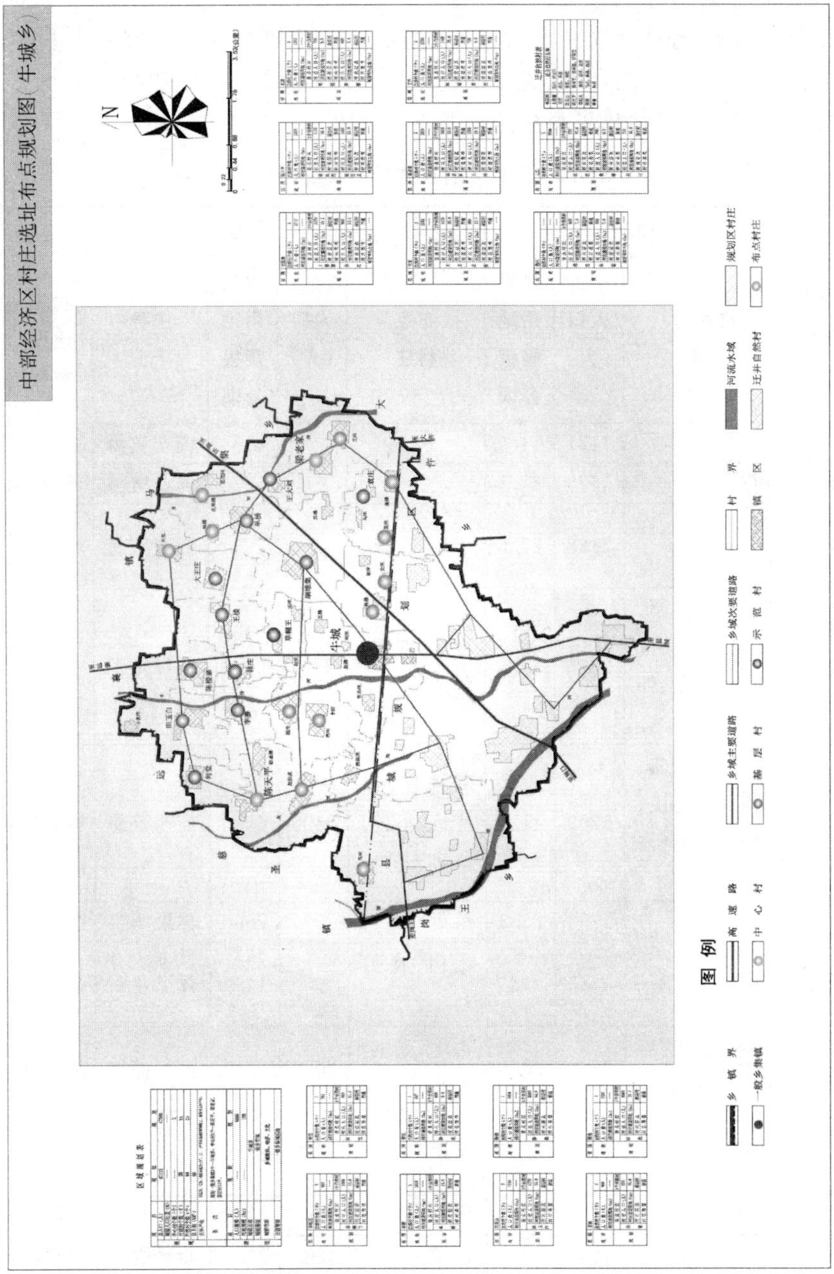

图 9.2　牛城乡村庄选址布点规划

3. 大仵乡村庄选址布点规划

该乡现辖23个行政村,95个自然村,总人口4万人。规划确定了刘楼、豆小、岳集、孙楼4个中心村、16个基层村,3个城中村。20个中心村和基层村规划了42个自然村,规划拟迁并53个自然村。预测2020年乡域总人口3.3万人。具体详见村庄选址布点统计表9.5及图9.3。

表9.5　大仵乡村庄选址布点统计表

行政村名称	现状			规划				
	自然村名称	人口(人)	建设用地规模(公顷)	布点村庄	人口(人)	规划用地规模(公顷)	主导产业	村庄建设类型
仵北	仵北	1121	14.6	—	—	—	商业贸易	城中村
仵东	仵东	1626	21.1	—	—	—	商业贸易	城中村
仵西	张小、李庄、仵西	2123	27.6	—	—	—	商业贸易	城中村
刘楼	陈楼、赵竹园、凌庄、刘楼、王希鲁、申庄、韩庄	2873	37.3	凌庄、刘楼、韩庄	2720	38.1	精细化工	中心村
豆小	马连庄、周庄、沟留庙、赵庄、柳园、七里桥、豆小	3209	41.7	马连庄、赵庄、豆小、沟留庙	3400	47.6	商业贸易	中心村
岳集	岳集	1792	23.3	岳集	2000	28.0	林果业	中心村
张白	张白、瓦刀刘	1386	18	张白、瓦刀刘	1000	14.0	林果业	基层村
夏庄	崔庄、吉庄、夏庄、大李	2189	28.5	崔庄、夏庄、大李	2050	28.7	蔬菜种植	基层村
大梁	大梁	1723	22.4	大梁	900	12.6	蔬菜种植业	基层村
马庄	马庄、粉曹	1675	21.8	马庄	800	11.2	养殖业	基层村
孙楼	胡庄、孙楼	1248	16.2	孙楼	1500	21.0	养殖业	中心村
周楼	周楼、二十五里店	789	10.3	—	—	—	养殖业	基层村

续表

行政村名称	现状			规划				
	自然村名称	人口（人）	建设用地规模（公顷）	布点村庄	人口（人）	规划用地规模（公顷）	主导产业	村庄建设类型
王树林	大朱、王树林、马堂	1843	24	大朱、马堂	1000	14.0	高效农业	基层村
王楼	后花、杨庄、各庄、霍庄、前花、聂庄、王楼	1906	24.8	后花、王楼、杨庄	1600	22.4	高效农业	基层村
张楼	郭庄、詹庄、老关臣、张楼、杨庄、王豆庄	1726	22.4	郭庄、张楼、杨庄	1700	23.8	林果业	基层村
胡家山	肖庄、胡家山、林庄、冯庄、吉庄	1788	23.2	胡家山、林庄、冯庄	1750	24.5	养殖业	基层村
王庄	牛油坊、王庄、彭堂、火神庙	1271	16.5	牛油坊、王庄	1300	18.2	医药化工	基层村
张小	吴庄、张小、张小楼、张堂、大王庄、邹庄、朱小	2373	30.8	吴庄、大王庄	1148	16.1	高效农业	基层村
陈丰	红旗、陈丰、聂庄、盆楼	1285	16.7	陈丰、聂庄	1200	16.8	高效农业	基层村
刘山村	徐怀庄、曹胡同、刘山、高庄、张菜园	1800	23.4	刘山、曹胡同	1600	22.4	养殖业	基层村
宋集	曹楼、杜关庙、宋集、柳庄	1741	22.6	曹楼、杜关庙、宋集	1800	25.2	养殖业	基层村
朱贡寺	张大庄、金屯、朱贡寺、张小、周庄	1850	24.1	张大庄、朱贡寺	1000	14.0	蔬菜种植业	基层村
谢集	张杠、谢庄、马排庙、李楼、谢庄	1618	21	谢庄、马排庙	1000	14.0	高效农业	基层村

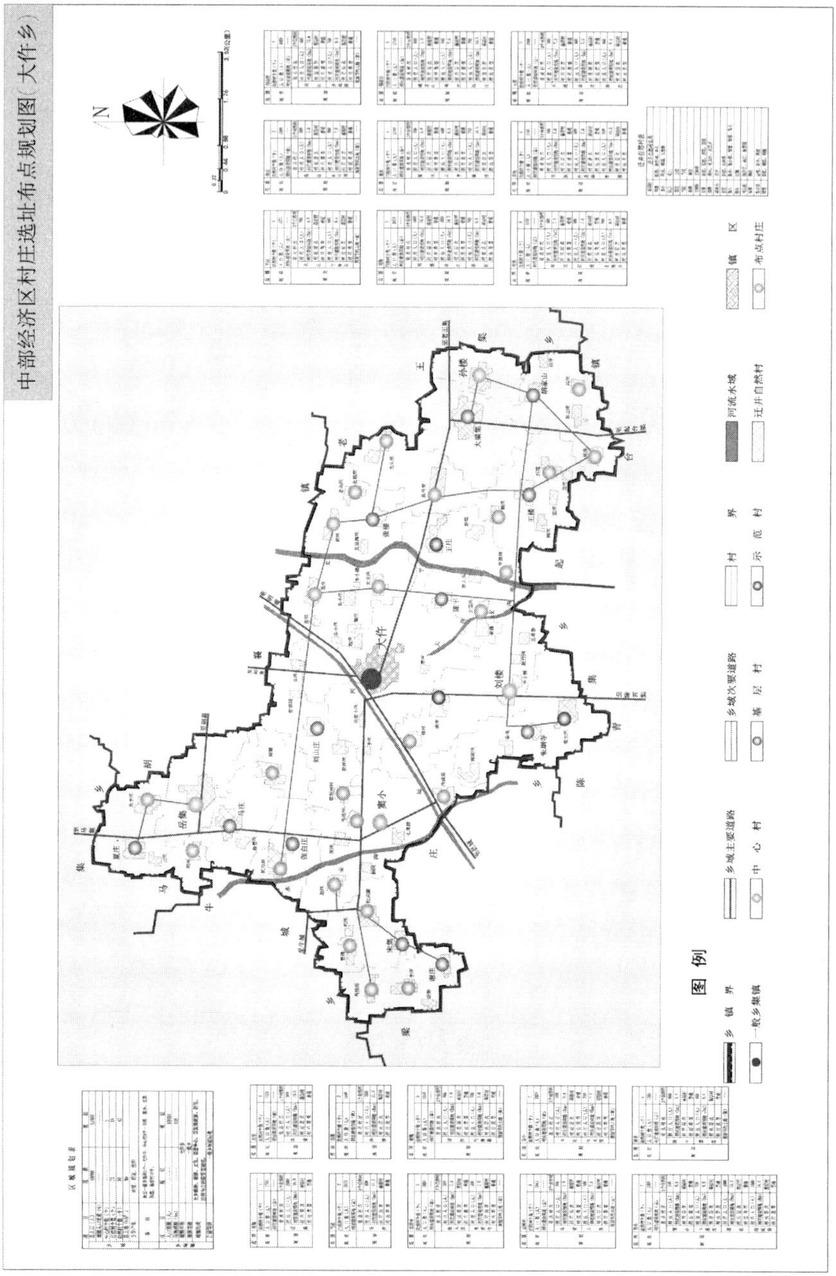

图 9.3 大作乡村庄选址布点规划

4. 张桥乡村庄选址布点规划

该乡现辖20个行政村，58个自然村，总人口3.8万人。规划确定了张集、小岗、王金门3个中心村、16个基层村，1个城中村。19个中心村和基层村规划了33个自然村，规划拟迁并25个自然村。预测2020年乡域总人口3.2万人。具体详见村庄选址布点统计表9.6及图9.4。

表9.6　张桥乡村庄选址布点统计表

行政村名称	现状			规划				
	自然村名称	人口（人）	建设用地规模（公顷）	布点村庄	人口（人）	规划用地规模（公顷）	主导产业	村庄建设类型
张桥	张桥、王珍庄	2144	27.9	—	—	—	商业贸易	城中村
张集	张集、草寺、周庄、王二牛	3220	41.9	张集、周庄、王二牛	3600	50.4	商业贸易	中心村
小岗	小岗、孙庄	2023	26.3	小岗、孙庄	2390	33.5	农副产品加工业	中心村
王金门	王金门、董庄、北丰集、张条庄	2588	33.6	王金门、北丰集、张条庄	3770	52.8	商业贸易	中心村
老王集	老王集	2191	28.5	老王集	1750	24.5	蔬菜种植	基层村
大魏	大魏、小位、郭庄、范庄、位楼	1569	20.4	位楼	1080	15.1	蔬菜种植	基层村
岭子朱		1400	18.2	岭子朱	920	12.9	蔬菜种植	基层村
吕岗	轩庄、王庄、毛庄、张庄、丁庄、前吕、后吕	3520	45.8	毛庄、张庄、后吕、王庄	2785	39.0	林果业	基层村
田付元	田付元、田火星阁、高里寺	1262	16.4	高里寺	750	10.5	林果业	基层村
赵庄	赵庄、任桥、苗庄	2150	28	赵庄、苗庄	2240	31.7	养殖业	基层村

续表

行政村名称	现状			规划				
	自然村名称	人口（人）	建设用地规模（公顷）	布点村庄	人口（人）	规划用地规模（公顷）	主导产业	村庄建设类型
周庄	周庄、李油坊、王岗、庙后	1348	17.5	周庄、庙后	1630	23.1	养殖业	基层村
闫赵	闫赵	1156	15	闫赵	670	9.4	养殖业	基层村
曹堂	曹堂	1031	13.4	曹堂	550	7.7	养殖业	基层村
梁楼	梁楼、朱庄、郝庄	1809	10.5	梁楼、朱庄	1250	17.5	蔬菜种植	基层村
李本寺	李本寺、李小楼、郑菜园、张六口	2553	33.2	李本寺、郑菜园、张六口	2320	32.5	蔬菜种植	基层村
耿口	耿口	1232	16	耿口	740	10.4	蔬菜种植	基层村
花马李	花马李、刘楼、董口	2845	37	花马李、刘楼	1920	26.9	林果业	基层村
赵楼	赵楼	1206	15.7	赵楼	780	10.9	林果业	基层村
董庄	董庄、位楼	830	11.2	董庄	550	7.7	林果业	基层村
张木堂	张木堂	795	10.3	张木堂	1050	14.7	林果业	基层村

5.岗王乡村庄选址布点规划

该乡现辖27个行政村，81个自然村，总人口5.5万人。规划确定了沙河、刘楼、程六3个中心村、22个基层村，2个城中村。25个中心村和基层村规划了38个自然村，规划拟迁并43个自然村。预测2020年乡域总人口4.8万人。具体详见岗王乡夺庄选址布点统计表9.7及图9.5。

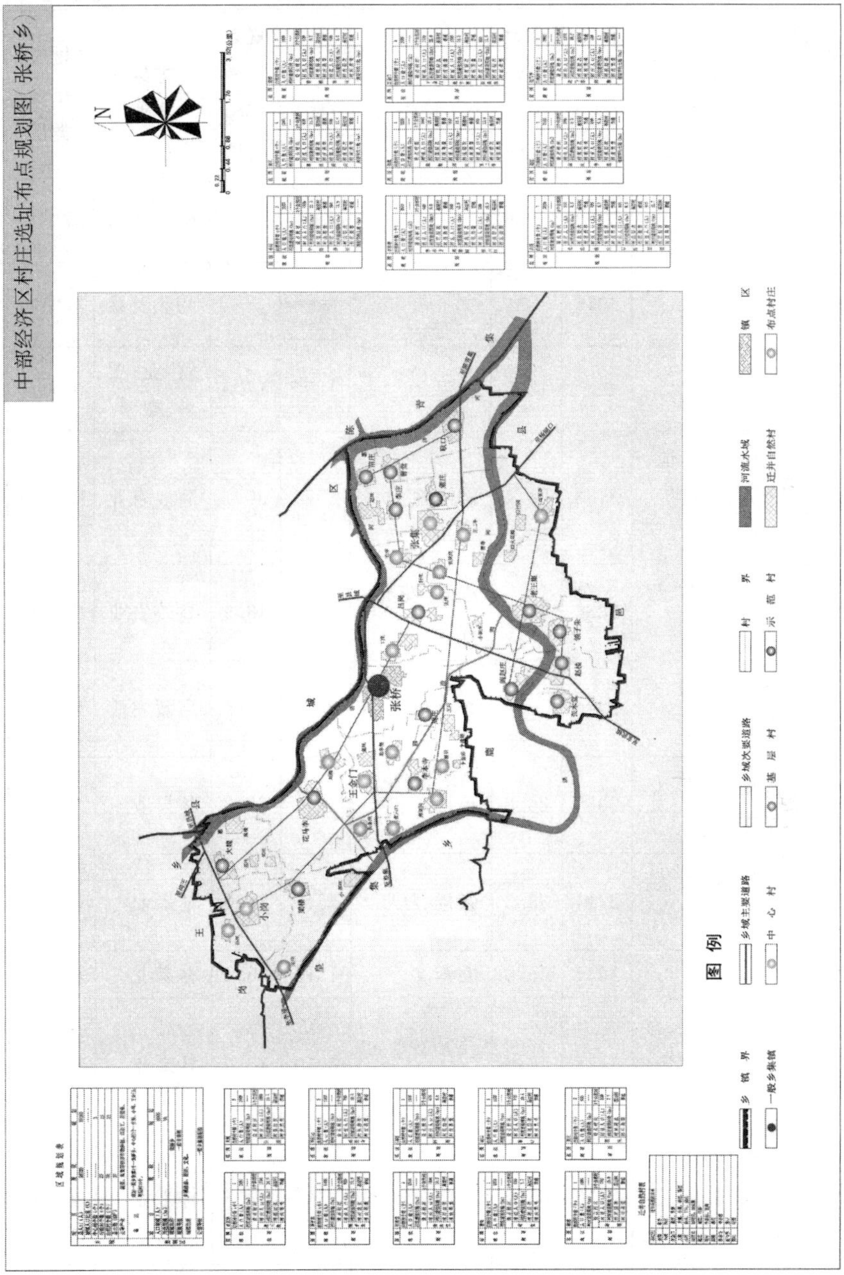

图 9.4　张桥乡村庄选址布点规划

表 9.7 岗王乡村庄选址布点统计表

行政村名称	现状			规划				
	自然村名称	人口（人）	建设用地规模（公顷）	布点村庄	人口（人）	规划用地规模（公顷）	主导产业	村庄建设类型
岗王	岗王、郭庄、王庄	3197	41.6	—	—	—	商业贸易	城中村
门楼王	门楼王、陈口、柳庄	4076	53	—	—	—	商业贸易	城中村
沙河	沙河	985	12.8	沙河	1235	17.3	商业贸易、酿酒	中心村
刘楼	刘楼、济渎池、李万石、火王、新庄	2183	28.4	济渎池	2575	36.1	高效农业	中心村
程六	程六、花乔、程楼、刘屯	2884	37.5	程六、花乔、程楼	3490	48.9	高效农业	中心村
李中口	李中口、王大木、孙油庄	2230	29	李中口	2205	30.9	高效农业	基层村
孙楼	孙楼、刘庄、小李庄	2065	26.8	孙楼	1945	27.2	林果业	基层村
张楼	张楼、张庄、姚庄、朱庄、陈庄	2714	35.3	张楼、陈庄	2645	37.0	林果业	基层村
大李	大李、吴庄	1935	25.2	大李	1815	25.4	林果业	基层村
马庙	马庙、白庄、力士岗、瓦房张、小杨庄	3148	40.9	马庙、力士岗	3000	42.0	林果业	基层村
孟庄	孟庄、翟庄、大杨庄、杜庄、丁庄	2610	33.9	孟庄、翟庄	2345	32.8	林果业	基层村
盆尧	盆尧、新庄、前徐	1600	20.8	盆尧、前徐	1560	21.8	高效农业	基层村

续表

行政村名称	现状			规划				
	自然村名称	人口（人）	建设用地规模（公顷）	布点村庄	人口（人）	规划用地规模（公顷）	主导产业	村庄建设类型
东左	东左	851	11.1	东左	835	8.2	高效农业	基层村
张寨	张寨、前品、东吕、后吕	1218	15.8	张寨	1195	16.7	高效农业	基层村
西左	西左、邢庄、王庄	773	10	西左	767	10.7	养殖业	基层村
金庄	金庄、刘庄、梁徐	1236	16.1	金庄、梁徐	1345	18.8	养殖业	基层村
果元	果元、宋庄、小朱庄、豆楼	1725	22.4	果元、宋庄	1680	23.5	养殖业	基层村
王玉条	王玉条	785	10.2	田玉白	765	10.7	养殖业	基层村
韦堤口	韦堤口	795	10.3	韦堤口	775	10.9	金刚石微粉	基层村
半坡	半坡、冯庄、牛店	1389	18.1	半坡	1365	19.1	金刚石微粉	基层村
陈庄	陈庄、关庄	1800	23.4	陈庄	1775	24.9	金刚石微粉	基层村
赵庄	赵庄、余庄、李庄、楚庄	1845	24	赵庄	1820	25.5	养殖业	基层村
双庙	双庙、朱庄、红门张	3991	51.9	双庙、朱庄	3915	54.8	林果业	基层村
官庄	官庄	1856	24.1	官庄	1835	25.7	高效农业	基层村
王辇	王辇、吴庄、刘大如	2735	35.6	王辇、吴庄、刘大如	2660	37.2	高效农业	基层村
刘柿	刘柿、天门赵、梁庄、李老万	2924	38	刘柿、天门赵、梁庄	2855	40.0	高效农业	基层村
高庄	高庄、后徐	897	11.7	高庄	500	7.0	高效农业	基层村

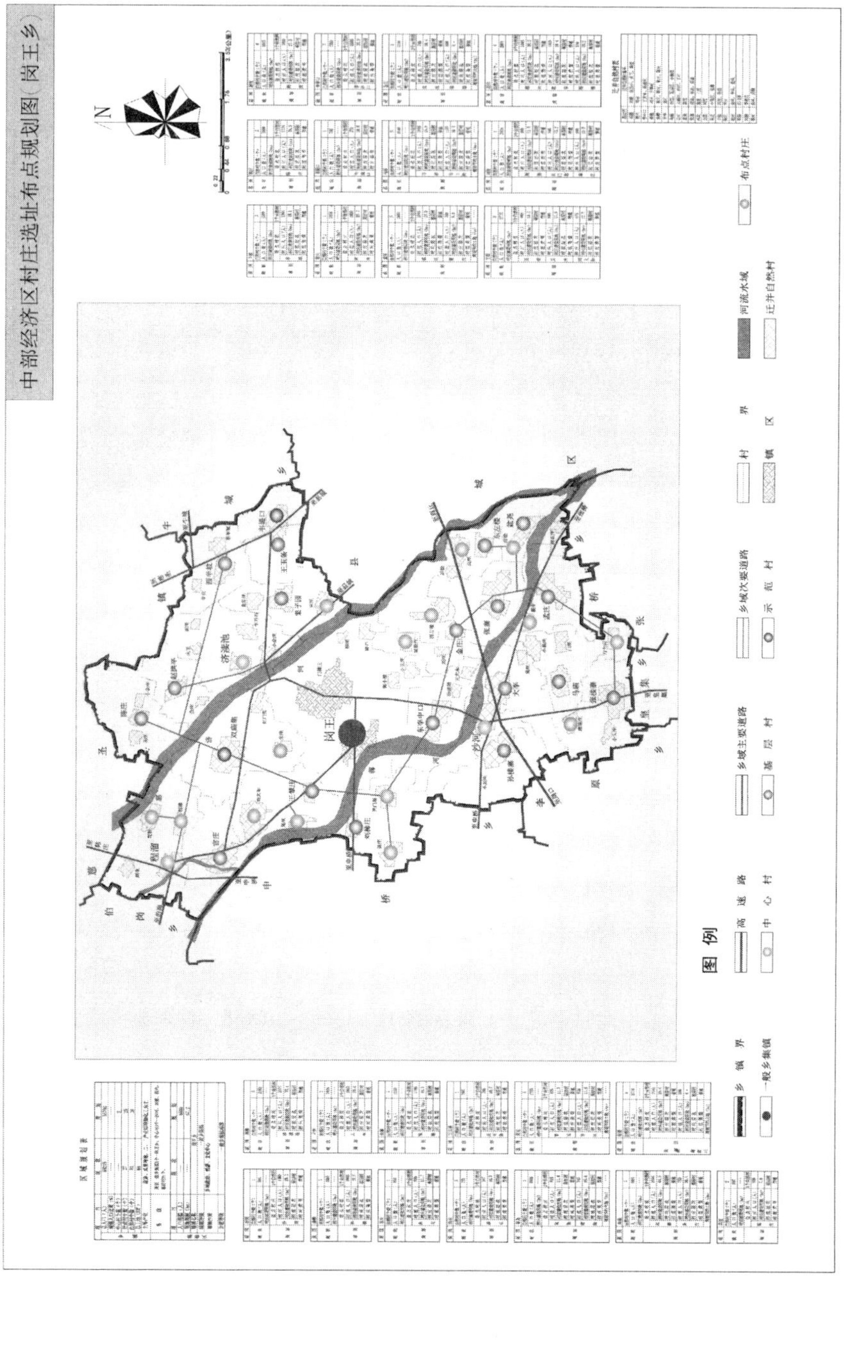

图 9.5 岗王乡村庄选址布点规划

9.4.4　东部经济区村庄选址布点

重点调整村庄布局，引导迁并村庄向小城镇迁移，提升中心村职能，搞好中心村的规划建设。完成基层村村容村貌整治，严格控制村庄建设用地规模。加快胡襄镇的发展，使其成为带动该区发展的核心。做好老王集撤乡建镇，加快其小城镇建设。重点建设胡襄特色商品交易市场。积极发展旅游业和生态农业。保护当地生态环境，加强商周高速和商周公路沿线绿化建设，构建生态廊道。

东部经济区以胡襄镇为中心，包括洪恩乡、起台镇、老王集镇和马集乡。

1. 胡襄镇村庄选址布点规划

该镇现辖 29 个行政村，84 个自然村，总人口 4.5 万人。规划确定了崔楼、祁楼、张沃、陈洼、侯庄 5 个中心村、17 个基层村，7 个城中村。22 个中心村和基层村规划了 33 个自然村，规划拟迁并 51 个自然村。预测 2020 年镇域总人口 6.1 万人。具体详见村庄选址布点统计表 9.8 及图 9.6。

表 9.8　胡襄镇村庄选址布点统计表

行政村名称	现状			规划				
	自然村名称	人口（人）	建设用地规模（公顷）	布点村庄	人口（人）	规划用地规模（公顷）	主导产业	村庄建设类型
张庄	张庄、李庄、表楼、张庄	2506	32.6	—	—	—	商业贸易、服务业	城中村
胡芹	胡庄、刘庄、黄庄、刘胡	1020	13.3	—	—	—	商业贸易、服务业	城中村
北街	北街	1250	16.3	—	—	—	商业贸易、服务业	城中村
西街	西街	727	9.5	—	—	—	商业贸易、服务业	城中村
南街	南街	1701	22.1	—	—	—	商业贸易	城中村
东街	东街	1501	19.5	—	—	—	商业贸易	城中村
曹洼	曹洼	2342	30.4	—	—	—	商业贸易	城中村

续表

行政村名称	现状			规划				
	自然村名称	人口（人）	建设用地规模（公顷）	布点村庄	人口（人）	规划用地规模（公顷）	主导产业	村庄建设类型
金楼	金楼	949	12.3	金楼	500	7.0	高效农业、农副产品加工业	基层村
铁佛寺	铁佛寺、安庄、杨串楼、胡楼	2868	37.3	铁佛寺、安庄	2000	28.0	高效农业、农副产品加工业	基层村
王拐	东王拐、西王拐、前王拐、后王拐	1200	15.6	后王拐	700	9.8	烟叶等高效农业	基层村
李关	李关、肖楼、余庄、孙庙	1769	23.0	李关、余庄	1900	26.6	烟叶等高效农业	基层村
侯大庄	侯大庄、黄庄	2376	30.9	侯大庄、黄庄	1600	22.4	烟叶等高效农业	基层村
武庄	武庄、白洼	1657	21.5	武庄、白洼	1700	23.8	胡芹等高效农业	基层村
任庄	任庄	1842	23.9	任庄	1300	18.2	胡芹等高效农业	基层村
崔楼	崔楼	1587	20.6	崔楼	1800	25.2	胡芹等高效农业	中心村
祁楼	祁楼、北韩庄	1776	23.1	祁楼、北韩庄	2500	35.0	胡芹等高效农业	中心村
赵方	赵方、柿杨	682	8.9	赵方	500	7.0	胡芹等高效农业	基层村

续表

行政村名称	现状			规划				
	自然村名称	人口（人）	建设用地规模（公顷）	布点村庄	人口（人）	规划用地规模（公顷）	主导产业	村庄建设类型
李美	李美、潘庄、刘楼、娄楼、吴庄	1926	25.0	李美、潘庄、娄楼	1700	23.8	木材加工业	基层村
老龙	老龙	1890	24.6	老龙	1300	18.2	木材加工业	基层村
张沃	张沃、曹楼	2123	27.6	张沃、曹楼	2400	33.6	木材加工业	中心村
陈洼	陈洼、新明	1808	23.5	陈洼、新明	2600	36.4	木材加工业	中心村
侯庄	侯庄	1875	24.4	侯庄	2050	28.7	农副产品加工业	中心村
大韩	大韩	1238	16.1	大韩	800	11.2	农副产品加工业	基层村
王老家	王老家	1619	21.0	王老家	1100	15.4	农副产品加工业	基层村
后芦	后芦	1360	17.7	后芦	1000	14.0	高效农业	基层村
唐楼	唐楼	1466	19.1	唐楼	1000	14.0	高效农业	基层村
高庄	高庄、王楼、毛桃庄	2330	30.3	高庄、王楼、毛桃庄	2100	29.4	高效农业	基层村
史庄	史庄	679	8.8	史庄	504	7.1	高效农业	基层村
尹庄	尹庄	817	10.6	尹庄	500	7.0	高效农业	基层村

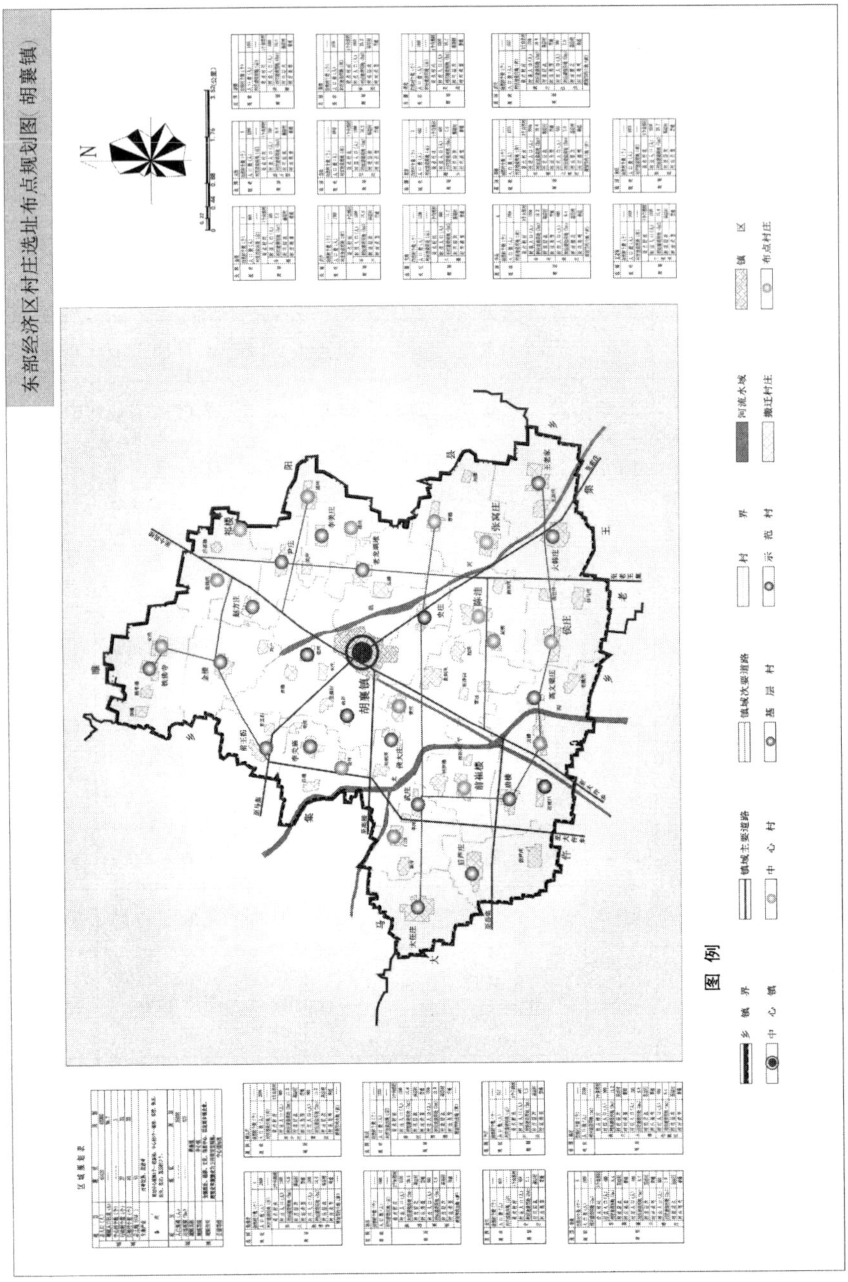

图 9.6 胡襄镇村庄选址布点规划

2.起台镇村庄选址布点规划

该镇现辖29个行政村，105个自然村，总人口4.4万人。规划确定了梁双、李老家、贾楼3个中心村、24个基层村，2个城中村。27个中心村和基层村规划了36个自然村，规划拟迁并69个自然村。预测2020年镇域总人口4.1万人。具体详见村庄选址布点统计表9.9及图9.7。

表9.9　起台镇村庄选址布点统计表

行政村名称	现状			规划				
	自然村名称	人口（人）	建设用地规模（公顷）	布点村庄	人口（人）	规划用地规模（公顷）	主导产业	村庄建设类型
梁双	梁双、刘老家、张庄、轩老庄、张店、何桥	1713	22.3	梁双、轩老庄	1950	27.3	高效农业、农产品加工业	中心村
李老家	李老家、张堂、权刘、路刘庄、孙庄、轩庄	2208	28.7	李老家、路刘庄	2450	34.3	高效农业、农产品加工业	中心村
贾楼	贾楼、史关庙、赵楼、孙庄、李庄	2944	38.3	贾楼、史关庙、赵庄	3200	44.8	畜牧业、农产品加工业	中心村
史大	史大、史刘楼、史小	1635	21.3	史大、史刘楼	1600	22.4	高效农业	基层村
冯桥	冯桥、刘瓦房、张楼	1347	17.5	冯桥、张楼	1300	18.2	高效农业	基层村
唐楼	唐楼、梁洼、张庄、梁庄	956	12.4	唐楼	600	7.2	高效农业	基层村
北街	北街、庞庄	1646	21.4	—	—	—	商业贸易	城中村

续表

行政村名称	现状			规划				
	自然村名称	人口（人）	建设用地规模（公顷）	布点村庄	人口（人）	规划用地规模（公顷）	主导产业	村庄建设类型
高庙	高庙、小余庄、小仁庄、袁九庄、余王庄	981	12.8	高庙	600	8.4	高效农业	基层村
高店	高店、姜庙、长桥	1116	14.5	高店	600	8.4	高效农业	基层村
彭庄	彭庄、谢庄、高堂	1155	15	彭庄	600	8.4	高效农业	基层村
来楼	来楼、轩口、刘双庙、徐庄、朱庄	2012	26.2	来楼、刘双庙	2200	30.8	木材加工业	基层村
赵庄	赵庄、王桥、孙庄、李庄	1607	20.9	李庄	1200	16.8	木材加工业	基层村
买臣	买臣、前刘、后刘、杨庄	1153	15	买臣	715	10.0	高效农业	基层村
韩楼	韩楼、郭庄、吴庄	772	6.8	吴庄	600	8.4	高效农业	基层村
许陈	许庄、陈庄、朱庄、明洼	1264	16.4	明洼	700	9.8	高效农业	基层村
李集	李集、陈庄、王庄、杂姓营	1026	13.3	李集	600	8.4	养殖业	基层村
岳庄	岳庄、周庄、曹庄	1021	13.3	岳庄	600	8.4	养殖业	基层村
南街	南街、吴庄	1343	17.5	—	—	—	商业贸易	城中村

续表

行政村名称	现状			规划				
	自然村名称	人口（人）	建设用地规模（公顷）	布点村庄	人口（人）	规划用地规模（公顷）	主导产业	村庄建设类型
前韩	前韩、刘庄、牛洼、张桥、李胡同	1519	19.7	前韩	1150	16.1	高效农业	基层村
赵庙	赵庙、李庄、大余庄、毛堂、方庄	1011	13.1	赵庙	650	9.1	高效农业	基层村
楚庄	楚庄、余庄、王桥	1217	15.8	楚庄	650	9.1	养殖业	基层村
王庄	王庄	1325	17.2	王庄	600	8.4	养殖业	基层村
史老家	史老家、史黄庄	1268	16.5	史老家	700	9.8	高效农业	基层村
史小	史小庄、杨大庄	1777	23.1	史小庄、杨大庄	1200	16.8	养殖业	基层村
吉楼	吉楼、张庄、小李庄	1167	15.1	吉楼	600	8.4	高效农业	基层村
徐庄	徐庄、前吉庄、曹堂、周庄	1401	18.2	徐庄	600	8.4	高效农业	基层村
李寨	李寨、闫庄、左庄	1555	20.2	李寨	700	9.8	木材加工业	基层村
陈集	陈集、陈楼、张庄、王庄、袁楼	1537	20	陈集	700	9.8	木材加工业	基层村
李尧	李尧、小集、李公卿	895	11.6	李尧	600	8.4	养殖业	基层村

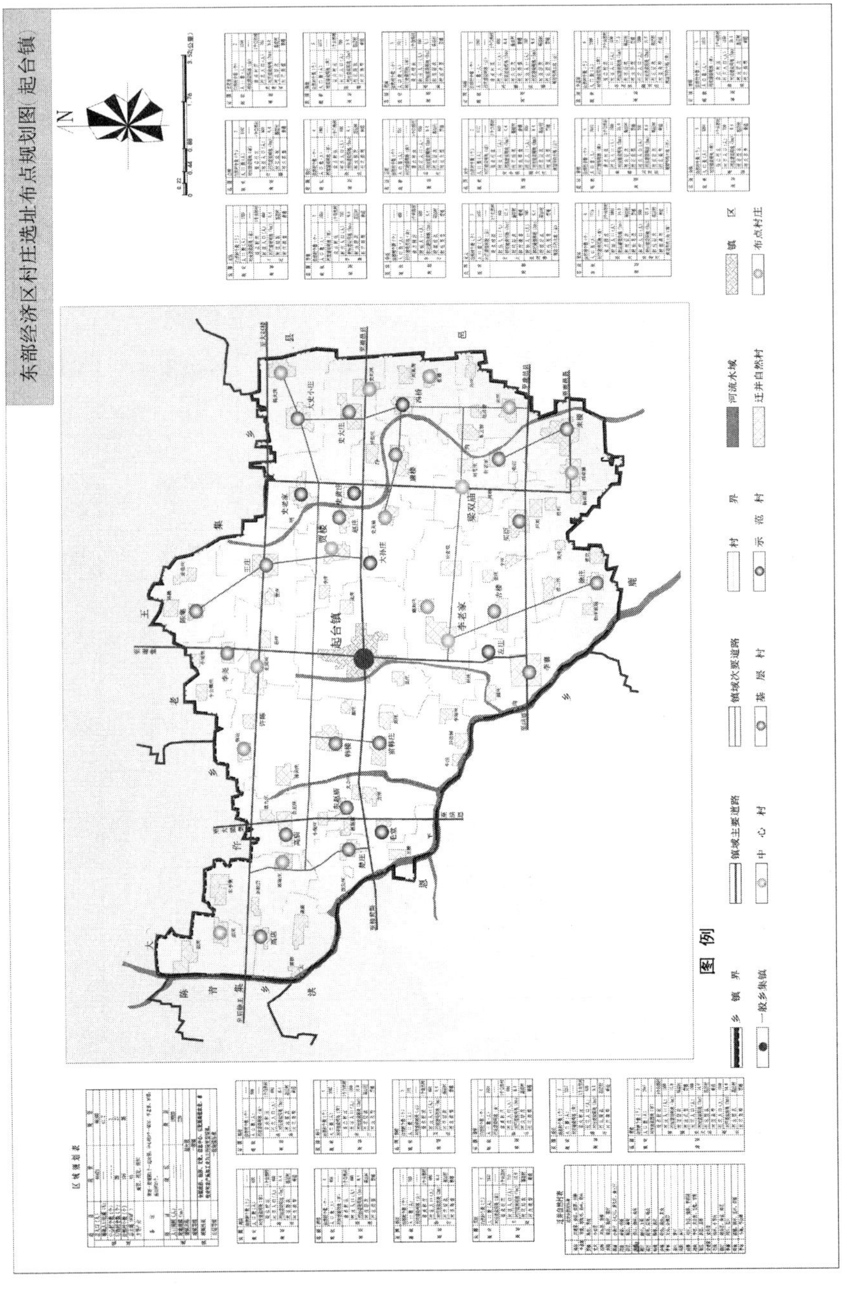

图 9.7 起台镇村庄选址布点规划

3.老王集镇村庄选址布点规划

该镇现辖20个行政村,76个自然村,总人口3.6万人。规划确定了史陆庄、谢堂、陈楼、余心白4个中心村、14个基层村,2个城中村。18个中心村和基层村规划了33个自然村,规划拟迁并43个自然村。预测2020年镇域总人口3万人。具体详见村庄选址布点统计表9.10及图9.8。

表9.10　老王集镇村庄选址布点统计表

行政村名称	现状			规划				
	自然村名称	人口(人)	建设用地规模(公顷)	布点村庄	人口(人)	规划用地规模(公顷)	主导产业	村庄建设类型
西街	西街	2063	26.8	—	—	—	商业贸易	城中村
东街	老黑庄、东街、刘庄、江陈楼、孔庄	2106	27.4	—	—	—	酿酒业	城中村
史陆庄	史陆庄、马庄、梁庄	1358	17.7	史陆庄	1500	21.0	高效农业	中心村
谢堂	谢堂、张庄、孙堂	1426	18.5	谢堂	1650	23.1	高效农业	中心村
陈楼	陈楼、王立楼	1377	17.9	陈楼、王立楼	1700	23.8	高效农业	中心村
余心白	吕庄、余心白、王安楼	1512	19.7	余心白、王安楼	1750	24.5	高效农业	中心村
双楼	双楼、小柴	1495	19.4	双楼、小柴	1100	15.4	高效农业	基层村
高庄	高庄、谢楼、余老家	1883	24.5	高庄、余老家	1300	18.2	高效农业	基层村
李楼	李楼、赵楼	1413	18.4	李楼	880	12.3	烟叶种植	基层村
潘庄	潘庄、三刘庙、李庄、韩庄、余桥	2104	27.4	潘庄、余桥、三刘庙	1500	21.0	烟叶种植	基层村

续表

行政村名称	现状			规划				
	自然村名称	人口（人）	建设用地规模（公顷）	布点村庄	人口（人）	规划用地规模（公顷）	主导产业	村庄建设类型
前秦	前秦、后秦、朱河坡	2043	26.6	前秦、朱河坡	1200	16.8	烟叶种植	基层村
十门李	前十门李、后十门李、王虎雷	1859	24.2	前十门李、后十门李、王虎雷	1500	21.0	高效农业	基层村
索庄	索庄、代庄	965	12.5	索庄	600	8.4	烟叶种植	基层村
许关	许关、田油坊	1115	14.5	许关	600	8.4	高效农业	基层村
杨堂	杨堂、席张庄、杨庄、高庙	1425	18.5	杨堂	900	12.6	高效农业	基层村
尹楼	尹楼、后徐岗、前徐岗、手巾李、袁庄、小王楼	2345	30.5	尹楼、手巾李	1400	19.6	高效农业	基层村
赵楼	赵楼、余庄、单庄、史堌堆	2024	26.3	赵楼、单庄	1200	16.8	高效农业	基层村
余庙	余庙、王新庄、西李庄、东李庄、王帝阁、梅庄	2305	30	余庙、王帝阁、	1700	23.8	高效农业	基层村
板口	余少楼、后板口、板口	1981	25.8	余少楼、板口	1200	16.8	高效农业	基层村
大柴	李苞蒲楼、大柴、马庄、梁庄、张汉楼	2754	35.8	张汉楼、李苞蒲楼、大柴	1600	22.4	高效农业	基层村

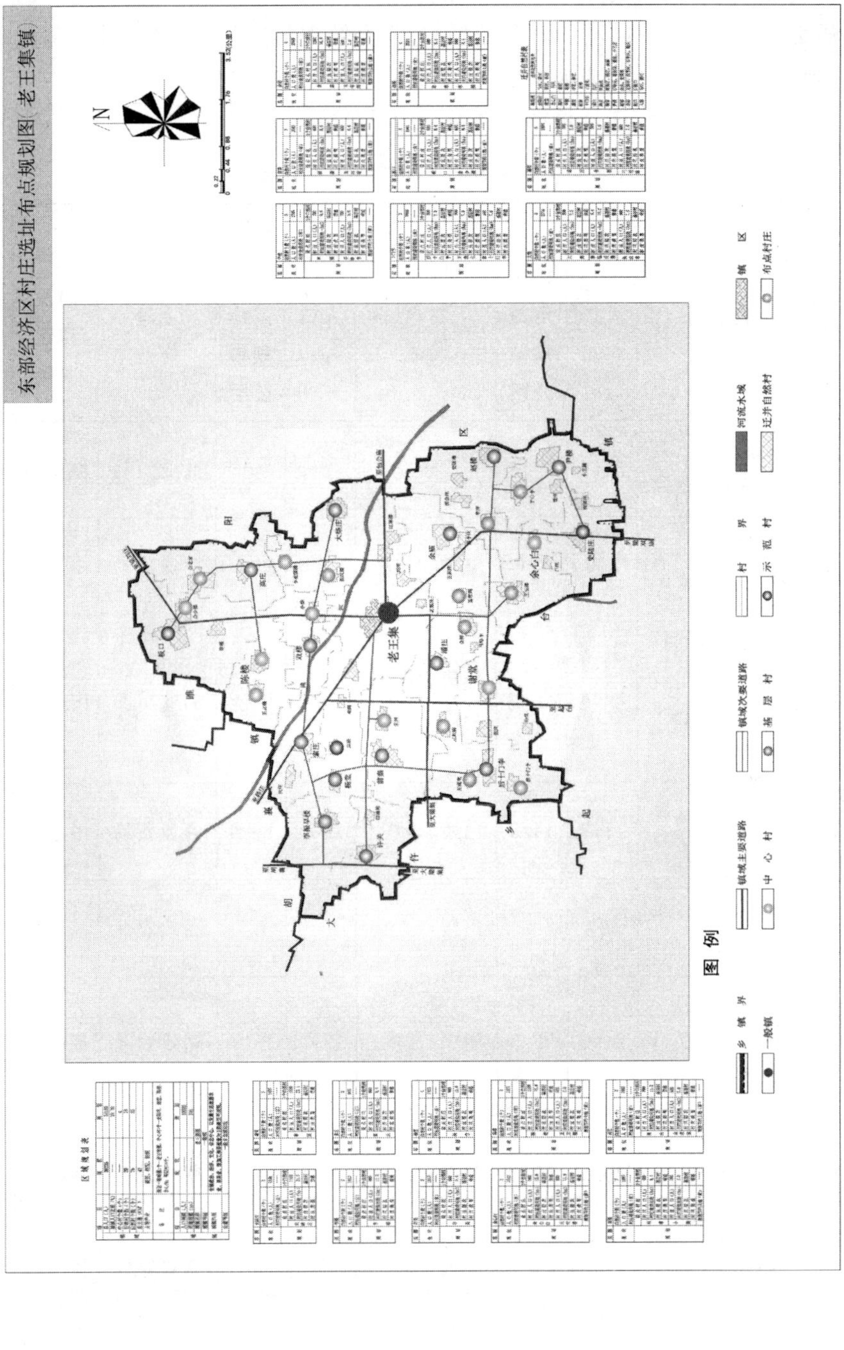

图 9.8　老王集镇村庄选址布点规划

4. 洪恩乡村庄选址布点规划

该乡现辖16个行政村，62个自然村，总人口3.3万人。规划确定了吕庄、任集、白桥3个中心村、12个基层村，1个城中村。15个中心村和基层村规划了29个自然村，规划拟迁并33个自然村。预测2020年乡域总人口2.6万人，具体详见村庄选址布点统计表9.11及图9.9。

表9.11 洪恩乡村庄选址布点统计表

行政村名称	现状			规划				
	自然村名称	人口（人）	建设用地规模（公顷）	布点村庄	人口（人）	规划用地规模（公顷）	主导产业	村庄建设类型
洪恩	洪恩、彭庄、刘庄、付楼、菜洼	3566	46.4	—	—	—	商业贸易	城中村
吕庄	赵油、郭庄、梁楼、吕庄	586	7.6	梁楼、吕庄	1450	20.3	商业贸易	中心村
任集	任集、小李、杜堂、王堂、罗张、小詹、张梁、马庄	3446	44.8	任集、杜堂、马庄、王堂	4350	60.9	商业贸易	中心村
白桥	白桥、马庄、顾庄	1117	14.5	白桥、马庄	1900	26.6	商业贸易	中心村
田楼	田楼、谢庄、王庄、周庄	617	8	田楼	550	7.7	高效农业	基层村
胡店	胡店、王瓦房、田庄、李庄、吕庄、柴沟	2490	32.5	胡店、吕庄	1290	18.1	高效农业	基层村
郭楼	郭楼、楼田、路口、李寨楼、小郭庄、胡庄	2543	33.1	郭楼、路口	1250	17.5	高效农业	基层村
柿黄	柿黄、王庄	1655	21.5	柿黄	600	8.4	高效农业	基层村

续表

行政村名称	现状			规划				
	自然村名称	人口（人）	建设用地规模（公顷）	布点村庄	人口（人）	规划用地规模（公顷）	主导产业	村庄建设类型
贾庄	贾庄、张心庄、陈窑、大李、王牦牛	2433	31.6	贾庄、陈窑、王牦牛	2300	32.2	高效农业	基层村
明台	明台、大刘、张关、马李、宋楼、杨庄	3071	40	明台、大刘、杨庄	2100	29.4	高效农业	基层村
魏庄	魏庄、高庄	1582	20.6	魏庄	700	9.8	高效农业	基层村
齐大	齐大、张庄、毕庄、张桥	2512	32.7	齐大、毕庄	2000	28.0	养殖业	基层村
郭草	郭草	1224	15.9	郭草	550	7.7	养殖业	基层村
李楼	李楼、后李楼、牛双庙	1716	22.3	李楼、牛双庙	1550	21.7	养殖业	基层村
中杨	中杨堂、前杨堂、后杨堂、彭庄、吕楼	1408	18.3	中杨堂、前杨堂	1350	18.9	养殖业	基层村
刘庙	刘庙	740	9.6	刘庙	700	9.8	高效农业	基层村

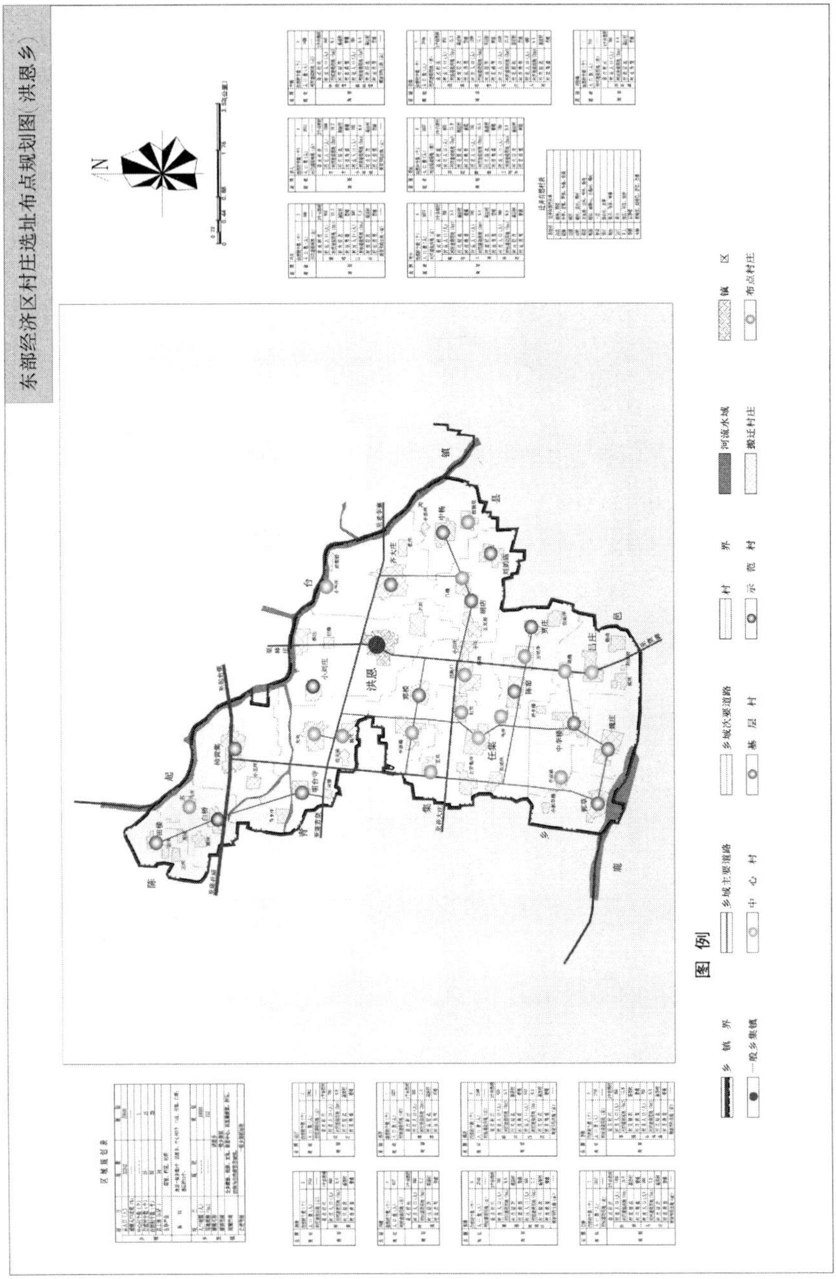

图 9.9 洪恩乡村庄选址布点规划

5.马集乡村庄选址布点规划

该乡现辖23个行政村,83个自然村,总人口3.4万人。规划确定了马庄、程庄、小张3个中心村、19个基层村,1个城中村。22个中心村和基层村规划了41个自然村,规划拟迁并42个自然村。预测2020年乡域总人口2.9万人。具体详见村庄选址布点统计表9.12及图9.10。

表9.12　马集乡村庄选址布点统计表

行政村名称	现状			规划				
	自然村名称	人口(人)	建设用地规模(公顷)	布点村庄	人口(人)	规划用地规模(公顷)	主导产业	村庄建设类型
马集	马集	1445	18.8	—	—	—	商业贸易	城中村
马楼	马楼、侯庄	1980	25.7	马楼	2230	31.2	商业贸易	中心村
程庄	程庄、杨集、杨六楼、西杨	1811	23.5	程庄、杨六楼	2050	28.7	木材加工业	中心村
高八寨	高八寨、高庄、张庄	937	12.2	高八寨	800	11.2	木材加工业	基层村
谢楼	谢楼、许湾、余庄、程店	1736	22.6	谢楼、程店、许湾	1700	23.8	高效农业	基层村
闫新	闫新、闫老庄、裴庄、何庄	1157	15	闫新、何庄	1000	14.0	高效农业	基层村
闫庙	闫庙、闫斗庄	1066	13.9	闫斗庄	950	13.3	高效农业	基层村
吴庄	吴庄、陈半天、汪楼、前刘楼	2404	31.3	汪楼、吴庄、陈半天	2200	30.8	养殖业	基层村
曹楼	曹楼、后刘庄、崔庄、河坡	2175	28.3	曹楼、后刘庄	1850	25.9	农产品加工业	基层村
马老家	马小庄、潘庄	926	12	马小庄	800	11.2	农产品加工业	基层村
陈新	陈新、汪庄、九庄	1627	21.2	陈新、汪庄	1300	18.2	农产品加工业	基层村

续表

行政村名称	现状			规划				
	自然村名称	人口（人）	建设用地规模（公顷）	布点村庄	人口（人）	规划用地规模（公顷）	主导产业	村庄建设类型
东寺	东寺、西寺、纠庙、郑庄	1522	19.8	东寺、纠庙、郑庄	1500	21.0	农产品加工业	基层村
林楼	林楼、赵楼、吉庄、部庄	2922	38	林楼、赵楼、吉庄	2300	32.2	养殖业	基层村
侯庄	侯庄、戚堂	779	10.1	侯庄	650	9.1	养殖业	基层村
曹吴	曹吴、戚庄、王庄、孔王庄	1647	21.4	曹吴、孔王庄	1330	18.6	养殖业	基层村
李楼	李楼、陈庄、冯油坊、冯庄、贾庙	1518	19.7	李楼、陈庄、冯油坊	1500	21.0	养殖业	基层村
红旗	高楼、康庄、张岗、红旗、冯堂	1548	20.1	高楼、康庄	1300	18.1	养殖业	基层村
杨庄	杨庄、聂庄、李庄、王庄、潘胡同	1454	18.9	杨庄、聂庄	1290	18.1	高效农业	基层村
索堌堆	索堌堆、高庄、李庄	1170	15.2	索堌堆	950	13.3	高效农业	基层村
小张	大张、小张、张梁、白腊园、刘庄、小马庄	1619	21	张梁、小马庄	2000	28.0	高效农业	中心村
马申楼	马申楼、马菜园	971	12.6	马申楼	800	11.2	高效农业	基层村
寨门张	寨门张、东杨	668	8.7	寨门张	650	9.1	高效农业	基层村
史楼	史楼、罗堂、范堂、杜楼、豆楼	2401	31.2	史楼、罗堂	1950	27.3	高效农业	基层村

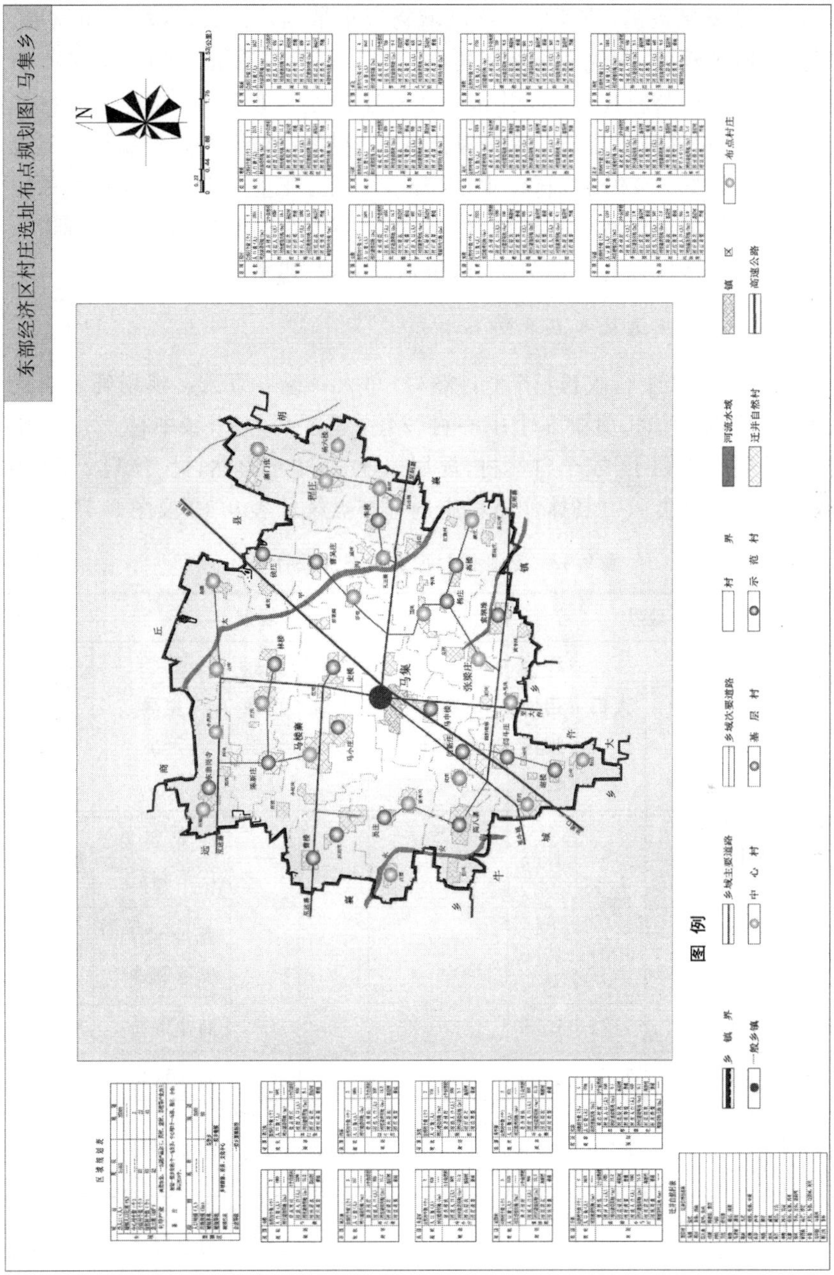

图 9.10　马集乡村庄选址布点规划

9.4.5 西北经济区村庄选址布点

重点建设慈圣镇，使其成为该区域物资集散地，带动该区域乡镇发展。做好伯岗撤乡建镇，加快其小城镇建设。引导企业在慈圣工业园和S214沿线集聚发展。调整村庄布局，引导迁并村庄向小城镇迁移，提升中心村职能，搞好中心村的规划建设。完成基层村村容村貌整治，严格控制村庄建设用地规模。做好S214沿线村庄规划建设，协调好工业企业与村庄之间的空间关系。保护河流沿线生态环境，加强省道沿线绿化建设，构建生态廊道。

西北部经济区以慈圣镇为中心，包括远襄镇、惠济乡、伯岗镇。

1. 慈圣镇村庄选址布点规划

该镇现辖33个行政村，75个自然村，总人口5.0万人。规划确定了虎陈、大韩、雷屯、丁刘、前梁5个中心村、24个基层村，4个城中村。29个中心村和基层村规划了44个自然村，规划拟迁并31个自然村。预测2020年镇域总人口5.3万人。具体详见村庄选址布点统计表9.13及图9.11。

表9.13 慈圣镇村庄选址布点统计表

行政村名称	现状			规划				
	自然村名称	人口（人）	建设用地规模（公顷）	布点村庄	人口（人）	规划用地规模（公顷）	主导产业	村庄建设类型
东村	东村	1194	15.5	—	—	—	商业贸易、皮革制造	城中村
南村	南村	1201	15.6	—	—	—	商业贸易、皮革制造	城中村
西村	西村	1174	15.3	—	—	—	商业贸易	城中村
北村	北村	1587	20.6	—	—	—	商业贸易	城中村
虎陈	虎陈、新虎陈	2276	29.6	虎陈、新虎陈	2500	35.0	商业贸易	中心村
大韩	大韩、小韩、周屯	1644	21.4	大韩	1900	26.6	商业贸易	中心村

续表

行政村名称	现状			规划				
	自然村名称	人口（人）	建设用地规模（公顷）	布点村庄	人口（人）	规划用地规模（公顷）	主导产业	村庄建设类型
雷屯	雷屯	2791	36.3	雷屯	3000	42.0	农副产品加工业	中心村
孔庄	孔庄、付庄	1514	19.7	孔庄、付庄	1000	14.0	木材加工业	基层村
君臣	君臣、虎陈寨外	1741	22.6	君臣、虎陈寨外	1000	14.0	农副产品加工业	基层村
陈杨	陈杨、陈楼、王丁庄、冯庄、姚庄	1850	24.1	陈杨、冯庄、姚庄	1500	21.0	农副产品加工业	基层村
丁刘	丁刘集、门楼、门王楼、王陈庄、付庄、丁庄、袁庄、前刘庄、武楼	2292	29.8	门王楼、丁刘集、武楼	2500	35.0	高效农业	中心村
前梁	前梁	1443	18.8	前梁	1700	23.8	高效农业	中心村
后梁	后梁、魏庄	1218	15.8	后梁	650	9.1	高效农业	基层村
毛楼	毛楼、尹菜园、郝庄	973	12.6	毛楼	550	7.7	高效农业	基层村
宋屯	宋屯、曹庄、栗庄	3007	39.1	宋屯、栗庄	1500	21.0	高效农业	基层村
谢关	谢关、张庄、杨庄、魏楼、辛庄	1501	19.5	谢关、张庄	1000	14.0	高效农业	基层村
白庄	白庄、李庄	1637	21.3	白庄	850	11.9	木材加工业	基层村
楚庄	楚庄、杨庄	944	12.3	楚庄	550	7.7	木材加工业	基层村

续表

行政村名称	现状			规划				
	自然村名称	人口（人）	建设用地规模（公顷）	布点村庄	人口（人）	规划用地规模（公顷）	主导产业	村庄建设类型
孟庄	孟庄、魏庄、尤庄	1306	17	孟庄	700	9.8	木材加工业	基层村
李滩	李滩	1156	15	李滩	700	9.8	木材加工业	基层村
康屯	康屯、杨庄	1482	19.3	康屯	750	10.5	高效农业	基层村
刘桥	刘桥、邓庄	1281	16.7	刘桥	700	9.8	高效农业	基层村
塔坡	塔坡、后刘桥	1190	15.5	塔坡	550	7.7	高效农业	基层村
张楼	张楼、崔庄	999	13	张楼	550	7.7	高效农业	基层村
户楼	户楼、杨庄	1193	15.5	户楼	700	9.8	高效农业	基层村
刘庄	刘庄	1181	15.4	刘庄	750	10.5	高效农业	基层村
桑口	桑口、邱庄	2435	31.7	桑口、邱庄	1400	19.6	农副产品加工业	基层村
苏楼	苏楼、吴岗	1589	20.7	苏楼、吴岗	1000	14.0	农副产品加工业	基层村
张桥	张桥、韩香鲁、吉庄、火庄	3364	43.7	吉庄、张桥、韩香鲁	2300	32.2	养殖业	基层村
后台	后台、四所楼、前台、李庄、孙庄	2441	31.7	后台、四所楼、李庄	1700	23.8	养殖业	基层村
朱寨	朱寨	—	—	朱寨	500	7.0	养殖业	基层村
陈庄	陈庄	922	—	陈庄	500	7.0	农副产品加工业	基层村
肖庄	肖庄	691	9	肖庄	500	7.0	养殖业	基层村

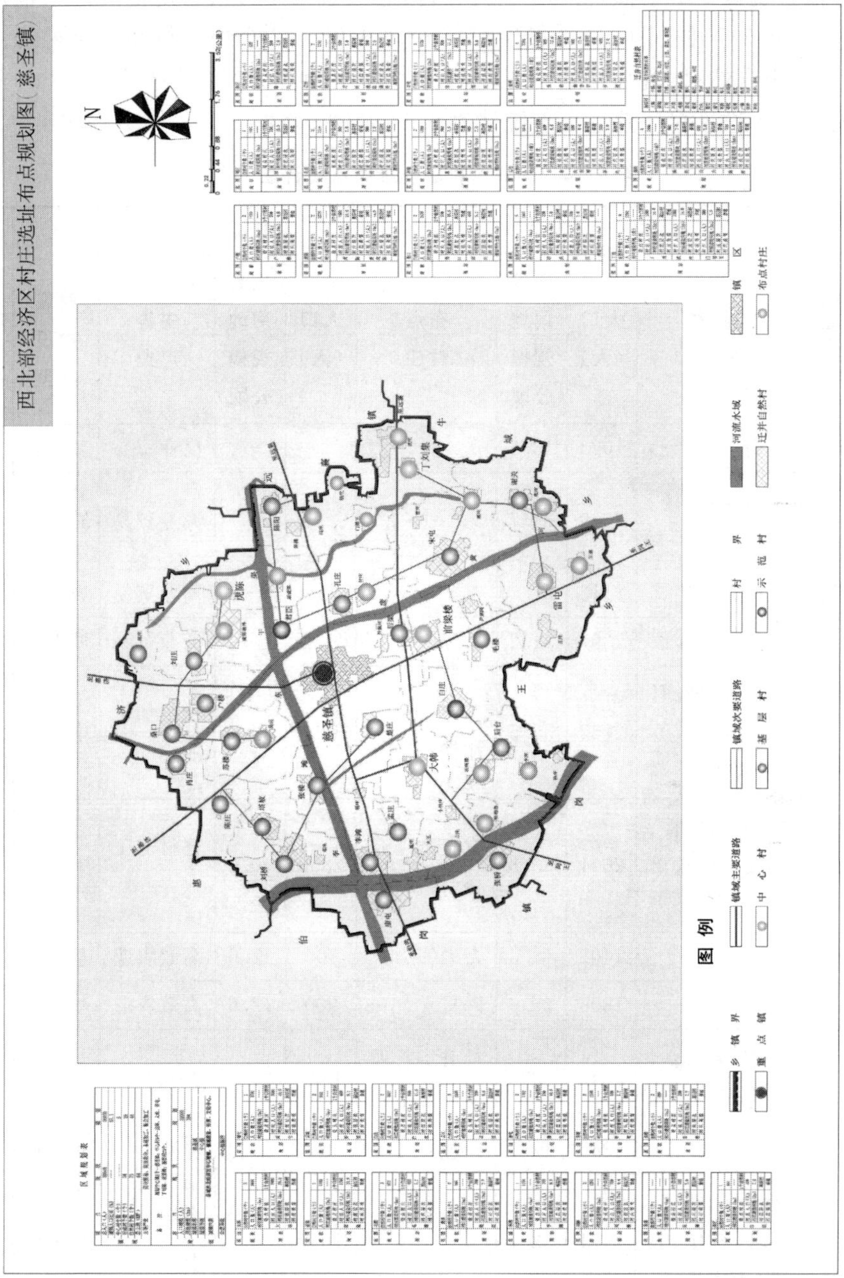

图 9.11　慈圣镇村庄选址布点规划

2. 远襄镇村庄选址布点规划

该镇现辖26个行政村，74个自然村，总人口4.1万人。规划确定了范庄、常胡同2个中心村、20个基层村，4个城中村。22个中心村和基层村规划了33个自然村，规划拟迁并41个自然村。预测2020年镇域总人口3.9万人。具体详见村庄选址布点统计表9.14及图9.12。

表9.14　远襄镇村庄选址布点统计表

行政村名称	现状			规划				
	自然村名称	人口（人）	建设用地规模（公顷）	布点村庄	人口（人）	规划用地规模（公顷）	主导产业	村庄建设类型
西街	西街	1023	13.3	—	—	—	商业贸易	城中村
东街	东街、小马楼、邢庄	2669	34.7	—	—	—	商业贸易	城中村
南街	南街、沈庄	2113	27.5	—	—	—	商业贸易	城中村
北街	北街	2397	31.2	—	—	—	商业贸易	城中村
范庄	范庄、汴楼、马庄、杨庄、苏庄、曹庄	2732	35.5	苏庄、范庄、汴楼、马庄	3000	42.0	皮革加工业	中心村
常胡同	常胡同、赵楼、杨楼、李庄、梁庄、高庄	2601	33.8	常胡同、赵楼、杨楼	2850	40.0	建材加工业	中心村
余老家	余老家	1408	18.3	余老家	900	12.6	高效农业	基层村
陈楼	陈楼、王庄	1353	17.6	陈楼	900	12.6	高效农业	基层村
杜庄	杜庄、老君堂、小李庄	2540	33	杜庄、老君堂	1800	25.2	养殖业	基层村
司洼	司洼	1349	17.5	司洼	950	13.3	养殖业	基层村
元兵马	元兵马、郭庄、苏庄、陈庄、王庄、李庄	2471	32.1	元兵马、郭庄	1650	23.1	面粉加工业	基层村
马张桥	马张桥、赵庄	1432	18.6	马张桥	900	12.6	养殖业	基层村

续表

行政村名称	现状			规划				
	自然村名称	人口（人）	建设用地规模（公顷）	布点村庄	人口（人）	规划用地规模（公顷）	主导产业	村庄建设类型
余双楼	余双楼、李千木	877	11.4	余双楼	650	9.1	养殖业	基层村
王双庙	王双庙、小黄楼、陈庄	1187	15.4	王双庙	800	11.2	高效农业	基层村
权庄	权庄、东圣路口、西圣路口、杨园、许刘	2540	33	权庄、杨园	1650	23.1	高效农业	基层村
陆庄	陆庄、董田庄	713	9.3	陆庄	500	7	高效农业	基层村
大张旗	大张旗、小大张旗、陈堂	2464	32	大张旗	2000	28.0	皮革加工业	基层村
余花	余花	968	12.6	余花	650	9.1	建材加工业	基层村
王候	王候、北董庄、高庄、苏庄、刘庄	1824	23.7	王候、北董庄	1400	19.6	高效农业	基层村
老官张	老官张	1122	14.6	老官张	720	10.0	面粉加工	基层村
任庄	任庙、陈少楼、李斗吾	1417	18.4	任庙、李斗吾	1000	14.0	高效农业	基层村
庞堂	庞堂、耿庄、裴庄	996	12.9	庞堂	500	7.0	高效农业	基层村
董庄	董庄	1564	20.3	董庄	1050	12.0	养殖业	基层村
邓庄	邓庄、周庄、杨庄	1729	22.5	杨庄、周庄	1200	16.8	养殖业	基层村
大张	大张	—	—	大张	500	7.0	养殖业	基层村
苇子园	苇子园	—	—	苇子园	500	7.0	养殖业	基层村

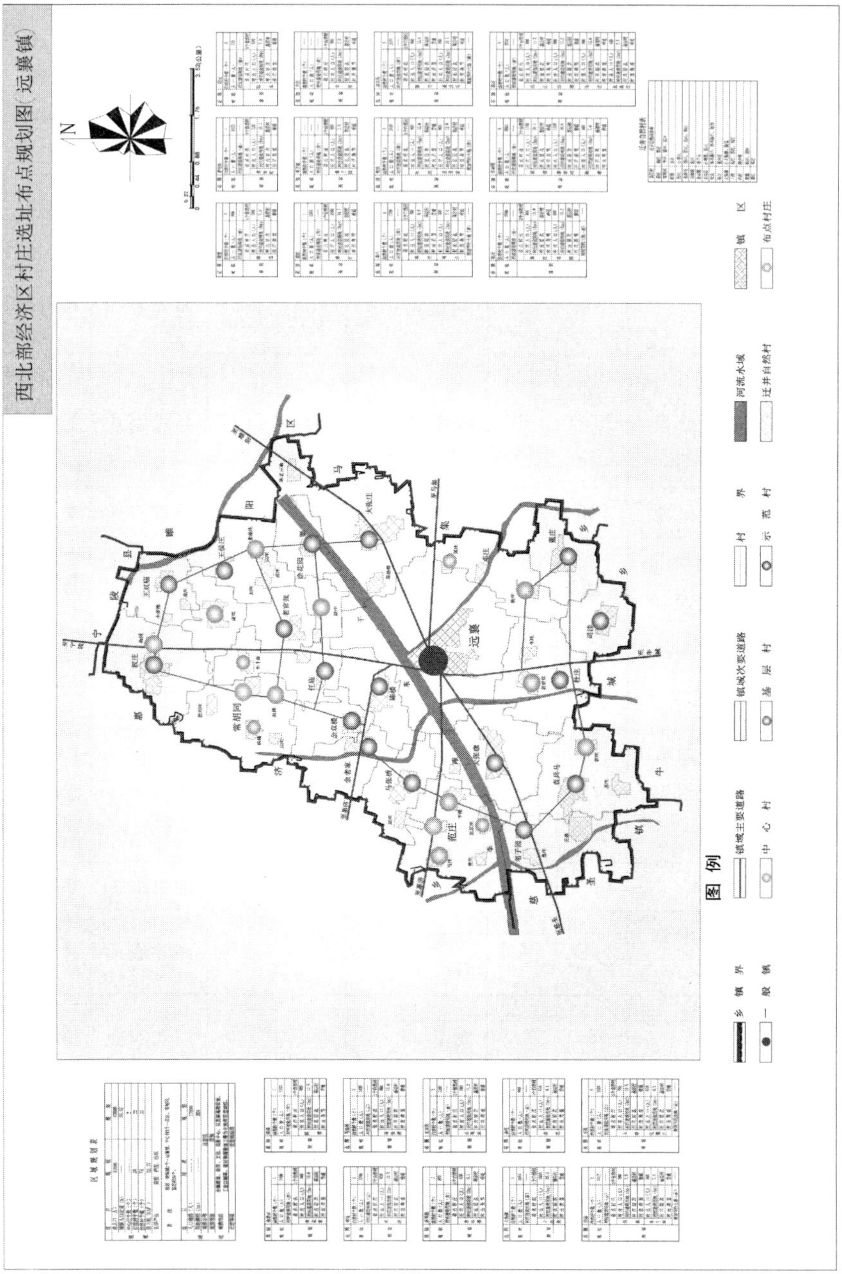

图 9.12 远襄镇村庄选址布点规划

3. 伯岗镇村庄选址布点规划

该镇现辖28个行政村，79个自然村，总人口4.8万人。规划确定了李显武、刘双安、大贺、牛洼、董楼5个中心村、20个基层村，3个城中村。25个中心村和基层村规划了44个自然村，规划拟迁并35个自然村。预测2020年镇域总人口5.3万人。具体详见村庄选址布点统计表9.15及图9.13。

表9.15　伯岗镇村庄选址布点统计表

行政村名称	现状			规划				
	自然村名称	人口（人）	建设用地规模（公顷）	布点村庄	人口（人）	规划用地规模（公顷）	主导产业	村庄建设类型
伯东	伯东	1598	20.8	—	—	—	综合服务业	城中村
伯西	伯西、赵营	2100	27.3	—	—	—	商业贸易	城中村
北张	北张	1171	15.2	—	—	—	商业贸易	城中村
李显武	李显武、李村庄、杨庄、蒋庄	1859	24.2	李显武、蒋庄	2200	30.8	商业贸易	中心村
刘双安	刘双安	2726	35.4	刘双安	3000	42.0	农产品加工业	中心村
王寨	王寨	999	13	李寨	900	12.6	高效农业	基层村
许王	许王、豆庄	1050	13.7	许王	950	13.3	高效农业	基层村
郭徐杨	郭徐杨、弦庄	730	9.5	弦庄	700	9.8	高效农业	基层村
郭庄	郭庄、东郭庄、乔庄、倪庄、崔庄、袁庄、宗杨庄、高庄	1935	25.2	郭庄、倪庄	1900	26.6	农产品加工业	基层村
翟桥	翟桥、洼庄、大十李、信庄	2985	38.8	翟桥、洼庄、大十李	2800	39.2	农产品加工业	基层村
吕楼	吕楼、郭岗、赵庄、大贺、小贺	1803	23.4	吕楼、赵庄	1700	23.8	农产品加工业	基层村
丁庄	丁庄、王楼、白口、洼王	2274	29.6	白口、丁庄、洼王	2150	30.1	农产品加工业	基层村

续表

行政村名称	现状			规划				
	自然村名称	人口（人）	建设用地规模（公顷）	布点村庄	人口（人）	规划用地规模（公顷）	主导产业	村庄建设类型
牛洼	牛洼、刘夫久、乔庄	1170	15.2	牛洼、刘夫久	1500	21.0	高效农业	中心村
郭楼	郭楼	690	9	郭楼	600	8.4	高效农业	基层村
聂庄	聂庄、倪楼、申楼	1233	16	聂庄、倪楼	1150	16.1	高效农业	基层村
梁庄	梁庄、郭庄、高庄户、陈庄、小王楼	2138	27.8	梁庄、高庄户	2050	28.7	高效农业	基层村
王大庄	王大庄、孔庄、翟庄、中张庄、李楼	2809	36.5	王大庄、李楼、孔庄	2650	37.1	高效农业	基层村
何仪傧	何仪傧、宁楼、宁庄、黄庄、王庄	2738	35.6	何仪傧、宁庄、王庄	2500	35.0	高效农业	基层村
张关	张关、杨楼	942	12.2	张关	900	12.6	高效农业	基层村
董楼	董楼、李老家、王老庄	1683	21.9	董楼、李老家	2000	28.0	高效农业	中心村
李自美	李自美	822	10.7	李自美	800	11.2	高效农业	基层村
曹楼	曹楼、余庄、北王	2259	29.4	曹楼、北王	2150	30.1	高效农业	基层村
孔庙	孔庙、王新庄	1030	13.4	孔庙	950	13.3	高效农业	基层村
七里岗	七里岗	2047	26.6	七里岗	1950	27.3	养殖业	基层村
尚庄	尚庄	336	4.4	尚庄	500	7.0	高效农业	基层村
邓屯	邓屯	569	7.4	邓屯	500	7.0	高效农业	基层村
王楼寨	王楼寨	576	7.5	王楼寨	500	7.0	高效农业	基层村
大贺	贺岗、贺寨、韩庄、杨尧、张宁、大贺、贺楼	3620	47.1	杨尧、张宁、大贺、贺楼	4000	56.0	养殖业	中心村

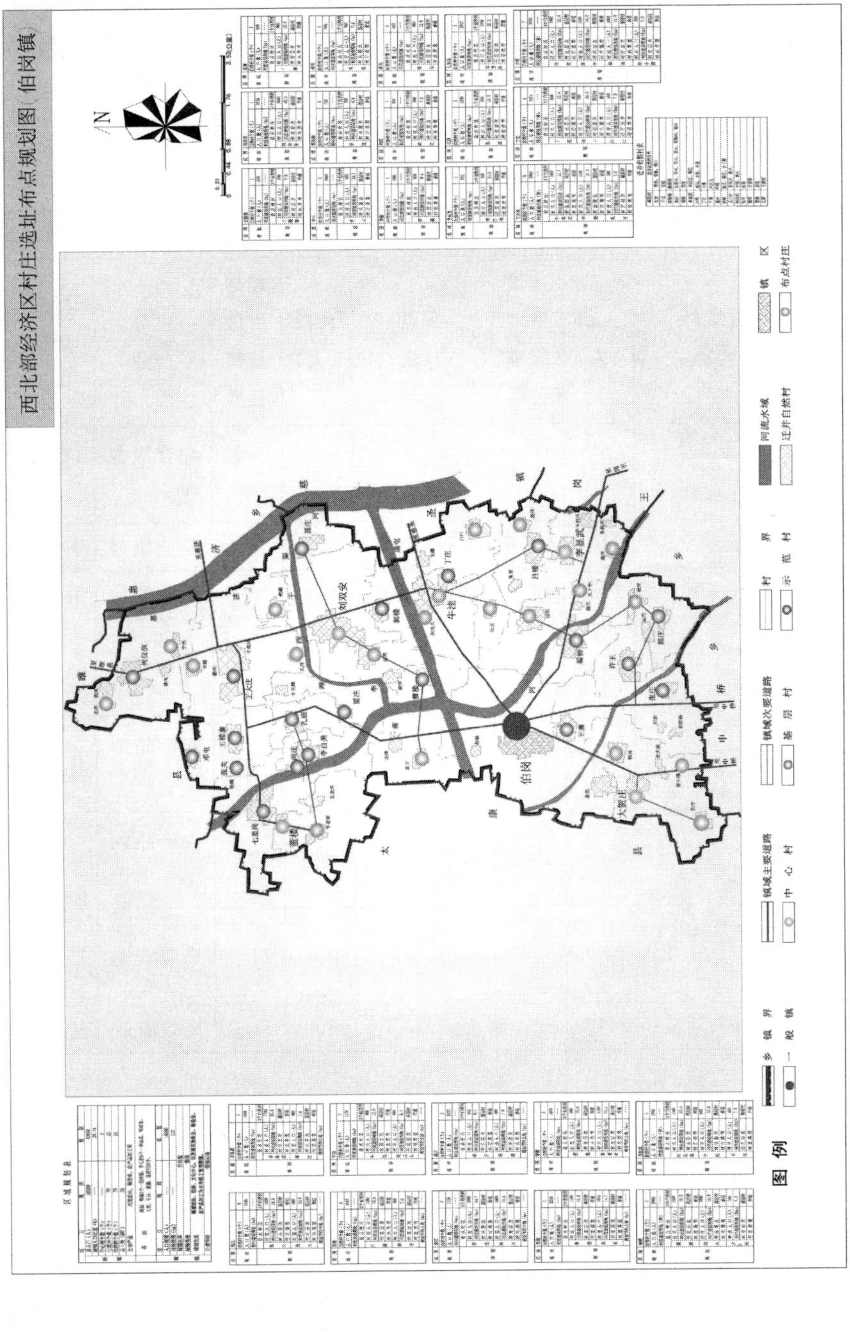

图 9.13　伯岗镇村庄选址布点规划

4. 惠济乡村庄选址布点规划

该乡现辖28个行政村，75个自然村，总人口4.6万人。规划确定了洪庙、尚寨、刘屯、窦楼4个中心村、23个基层村，1个城中村。27个中心村和基层村规划了45个自然村，规划拟迁并30个自然村。预测2020年乡域总人口4.0万人。具体详见村庄选址布点统计表9.16及图9.14。

表9.16 惠济乡村庄选址布点统计表

行政村名称	现状			规划				
	自然村名称	人口（人）	建设用地规模（公顷）	布点村庄	人口（人）	规划用地规模（公顷）	主导产业	村庄建设类型
小吴	小吴	2356	30.6	—	—	—	综合服务业	城中村
洪庙	洪庙	2135	27.8	洪庙	2350	32.0	商业贸易	中心村
尚寨	褚楼、尚寨	1750	22.8	褚楼、尚寨	2000	28.0	商业贸易	中心村
刘屯	刘屯、王庄、马庄	3058	39.8	刘屯、王庄、马庄	3300	46.2	商业贸易	中心村
何庄	何庄	1058	13.8	何庄	900	12.6	农产品加工业	基层村
赵庄	赵庄	808	10.5	赵庄	700	9.8	农产品加工业	基层村
朱桥	崔庄、新庄、朱桥	1000	12.7	朱桥、新庄	1000	14.0	高效农业	基层村
王菜园	王菜园、刘庄	946	12.3	王菜园	800	11.2	高效农业	基层村
双庙	王庄、双庙、常庄、姜吴庄、常菜园	1913	24.9	双庙、常庄	1350	18.9	高效农业	基层村
贾堂	孙楼、贾堂、楚庄、李庄、韩桥	1880	24.4	孙楼、贾堂、韩桥	1550	21.7	高效农业	基层村
金桥	金桥	1374	17.9	金桥	1200	16.8	高效农业	基层村

续表

行政村名称	现状			规划				
	自然村名称	人口（人）	建设用地规模（公顷）	布点村庄	人口（人）	规划用地规模（公顷）	主导产业	村庄建设类型
朱庄	前贾、后贾、朱庄、贾王、吉刘	1937	25.2	前贾、朱庄	1500	21.0	高效农业	基层村
代口	代口	2170	28.2	代口	1950	27.3	养殖业	基层村
李屯	东楼、李屯、杜屯	2257	29.3	李屯、杜屯	1900	26.6	养殖业	基层村
丁王口	丁王口	826	10.7	丁王口	700	9.8	养殖业	基层村
陈楼	陈楼、杨寨、胡庄、付庄、刘屯、庞楼、宋楼	2369	30.8	陈楼、杨寨、宋楼	1900	26.6	养殖业	基层村
魏堂	郑庄、赵庄、李千、魏堂、高王庄、伊庄、侯店	3446	44.8	郑庄、魏堂、侯店、赵庄	2700	37.8	养殖业	基层村
周店	周店	1384	18	周店	1050	14.7	高效农业	基层村
仿宋	仿宋	1498	19.5	仿宋	1300	18.2	高效农业	基层村
荣堂	黄堂、刘楼、荣堂	1153	15	黄堂、荣堂	1000	14.0	高效农业	基层村
王元庄	周楼、王胡、罗庄、王元庄	2050	26.7	王胡、王元庄	1800	25.2	养殖业	基层村
胡庄	胡庄	1020	13.3	胡庄	850	11.9	养殖业	基层村
单楼	单楼	1294	16.8	单楼	1100	15.4	制造业	基层村
安庄	二尚寨、安庄	629	8.2	安庄	500	7.0	农副产品加工业	基层村
任庄	任庄	928	12.1	任庄	750	10.5	高效农业	基层村
西吴楼	西吴楼	550	7.2	西吴楼	500	7.0	高效农业	基层村
东吴楼	小余、东吴楼	761	9.9	东吴楼	500	7.0	高效农业	基层村
窦楼	林堂、宋庄、冯庄、张庄、马园庄、窦楼	3333	41.8	林堂、冯庄、窦楼	3600	50.4	高效农业	中心村

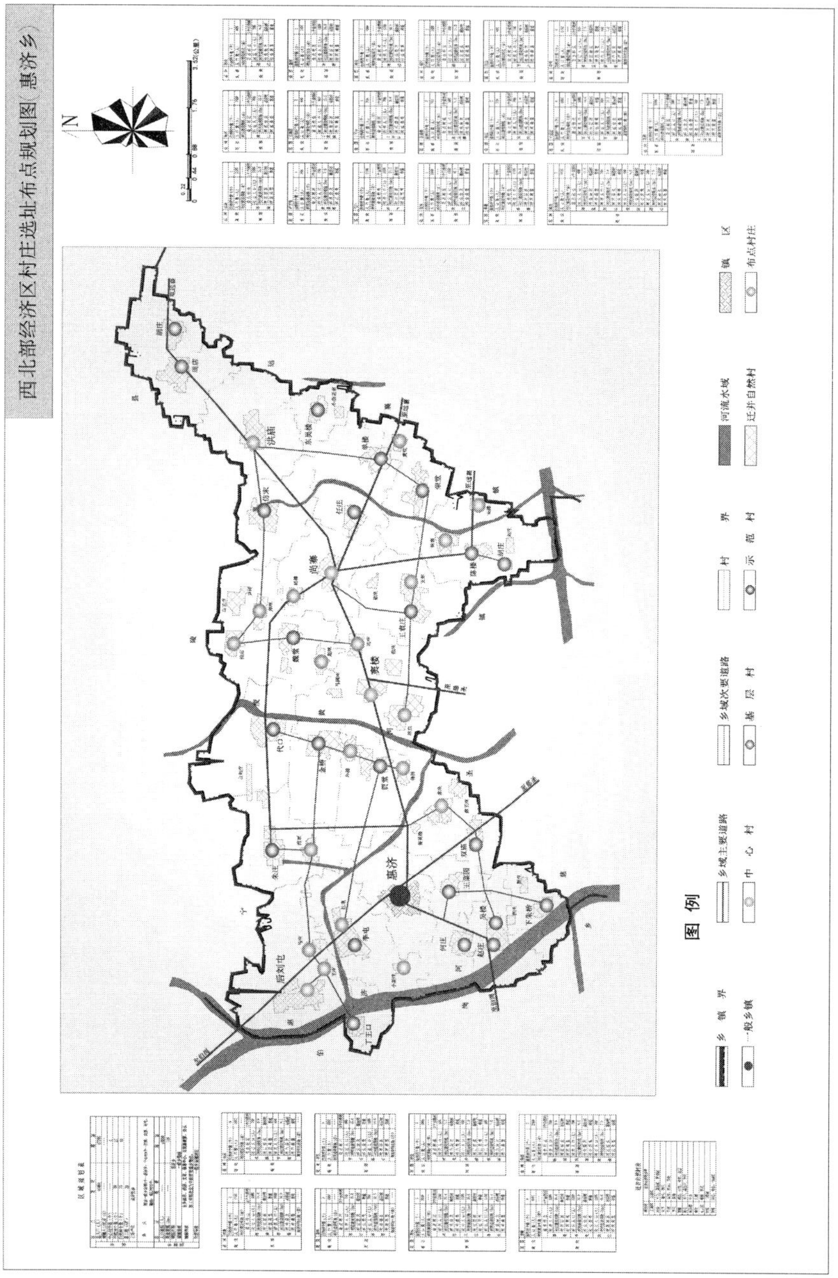

图 9.14 惠济乡村庄选址布点规划

9.4.6　西南经济区村庄选址布点

重点建设安平镇区和李原镇区，使其成为柘城县甚至是商丘市西南门户城镇，增强与周口市的联系。进一步完善安平工业园区建设，引导乡镇企业向工业园集聚发展，培育支柱产业。调整村庄布局，引导迁并村庄向小城镇迁移，提升中心村职能，搞好中心村的规划建设。完成基层村村容村貌整治，严格控制村庄建设用地规模。保护涡河等河流沿线生态环境，加强商周高速和豫S26线沿线绿化建设，构建生态廊道。

1. 安平镇村庄选址布点规划

该镇现辖32个行政村，143个自然村，总人口6.4万人。规划确定了张炳、梁堂、李庄、河东4个中心村、27个基层村，1个城中村。31个中心村和基层村规划了60个自然村，规划拟撤销83个自然村。预测2020年镇域总人口6.7万人。具体详见村庄选址布点统计表9.17及图9.15。

表9.17　安平镇村庄选址布点统计表

行政村名称	现状			规划				
	自然村名称	人口（人）	建设用地规模（公顷）	布点村庄	人口（人）	规划用地规模（公顷）	主导产业	村庄建设类型
安平	西王庄、东周、王小楼、安平	5286	68.7	—	—	—	商业贸易	城中村
张炳	张炳、三包寺、韩庄、张桥、黄庄、施庄、史洼	2226	28.9	张桥、黄庄、史洼	2480	34.7	食品加工业	中心村
梁堂	前梁堂、梁堂、党楼	1656	21.5	梁堂	1900	26.6	面粉加工业	中心村
李庄	李庄、后张庄、刘阁、前冯、后冯	2017	26.2	李庄、前冯、后张庄	2400	33.6	制造业	中心村
河东	河西、河东、曹庄	905	11.8	河东	1300	18.2	木材加工业	中心村

续表

行政村名称	现状			规划				
	自然村名称	人口（人）	建设用地规模（公顷）	布点村庄	人口（人）	规划用地规模（公顷）	主导产业	村庄建设类型
刘屯	刘屯、后刘屯、赵庄	730	9.5	刘屯	500	7.0	—	基层村
史老八	大吕、史老八、后毛、前毛、张山楼、吴庄	2163	28.1	史老八、张山楼	1500	21.0	食品加工业	基层村
花庄	刘迫庄、刘楼、花庄、秦庄	1664	21.6	刘迫庄、刘楼	1000	14.0	—	基层村
崔桥	崔桥、前圪针园、后圪针园、董卜庄、何楼	1093	14.2	前圪针园	600	8.4	—	基层村
罗庄	董店、罗庄、赵庄、魏庄、高庄	1247	16.2	罗庄、魏庄	1000	14.0	高效农业	基层村
赵油坊	赵油坊、王庄、小吕史、三关庙	1969	25.6	王庄、三关庙	1300	18.2	高效农业	基层村
蔡洼	赵油、蔡洼、后王楼、前王楼、陈集、何庄	2166	28.2	蔡洼、后王楼	1470	20.6	面粉加工业	基层村
后岗	后岗、陈庄、前岗	2461	32	后岗、陈庄	1760	24.6	木材加工业	基层村
西李楼	河里湾、前李楼、后李楼、张孟吕、侯庄、王庄	2248	29.2	后李楼、侯庄	1400	19.6	木材加工业	基层村

续表

行政村名称	现状			规划				
	自然村名称	人口（人）	建设用地规模（公顷）	布点村庄	人口（人）	规划用地规模（公顷）	主导产业	村庄建设类型
大毛	老关李、任庄、史庄、大毛、前沙王、后沙王	2881	37.5	老关李、任庄、大毛、前沙王	2340	32.8	高效农业	基层村
东李楼	东李楼、五门、张楼	2096	27.2	东李楼、五门	1400	19.6	棉花加工业	基层村
后王	丁庄、杨庄、后王	1412	18.4	后王	960	13.4	制造业	基层村
前王	前王、中王	1398	18.2	前王	950	13.3	养殖业	基层村
宋庄	贾庄、代小楼、孟庄、谢桥、宋庄	1671	21.7	贾庄、宋庄	1400	19.6	养殖业	基层村
靳阁	宋庄、侯庄、康庄、李卖药、沈庄	2071	26.9	宋庄、侯庄	1370	19.2	柳编	基层村
后郑	吕庄、小毛、毛楼、前郑、后郑、岗叉楼	2155	28	前郑、岗叉楼	1450	20.3	柳编	基层村
大史	杨庄、古庄、小古庄、大史	2546	33.1	小古庄、大史	1750	24.5	面粉加工业	基层村
王营	王营	1107	14.4	王营	700	9.8	木材加工业	基层村
冯庄	冯庄、张庄、古庄、李楼、杨寨	2495	32.4	冯庄、古庄	1600	22.4	高效农业	基层村
刘洼	刘洼、曹胡同、西刘洼、高庄	2571	33.4	刘洼、曹胡同	1600	22.4	—	基层村

续表

行政村名称	现状			规划				
	自然村名称	人口（人）	建设用地规模（公顷）	布点村庄	人口（人）	规划用地规模（公顷）	主导产业	村庄建设类型
周堂	周堂、朱庄、盆刘庄、五里庄、翟庄	2302	29.9	周堂、五里庄、翟庄	1920	26.9	养殖业	基层村
古楼	尚庄、古楼、韩庄、大周	1435	18.7	尚庄、大周	1200	16.8	高效农业	基层村
于庄	于庄、王棉庄、高庄	1969	25.6	于庄、王棉庄	1400	19.6	木材加工业	基层村
杨庄	黄庄、杨庄、胡周庄、郭屯、张楼	1811	23.5	杨庄、郭屯	1600	22.4	制造业	基层村
小张	娄庄、张桥、小张、杨楼、大张	1859	24.2	小张、杨楼	1200	16.8	柳编	基层村
张店	大史、小史、张店、邹瓦房、邹楼、赵庄、荣楼	2111	27.4	张店、邹楼	1400	19.6	加工业	基层村
张庄	张庄、李庄、杨庄、代刘庄	1628	21.2	张庄、代刘庄	1300	18.2	高效农业	基层村

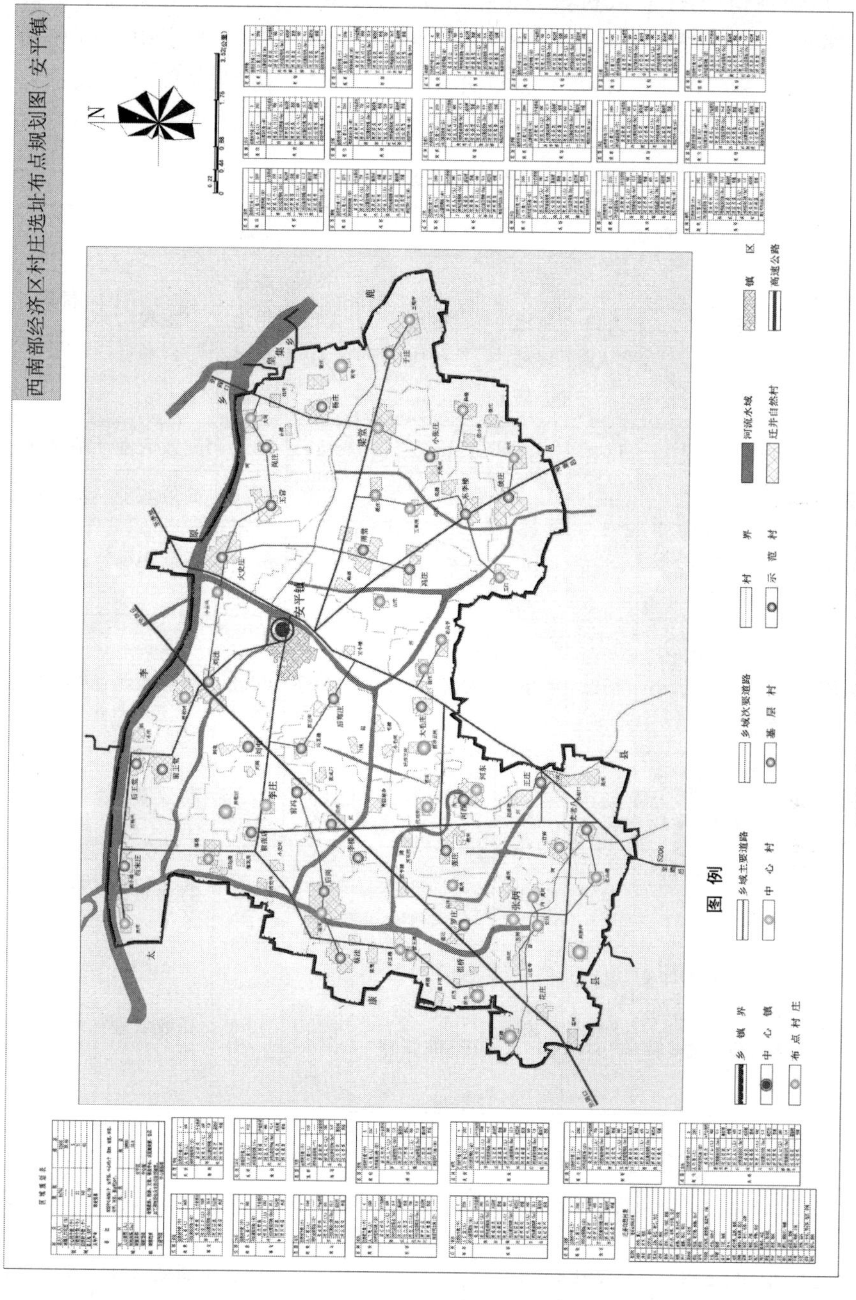

图 9.15　安平镇村庄选址布点规划

2. 李原镇村庄选址布点规划

该镇现辖20个行政村，79个自然村，总人口4.5万人。规划确定了大陈、郑寨、刘菜园3个中心村、15个基层村，2个城中村。18个中心村和基层村规划了37个自然村，规划拟迁并42个自然村。预测2020年镇域总人口4.1万人。具体详见村庄选址布点统计表9.18及图9.16。

表9.18 李原镇村庄选址布点统计表

行政村名称	现状			规划				
	自然村名称	人口（人）	建设用地规模（公顷）	布点村庄	人口（人）	规划用地规模（公顷）	主导产业	村庄建设类型
方庄	方庄、高庄	1146	14.9	方庄	950	13.3	高效农业	基层村
侯楼	侯楼	992	12.9	侯楼	820	11.5	高效农业	基层村
尹庄	尹庄、谢庄、白集、董庄	2463	32	白集、董庄	2010	28.1	高效农业	基层村
大陈	大陈、牛楼、小王、大王、小陈、焦庄	1922	25	大陈、大王	2200	30.8	商业贸易	中心村
柳庄	柳庄、张庄、刘楼、袁庄、李庄	1810	23.5	袁庄	1600	22.4	高效农业	基层村
后营	张广庄、后营、前营	2451	31.9	—	—	—	商业贸易	城中村
赵楼	赵楼、常宋庄、前汪庄、后汪庄、前张楼、后张楼	3003	39	赵楼、后汪庄、前张楼	2500	35.0	高效农业	基层村
阎口	阎口、刘百苍	2476	32.2	阎口、刘百苍	2050	28.7	高效农业	基层村
王富园	申楼、张窑、王瑞园、王巩庄、拍子湖	1701	22.1	拍子湖、申楼	1400	19.6	高效农业	基层村

续表

行政村名称	现状			规划				
	自然村名称	人口（人）	建设用地规模（公顷）	布点村庄	人口（人）	规划用地规模（公顷）	主导产业	村庄建设类型
大胡庄	大胡庄	1889	24.6	大胡庄	1650	23.1	林果业	基层村
朱刘	姚楼、周庄、朱刘	1820	23.7	姚楼、朱刘	1600	22.4	林果业	基层村
李原	李原	3061	39.8	—	—	—	商业贸易	城中村
郑寨	郑寨、刘庄、朱庄	1725	22.4	郑寨	1980	27.7	商业贸易	中心村
丁口集	丁口集、丁小庄、丁楼、前郑	2527	32.9	丁口集、丁小庄、前郑	1900	26.6	养殖业	基层村
位桥	魏桥、王大公	2418	31.4	魏桥、王大公	2100	29.4	养殖业	基层村
苏庄	苏庄、李楼、小李庄	2571	33.4	苏庄、李楼、小李庄	2060	28.8	养殖业	基层村
鲁庄	鲁庄	1100	14.3	鲁庄	950	13.3	养殖业	基层村
前彭	前彭、后彭、小朱庄、白阁、申楼、张庄、王庄	1765	22.9	前彭、张庄	1450	20.3	养殖业	基层村
刘菜园	刘菜园、杨响庄、刘碗庄、张龙海、李万斗、王李庄、大于庄	2799	36.4	刘菜园、杨响庄、刘碗庄	3500	49.0	林果业	中心村
庙东	时东、四所楼、张庄、桥头、双小庙、染坊、李彦庄、后小庄、皇窑、前楼、大余庙、东杨寨	4003	52	张庄、李彦庄、庙东、前楼、东杨寨	3450	48..3	养殖业	基层村

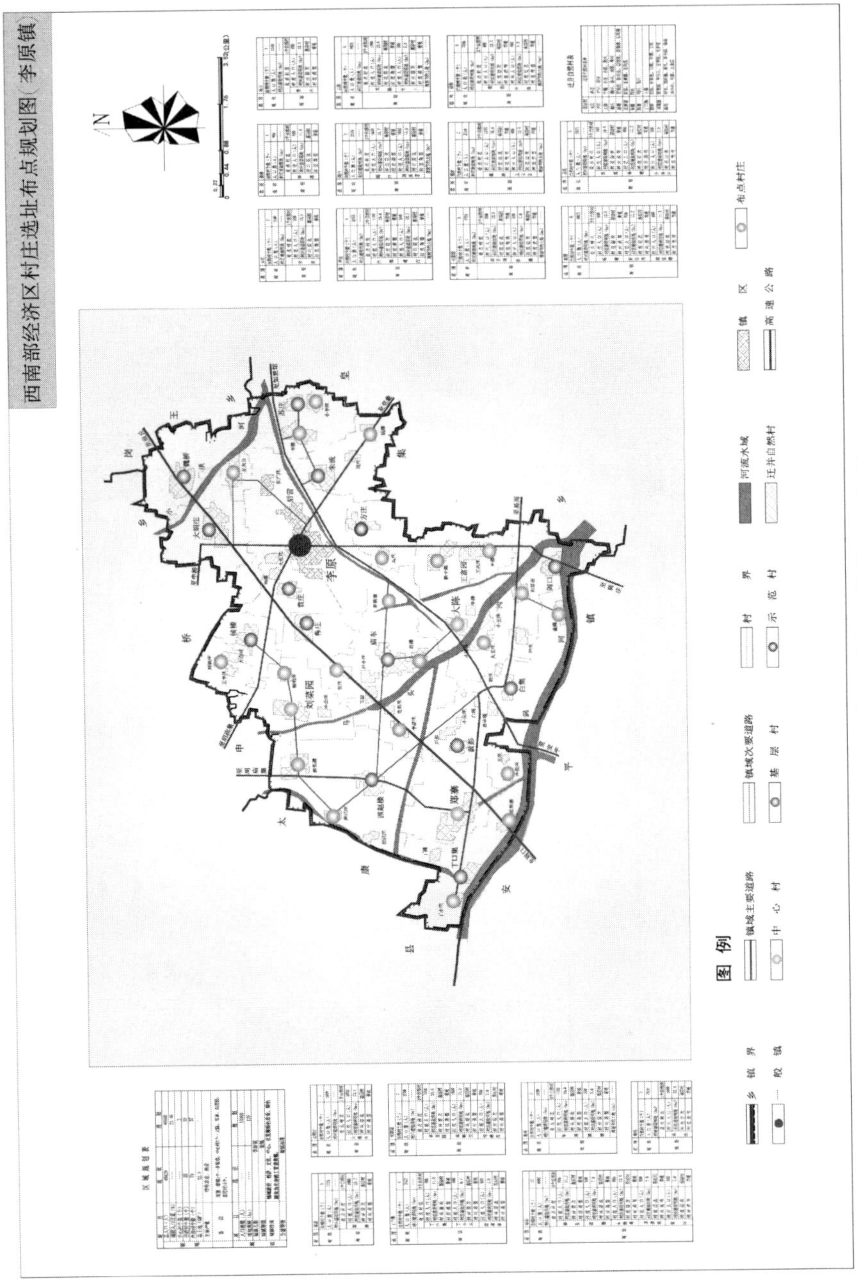

图 9.16 李原镇村庄选址布点规划

3. 申桥乡村庄选址布点规划

该乡现辖21个行政村，72个自然村，总人口4.9万人。规划确定了胡庙、梁集2个中心村、18个基层村，1个城中村。20个中心村和基层村规划了50个自然村，规划拟迁并22个自然村。预测2020年乡域总人口4.2万人。具体详见村庄选址布点统计表9.19及图9.17。

表9.19　申桥乡村庄选址布点统计表

行政村名称	现状			规划				
	自然村名称	人口（人）	建设用地规模（公顷）	布点村庄	人口（人）	规划用地规模（公顷）	主导产业	村庄建设类型
舒庄	朱楼、王庄、孙庄、舒庄	2264	29.4	—	—	—	商业贸易	城中村
胡庙	黑庄、胡庙、李楼、胡庄、宋庄、大张庄	4274	55.6	黑庄、胡庙、大张庄、李楼	4500	63.0	林果业、农产品加工业	中心村
梁集	梁集、梁小	3051	39.7	梁集、梁小	3250	45.5	养殖业、农副产品加工业	中心村
中祖庄	前祖、中祖、王楼、王小奇、后祖	2157	28	中祖、王楼、后祖	1850	25.9	高效农业	基层村
申桥	屈庄、申桥、史庄、刘春楼、李楼、张庄、孟庄	2567	33.4	申桥、史庄、李楼	2250	31.5	商业贸易、食品加工、酿造	基层村
高庄	高庄、贾庄、前屯、后屯、杨庄	3160	41.1	贾庄、前屯、后屯	2550	35.7	高效农业	基层村
小周	三关庙、小周、毛岗、大奏、罗庄	3539	46	三关庙、毛岗、大奏	2560	35.8	高效农业、食品加工业	基层村
刘楼	姬庄、大王、刘楼、小王、朱庄	2308	30	姬庄、大王、朱庄	1900	26.6	养殖业	基层村

续表

行政村名称	现状			规划				
	自然村名称	人口（人）	建设用地规模（公顷）	布点村庄	人口（人）	规划用地规模（公顷）	主导产业	村庄建设类型
大吉	前小吉、后小吉、楼院吉、后大吉	1445	18.8	楼院吉、后大吉	1300	18.2	养殖业	基层村
黑里寺	黑里寺、小秦	1413	18.4	黑里寺、小秦	1300	18.2	林果业	基层村
后李	前李、后李	1390	18.1	前李、后李	1200	16.8	林果业	基层村
小赵	大赵、小赵、乔店	1609	20.9	大赵、小赵	1400	19.6	林果业	基层村
吕堂	吕堂	1119	14.5	吕堂	1000	14.0	林果业	基层村
孟庄	孟庄	1439	18.7	孟庄	1250	17.5	林果业	基层村
王苞	邢庄、王苞	1487	19.3	邢庄、王苞	1200	16.8	养殖业	基层村
翟洼	孙堂、祖庄、翟洼	1997	26	孙堂、翟洼、祖庄	1750	24.5	高效农业	基层村
袁东	胡楼、苏庄、后袁楼	2066	26.9	胡楼、苏庄、后袁楼	1800	25.2	高效农业	基层村
袁西	前袁楼、后袁楼、吕庄、李庄、张庄	2457	32	后袁楼、张庄	2000	28.0	高效农业	基层村
西魏	李庄、孙庄、李天于、西魏、店子集、陈庄、李知庙、王庄	3303	43	李天于、西魏、李知庙	2700	37.8	高效农业	基层村
孙庙	孙庙、柳园、韩庄	3043	39.6	孙庙、柳园、韩庄	2480	34.7	养殖业	基层村
安庙	孟庄、安庙、卢夏庄、赵楼、水牛张、田桥	3381	44	安庙、赵楼、水牛张	2750	38.5	林果业	基层村

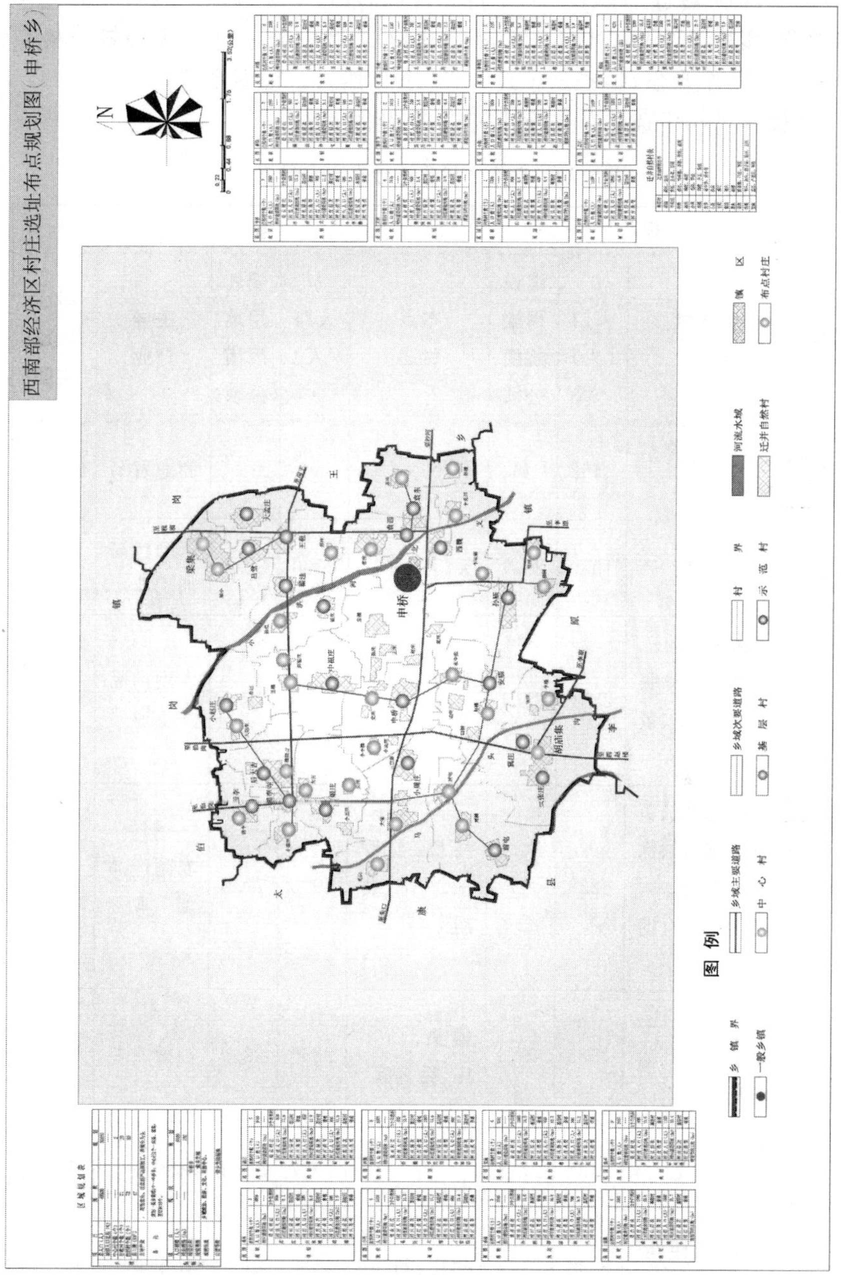

图 9.17　申桥乡村庄选址布点规划

4. 皇集乡村庄选址布点规划

该乡现辖14个行政村，53个自然村，总人口3.7万人。规划确定了天门、如意、崔庄3个中心村、10个基层村，1个城中村。13个中心村和基层村规划了27个自然村，规划拟迁并26个自然村。规划乡域总人口3.1万人。具体详见村庄选址布点统计表9.20及图9.18。

表9.20 皇集乡村庄选址布点统计表

行政村名称	现状			规划				
	自然村名称	人口（人）	建设用地规模（公顷）	布点村庄	人口（人）	规划用地规模（公顷）	主导产业	村庄建设类型
皇集	前皇集、后皇集	3462	45	—	—	—	商业贸易	城中村
天门	天门、汪庄	1930	25.1	天门、汪庄	2300	32.2	农副产品加工业	中心村
如意	张文采、刘庄、后李、菜园张庄、李甘庄、董庄、小牛庄	2854	37.1	张文采、后李	3000	42.0	农副产品加工业	中心村
崔庄	崔庄、孟庄、黄小楼、黄阁、徐滩、吴桥、闫楼、小吴桥、前罗李、马陈	5228	68	吴桥、前罗李、马陈、黄阁	5500	77.0	农副产品加工业	中心村
杨集	杨集、杨小庄、刘庄、骆炉、后老家	3585	46.6	杨集、杨小庄、后老家	2350	32.9	高效农业	基层村
王克仁	王克仁、翟庄、张龙庄	2138	27.8	王克仁、张龙庄	1600	22.4	林果业	基层村
胡庄	胡庄、尚楼、段庄、杜窑	2444	31.8	胡庄、刘庄	1550	21.7	林果业	基层村

续表

行政村名称	现状			规划				
	自然村名称	人口（人）	建设用地规模（公顷）	布点村庄	人口（人）	规划用地规模（公顷）	主导产业	村庄建设类型
张集	东张集、西张集、皇庄	2459	32	西张集、皇庄	1600	22.4	林果业	基层村
易周	易周、各庄	1901	24.7	易周	1300	18.2	养殖业	基层村
后罗李	后罗李、刘楼、郭庄、曾庄	2873	37.3	后罗李、刘楼、郭庄	2350	32.9	养殖业	基层村
军胡寨	军胡寨、吴盘庄	2666	34.7	军胡寨、吴盘庄	1600	22.4	养殖业	基层村
孔楼寨	孔楼、陈集、袁庄	1792	23.3	孔楼	1250	17.5	高效农业	基层村
中王村	后王、中王、前王、李桥、赵庄	2705	35.2	中王、赵庄	1780	24.9	高效农业	基层村
李庄	李庄	2100	—	李庄	1300	18.2	高效农业	基层村

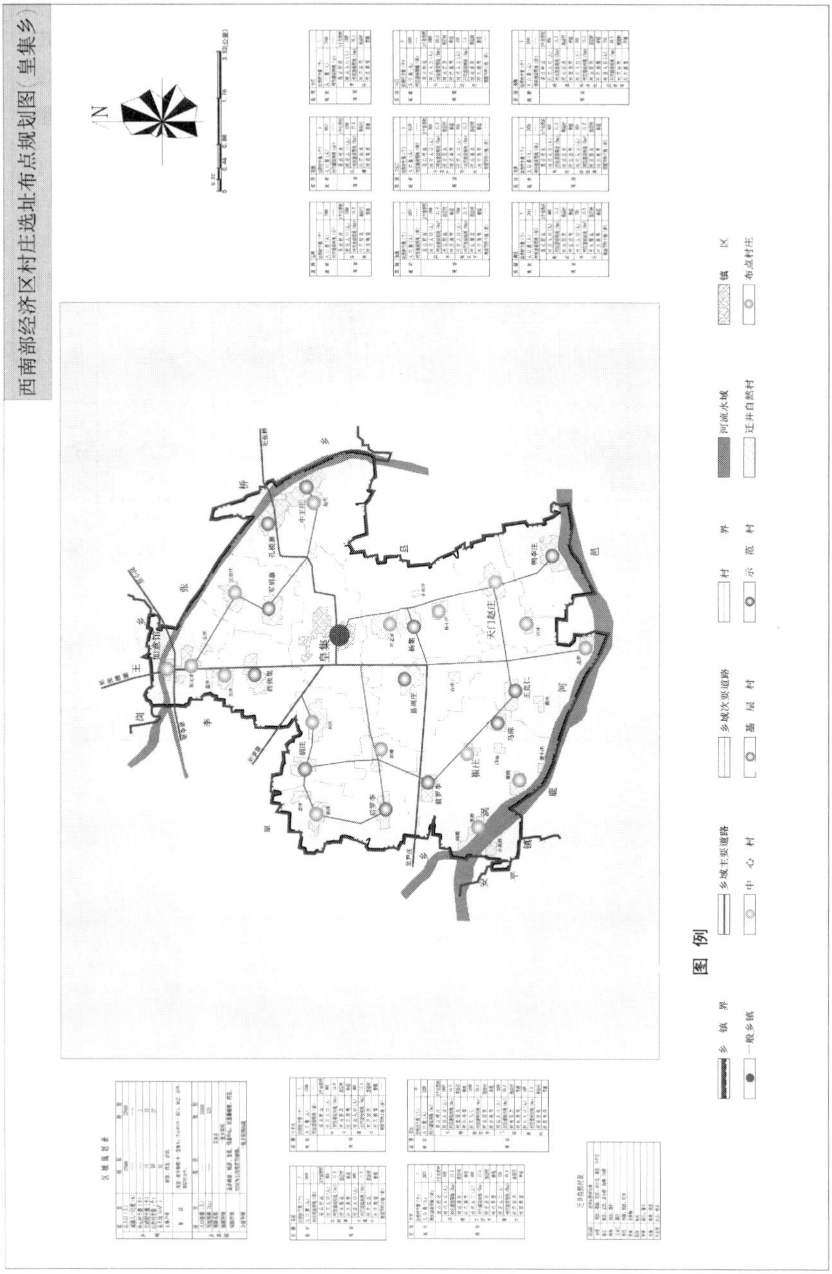

图 9.18 皇集乡村庄选址布点规划

9.5 村庄经济产业分类引导

根据各乡镇资源和产业现状，为了更好地指导产业布局的城乡一体化规划，特针对各村庄的不同情况，对县域范围内的村庄提出几种比较适合的产业发展模式，用于指导村庄的经济建设，并提出产业引导建议。

9.5.1 工业型村庄

所谓工业型，就是以发展乡村工业为导向，推进农村经济由农业主导型向工业型转变，增强工业对农业的拉动力。农村工业化是壮大农村经济总量的关键，是促进农业产业结构调整、加快农业现代化进程的推进器，也是推进农村城镇化的支撑点。以工业经济实力为基础，整合农村的土地、人力等资源，实现共同发展。这是一个逐步扩大经营规模，发展农村经济的过程，也是一个增加农民收入、促进平衡发展的过程。主要存在于经济发达乡镇，表现为县城工业辐射下的“以工促农、以城带乡”大趋势。此类村庄有一个共同的特点：工业基础较好，二产对经济的贡献率远高于其他产业。但根据其发展阶段，又可分为三个不同阶段，即工业化初级阶段、产业相对集中阶段、集群发展阶段。

工业化初级段村庄由于工业刚刚起步，提供就业岗位较少，对农业劳动人口转移带动不大。

产业相对集中阶段村庄，工业经过一定时间的发展，初步形成了一定的规模，同类型工业有了一定的积聚，初步形成了规模效益，此类村庄能提供一定数量的就业岗位，对农业人口的转移发挥了一定的作用。

集群发展阶段村庄，工业的发展阶段日趋成熟，主导产业形成，同时主导产业能够很好地带动上下游产业的发展，形成一个较为完备的产业链。该类村庄对农业人口的转移作用巨大，不仅能解决本村村民的务工问题，还能吸引一定的外来人口来此务工。

产业引导：工业型村庄必然经过一个积聚壮大的过程，对于工业型村庄，建议其摒弃现在普遍采用的“村村点火、户户冒烟”的模式，应及时引导工业就近进入县域内的工业园区。另外对工业门类应有所甄别，不再发展科技含量低、能源消耗大、污染严重、附加值低的产业，根据柘城县总体规划的定位，引导企业向工艺传统加工方向发展，注重企业产品的科技含量的提高，促进企业的规模化、集团化。

9.5.2 近郊型村庄

所谓城郊型新农村，也即第三产业服务型新农村，此类村庄有一个共同的特点就是毗邻城镇，是城镇的有机组成部分，为相邻城镇的生产和生活需求提供配套服务。

产业引导：就是按照“依托城镇、服务城镇、致富农民”的发展思路，充分利用城郊乡镇的区位优势、资源优势和产业优势，积极围绕休闲、生态、观光、旅游农业，以及名优农产品进行项目包装，积极开展各类相关招商活动，发展第三产业，增加农民收入。充分利用地处城郊结合部、交通四通八达等区位优势，建设特色农业生产基地，为县城生产配套的蔬菜、花卉、畜禽等副食品类农副产品。

该类村庄的另一个发展思路就是考虑与城镇相接轨，在远期纳入城镇一体发展，形成城镇的一个特定功能组团，进而实现农村人口的就地城市化。

9.5.3 旅游型村庄

该类村庄的共同点是濒临旅游景点，属于旅游目的地，对人流的吸引力较大，虽然景点的门票收入一般归旅游开发公司所有，但是村庄居民仍有着发展旅游服务和旅游购物的空间，且发展前景乐观。

产业引导：此类村庄由于有较好的旅游资源带动，在充分发挥景点的经济效益的同时，还应充分利用农户庭院空间以及周围的鱼塘、树林、菜地等农家资源，增设耕地种菜、现场采摘、任意“点宰”、自选自做等服务项目，让游客吃农家饭、享农家乐，大力发展农家休闲娱乐旅游经济。投资少、收益好、见效快是资源型新农村建设最为显著的特点。全国各地的农庄型新农村建设开发，基本上都是当地农村因地制宜，因势利导，充分利用现有的自然与人文资源，加以开发和利用，也有效带动了“农家乐”经济的迅猛发展。“农家乐”作为中国农村革命与新经济的代表，其发展形态与模式，较为集中地体现了现代经济学中的新观念与先进成分。它的发展，对促进农村旅游、调整产业结构、建设区域经济、加快农业市场化进程产生了良好的经济效益。

9.5.4 商贸型村庄

此类村庄充分利用区位优势和良好的交通条件，大力发展商贸和第三产业，形成区域内的农产品或其他产品的交易中心，以此形成村庄的经济增长点。

产业引导：商贸性村庄在积极促进地方农产品的对外销售的同时，也被赋予了储存、简单加工和运输区域内农产品的使命，故商贸型村庄在发展第三产业的同时，有一定的农产品粗加工或深加工的空间，以及有着发展交通运输业的契机，使农产品贸易、农产品加工和物流运输三者相辅相成，相得益彰。

9.5.5　传统农业型村庄

农业自身的生物性、变革性和区域性决定了农村农业的多样性。都市农业虽以农业为依托，但其形式、内容和功能独具特色。

1. 产业型农业

如外向型农业综合开发区和各县城的“菜篮子”工程，进行农副产品的批量生产，是重要的农副产品供应基地等。

2. 科技型农业

位于太湖之滨的中新合资苏州未来农林大世界，汇聚国内外先进农业科技，与国际接轨，形成高度密集的农业科技硅谷和农业技术市场。无锡国家级高新技术产业化开发区的现代农园、上海浦东农业开发区孙桥的设施农业都属这种类型。

3. 文化型农业

如位于南方三江汇合处的福州海峡旅游农业园，凭借秀丽的风光、对台交流的区位优势及清凉禅寺的人文景观，又在果林观光区、农业示范区毗邻的会议度假区建有科技馆、文化官、沙滩动植物园，各景点彼此呼应，知识性强，科技含量高。

4. 示范型农业

如沿沪宁高速公路苏、锡、常、镇、宁各大中城市连片的“江南现代农业示范带”已陆续分段实施。淮安市的农业示范区的规模也十分宏伟壮观。

该类村庄的产业结构中，一产占据绝对比重，村民人均耕地较之其他类型的村庄较多，约 0.8 亩/人以上。农作物以玉米和小麦为主导，间或种些油料作物。由于目前国内耕地分配是兼顾公平原则，而非耕作效率最合适原则，故单纯靠提高单产对这类村庄的经济收入提高不大。故村民农闲时多以外出务工来增加收入，但是由于缺乏组织和技术，故多存在工作不稳定和收入水平较低的状况。

产业引导:传统农业型村庄的一种发展模式就是发挥特有的生态优势,开发利用生态资源,发展生态经济,以生态型农业为重点,逐步推进农业产业化进程的农村发展道路。随着农村经济发展步伐加快,农村生态能源建设越来越引起人们关注,成为关系到农业发展的重要因素。生态环境建设的最终目的,是从根本上为人民创造良好的生存空间和发展空间,保障人民生活质量长久可持续的提高。

首先就是改变传统经营模式,采用公司加农户的模式,选择合适的项目,形成一定的积聚效应,发展经济附加值较高的养殖业或经济作物种植。

其次是发展农民专业合作社,即农民自己办社,自主经营,减少中间环节,把流通利润归于农民。这种模式比公司加农户的模式更进一步,但要注意的是选择项目时要以市场调研为依据。

5.养殖型村庄

所谓养殖型,即为该类村庄在传统农业发展的基础上,充分利用自身的优势,近水源地、近饲料原产地或地域广阔等,大力发展养殖业,并对村庄经济的发展起到了较大的作用,但是由于此类村庄中养殖业多为单兵作战,未能形成集群规模,故对市场需求不敏感,同时对抗市场能力不足,不能有效规避市场上的价格风险,发展欠乐观,应注重对其的合理引导。

产业引导:养殖型村庄对居民散养的状态应加以合理引导,把养殖户组织成社,或采用合作养殖的模式(公司+养殖户),但是要做到养殖品种的甄别,从而共同抵抗市场价格的冲击。

6.综合型村庄

所谓综合型村庄,也即该类村庄在经济类型上具备以上两种或两种以上的村庄特征,经济结构具有非单一性,但是同时又有着主导产业不突出,产业之间相互冲突比较大,有时甚至是相互制约的现象,急需对其进行整合。

产业引导:综合型村庄应对村内的产业加以区分,确定出主导产业和辅助产业,确保二者为同一产业链条上互为犄角的部分,使两者发展能够相辅相成,不能为了短期利益,造成经济结构欠合理的弊病。

7.共生型村庄

该类村庄经济类型有别于前面所说范畴,是把两个或以上村庄作为一个整体来看待,这类村庄充分发挥互补优势,合理利用自身优势,协同发展。此种经济类型是较为合理的模式,应该在本次规划中加以推广。

此类村庄具有都市农业的特点,都市农业是与目前的农村农业相对而言的，虽都具有生物性、区域性和季节性等农业共性，但与农村农业相比，都市农业具有以下几个明显的特点。

(1)区位特点

都市农业的发展空间位于都市市区、市郊和交通要道的两侧，一般地价较高，交通便捷，离市场近，运距短，人流量较大。

(2)技术特点

都市农业的科技含量高。主要是技术力量较强，劳动者素质较高，基础设施好，品种新，不仅保护地生产面积比例大，而且滴喷灌等新技术普及率高。

(3)景观特点

都市农业的景观要求高，除市区的绿化、美化工程外，市郊和沿线的农业景观也有较高的要求，有的甚至具有观光、休闲和科技实践的功能。

(4)效益特点

都市农业因有区位优势，信息灵，社会反响大，要求经济效益、社会效益、生态效益的协调，因而对稳定都市农产品市场价格、改善环境和提高居民的生活质量都起着重要作用。

(5)农工特点

都市农业有很多农业工业企业。除农用物资与工业的交叉外，还有肉品加工厂、蛋品厂、果品厂、奶制品厂等，成为发达的农业产业链的一环，体现都市农业有较高的工业化程度。

(6)资源特点

都市农业除土地、自然资源外，拥有比农村农业更多的社会资源，享有较多的高新技术、高级人才及市场信息。

(7)投资特点

都市农业的投资来源比较多，有国家"菜篮子"工程的专款投入，有地方市政建设投入，有自筹或合作的投入，还有国内外的厂商投资以及部分产品大客户的预购投入。

(8)经营特点

都市农业经营管理的企业化程度都比较高，一般都建有专业公司，如蔬菜公司、花卉公司、饲料公司、养殖场、农产品加工厂等。

共生型村庄应形成互通机制，合理调整两者之间的比率关系，确保其更有序合理地发展。

10. 重点城镇和地区发展引导

10.1 优先发展县城

10.1.1 功能定位

柘城县处于豫东平原地区，处于商丘市的西南“边陲”，东北、北、西北分别毗邻商丘市的睢阳区、宁陵县、睢县，西、南、东南分别紧靠周口市的太康县、鹿邑县。县城必须充分利用有利条件，加强同周边县城的协作，其职能分析包括以下几个方面。

1. 县域中心职能

柘城县历史悠久，虽经多次行政建制的调整和变更，至今县城所辖地区均得到了一定程度的发展。县政府所在地，作为柘城县的中心，长期以来一直行使柘城县域政治、经济、科教文化和综合信息中心的职能。

2. 支持服务农业职能

柘城是典型的农业县，粮食生产、农业经济作物、畜牧养殖业等有比较好的发展基础，县城必须发挥带动县域经济发展的职能，结合农业产业结构调整，大力发展农产品深加工，增加农业附加值，拉长产业链条。同时，县城还必须发挥在信息、科技和市场方面的优势，积极为农业服务，努力实现由传统农业向现代商品农业转变。

3. 工业职能

当前全县缺乏支柱产业，产业规模比较小，必须依托现有的金刚石微粉、酿酒、食品、医药、机械制造等产业，加大科技投入，向深加工、高技术产品方向发展，培育和发展龙头企业。

工业发展在规划期内建立起以特色农业、农副产品深加工为基础，以金刚石微粉、造纸、医药化工、酿造、食品加工等为主导产业，产业结构合理的工业体系，避免产业单一而导致的社会经济发展的脆弱性。

综合柘城县区位、资源、产业结构等发展前景分析研究，根据柘城县城总体规划拟定柘城县的城市性质为：

全县政治、经济、文化、交通、信息中心，以农副产品深加工、医药化工、机械等轻工业为主导的生态园林城市。

10.1.2　县城人口规模及用地规模

根据柘城县城总体规划预测到2010年县城总人口为16万人，2020年县城总人口将达到27万人。

依据目前县城建设用地情况，县城建设用地规模应坚持“节约土地，少占耕地”的原则，既要满足于城市各类用地发展需要，又要保证用地结构的合理调控，提高土地的使用效率。柘城县城总体规划确定了建设用地规模：近期(2010年)为16.8平方千米，人均建设用地为105平方米/人；远期(2020年)为27.9平方千米，人均建设用地为103平方米/人。

10.1.3　发展引导

目前，县城的实力较弱，要带动县域村镇体系的发展就必须优先发展县城，扩大城市规模，而根据县城用地拓展和空间结构调整的一般规律，县城用地拓展往往伴随着县城内部经济结构和用地功能的急剧变化。因此，今后县城的发展应充分利用县城规划这一有效的引导控制手段，从形成合理的用地结构着眼，以经营县城的新理念，使新区开发和旧城改造，用地功能重组及结构优化相结合，进一步拓展县城框架，推动县城用地扩展和资本的高效营运。

目前，新城向西、向北发展，旧城区以居住区为主，县城西部建设工业园区，沿春水路中段与和平路建设全城的综合主中心，尤其是在近期建设过程中集中财力完成了县城环路、市场体系、工业区建设等。但县城规模偏小，经济基础相对薄弱，县城功能分区不明确，缺乏用地的整体性、建设用地显得松散，生产用地分散分布于老城区、新区，生活用地零散低层次建设，居住区建设不完整、生活服务设施布局不合理，零散住宅建设较多。现状县城的总用地948公顷，县城人均占有土地面积99.7平方米。西有惠济河，县城有余河坡、废黄河两河分隔县城建设用地，地势西高东低，城北北旧湖为最低。因此柘城县城近期发展立足于现有老城区改造，新建城区以近期建设项目“一湖两河”开发为龙头向北、向西紧凑发展。远期城区以向东西发展为主，适当向南北发展。

柘城县城总体规划以突出鲜明县城构架，集中完善的县城功能，创造良好的县城生态环境为目标。规划将县城北部的自然湖区、城中的两河水系等自然融入县城。县城采取集中紧凑的发展布局，县城将形成“一核三心三轴五区”。

一核：以北湖和两条河流组成县城的绿核，位于县城核心位置，不仅有利于形成良好县城景观，而且是县城的绿肺。

三心：春水路与和平路交叉口地区为县城商业服务中心，北环路中段的县城行政中心和文教中心。

三轴：规划确定以春水路、北环路为 综合功能生长轴，结合南北向的和平大街组成十字型县城主轴结构，贯通县城的东西、南北，高效组织县城的主要经济活动。在县城三条发展主轴交汇处和邻近地带布置县城的文化、商贸中心。

五区分别为：

北部行政文化居住区：以“一湖两河”为核心，结合水面绿化布置行政办公、文化、居住用地，构成县城特色风貌区。

南部老城商贸生活居住区：以春水路、中原路中段为县城商业中心，生活居住用地为主。

西部工业区：集中布置县城主要的工业、仓储用地为主，位于河道下游、地势较高交通、电力、排污方便。

东部居住区：该区毗邻核心绿化景观区，环境优美。

北部工业区：集中布置县城主要的工业、仓储用地为主，位于高速公路县城入口处，交通方便。

在县城的建设上，要围绕柘城的水滨特色，突出水在柘城县城建设中的灵魂作用，着力提高文化品位，塑造县城形象，建设水景园林县城，增强县城经济实力，把柘城建设成豫东地区人口规模中等，经济实力居前，发展特色鲜明，适宜创业和居住的现代园林县城，精品县城和生态县城。

10.1.4 建设措施

1.制定人口集聚政策

深化户籍管理制度改革，实行积极的人口迁移政策，放宽县城常住人口的农转非条件，降低农民进城进镇的成本门槛，以固定住所为主要依据申报户口，逐步用准入条件取代进县城和乡镇的计划审批制度。鼓励引进人才，鼓励投资移民，对高级人才和管理人员及具有大专以上学历人员，只要经济社会发展需要，均应积极引进，配偶及子女也可随调、随迁。

鼓励农民进城镇从事非农产业，对在城镇购置住所，并有稳定生活来源的农民（包括配偶、子女），准予农转非，在就业、子女入学等方面与城镇居民一视同仁。

2. 制定产业集聚政策

主动接纳，积极争取大中城市的产业转移，大力发展特色优势产业和农副产品加工业，引导企业向县城集中，广开就业门路，进一步提高县域特色经济的组织化程度。其他投资项目也要进入镇级工业小区，防止分散布局。有关乡镇的企业到县城或重点镇工业小区创办企业，企业的税收可归原所在乡镇，参与体制分成，企业产值、销售、利润和创汇等考核指标纳入原所在乡镇统计。

继续大力发展和提高旅游、商贸、房产、餐饮服务、交通通讯等第三产业，充分保证三产用地，做到旅游、商业、文教、医疗设施和社区管理等三产先导行业的发展规划，与县城建设同步发展，增加城镇集聚力。县属供销、商业、金融等部门的大型商业设施、经营机构以及医院等设施建设一般向县城和重点镇聚集。积极培育社区服务、文化传媒、旅游休闲、中介服务等第三产业，优化第三产业内部结构。

3. 城镇化过程中的生产要素培育

城镇化过程中，城镇原郊区的农村集体用地将转换为城镇用地，当地政府在用地置换过程中，要切实维护原居住地农民的经济收益，使其生活有出路。同时，快速建立并大力发展适合地方经济的职业技能培训，培训对象包括那些郊区“失地”农民和城镇待业人员，为经济发展提供所需的劳动力资源。

4. 重视城镇景观设计

在县城总体规划的指导下，按照国家和省、市有关规定，精心做好旧城改造、重要地段和重要建设项目的详细规划及单体设计。重视城区风貌的规划、设计与建设。对重要街道、重要节点、城市出入口、城市小品、城市设施等重要项目进行高质量、高标准、高水平的设计，建立县城标志性建筑，搞好城区风貌规划设计，创造独具特色的县城景观、面貌、文化等特征，充分体现平原田园型城镇的特色。提高居住区环境设计水平，创造良好的生活、居住空间。

5. 多渠道筹集建设资金

用市场经济的运作方式，拓宽城市建设资金的渠道。建立社会共同投资的多元化的投融资机制和建设模式，做好县城规划建设用地的分等定级和用地评估工作，搞好土地使用权的出让、转让，政府要花大力气控制土地一级市场，逐步形成发育健全的房地产市场，使房地产业成为县城建设、特别是旧城改造的有力后盾。

逐步实行县城区基础设施产业化经营，推行基础设施有偿使用。引进外资、社会资金共同建设县城区基础设施，逐步形成基础设施与城镇协调发展的良性循环机制。在完善基础设施建设的同时，积极招商引资，搞好土地的成片开发和建设，通过制定实施相应的激励政策与法规，鼓励外商对基础设施和重大工程项目投资建设。

10.2 重点培育中心镇的空间结构规划

根据各城镇发展的条件评价，集中建设胡襄、慈圣、安平三个中心镇，以经济发展带动城镇建设，以城镇建设促进经济发展。

10.2.1 胡襄

胡襄镇位于县境东北部，地处商柘交界处。东、北与商丘县交界，南与老王集乡、大许乡接壤，西与马集乡为邻，面积 53 平方公里，辖 29 个行政村，88 个自然村，总人口 4.542 万人，其中镇区人口 1.4763 万人。胡襄镇区北距商丘市区 25 公里，南距县城 15 公里，北临霍连高速公路入口，省道 33 线贯穿南北，自古商贾云集，是豫东主要的农副产品及各类商品交易的集散地，素有“第二拓城”之称。近年来，胡(襄)王(老王集)公路的修通，使胡襄镇与周边县乡公路全部联网，为人们经商、生活带来了方便，四通八达的公路交通为胡襄市场繁荣和经济发展奠定了基础。因此该镇具有良好的区位优势和交通优势。

1.发展引导

今后胡襄的发展应坚持以市场为导向，依托现有产业及资源优势，调整经济结构，以开发商贸、工业为突出点，大力发展第三产业。巩固农业基础地位，调整农业结构，实现规模化产业化经营，加快工业化进程，增加农产品加工业深度，努力发展科技含量高的产业。培育新的工业生长点，大力发展第三产业，培育各类市场，突出商业贸易。在不断推进产业技术进步的基础上，逐步建立以农业、能源业、交通运输业为基础的，以商贸、农副产品深加工、生物工程技术等战略行业为领航的，以粮食加工、建材等主导的相互协调、相互促进、具有整体优势的产业格局。引导产业向镇区集中发展，实现产业集中布局，形成以镇区为核心的组织功能，尽快形成各种不同类型的小区如民营经济区、商贸区、旅游区等，从而实现产业规模化经营。根据现代化城镇标准，确定镇区发展目标为：逐步将胡襄镇建成商业及旅游业高度发展、文化繁荣、具有较高的城镇基础设施和管理水平、生态环境良好、城乡经济协调发展的中州名镇。

适应国家和区域经济社会发展战略，充分发挥区位优势，突出县域边缘区位特征，集中发挥资源优势，创造出具有较强幅射力的新型城镇。调整优化镇区空间布局，加快基础设施建设，把镇区建成柘城县中心镇。镇区建设用地主要发展方向沿豫33线向南北方向发展，其次向西发展至胡芹。

2.镇区布局发展引导

2020年年镇区用地发展规模：2020年的人口规模为3.5万人，镇区规划规模为420公顷。

(1)功能分区引导

本规划以豫33线为界把规划区分为两部分，豫33线以东主要由居住、商业、绿地、教育、公共服务设施等用地组成，豫33线以西主要由工业、市场、绿地、仓库等用地组成。

(2)布局结构引导

规划结构清晰，镇区方位感明确，使镇区具有整体感，突出了镇区形象特征。豫33线以东部分以南门大街及南大街为主轴线，形成两条带状发展轴，沿轴布置商业金融、娱乐、文化、绿地、行政等形成胡襄镇的中心。豫33线以西新区结合南北向主干道布局，形成工业区、市场区、农林种植地等。豫33线为新旧两区发展的主轴线，沿轴线布局工业、市场、居住、绿地等，使镇区主要空间丰富多变。

规划四条东西向主干道以加强新旧区之间的联系，使新区与老区融为一体，协调发展，减少居民交通出行时间。

(3)公共服务设施规划引导

本次规划提高了文化娱乐设施、各类服务业等主要公共设施的比重。

1)行政管理用地：沿原镇政府进行扩展，并结合游园、广场布局。

2)商业金融用地：沿南北、东西、南门大街布局，并形成规模化的商业区。

3)文体科技用地：沿山陕会馆布置图书馆、文化活动中心、科技站、展览馆、敬老院等，提高镇区品位和传统文化特色。豫33线以西结合中心绿地规划娱乐设施用地。

4)医疗保健用地：镇卫生院在原有基础上进行扩建，其他福利保障设施结合卫生院向北扩展。

5)教育机构用地：对现有学校进行用地扩展。

10.2.2 慈圣

慈圣镇位于柘城县西北部，距县城15公里，地处远襄、牛城、岗王、伯岗、惠济结合部，其区位十分优越，镇域内公路交通四通八达，省道S214贯穿境内，交通十分便利。

慈圣镇自然条件和气候条件适宜，土壤肥沃，水利条件较好，为建设高产农业提供了有利条件。慈圣镇生产小麦、玉米、大豆、三樱椒、棉花、油菜等。

因其优越丰富的自然资源和独特的区域地理位置而促进了集贸市场的繁荣，其贸易发展迅速。尤其应利用好其区域皮毛、辣椒、养殖以及反季节蔬菜等优势大力发展贸易市场，发挥其物资集散地作用。根据对其经济前景的分析及交通优势，未来慈圣镇将发展成西北区域的物资集散地，以发展皮毛深加工和三樱椒为主的贸易型中心城镇。

近期以改造旧城区为主，远期根据发展适当向旧城区以外扩展。依据旧城主要向南及西南方向发展。规划期末，2020年人口规模达到3.2万人，城镇区总用地面积控制在3.84平方公里以内。

根据慈圣城镇现状及用地布局特点，城镇布局分为两个组团：东部组团保留了原行政办公用地、老城区的居住用地、中小学，并建设集贸市场、商业街等公共服务设施和公共绿地。西组团布置工业园区、居住用地和仓储用地，并建设集贸市场和商业中心。

(1)公共服务设施用地：保留了镇政府用地和原有的行政办公用地。保留了原有的一所中学和三所小学用地。

(2)商业金融用地：东西两大组团都规划有商业中心及商品交易市场。

10.2.3 安平

安平镇位于柘城县西南部，总面积87平方公里，辖33个行政村，143个自然村，总人口6.4761万人，耕地7417万亩。2006年，农业总产值28666万元，工业总产值717万元，农民人均纯收入2488元。

安平镇西与太康县马厂乡接壤；南与淮阳县四通镇相邻，东与鹿邑县高集乡交界，是柘城县西南部的门户，区位优势明显。交通方便，商周高速，豫S26线横穿全境。对外交通便利，非常有利于安平镇的经济发展及周边区域市场的开发，具有明显的区域交通优势。在产业方面，传统产业比重较大，工业多为简单加工业，产业结构的不合理对今后持续发展的制约逐步显现出来。

今后安平镇的发展应充分利用区域交通和资源条件优势等条件，以农副产品加工业为主，发展多元化、市场型的产业结构。以市场为导向，把发展棉花、大蒜和畜牧业作为农业支柱产业，加强资源优势向经济优势的转化，走高效农业之路，提出了“南抓瓜菜、西抓棉，东部千亩试验田”的种植格局。贯彻执行“工业强镇、民营富镇、招商兴镇”的发展战略，进一步完善工业园区建设，培育支柱产业，发展壮大面粉业、食品加工、木材加工等以农产品加工为主的企业，形成龙头带动作用，从而为安平镇经济的快速发展注入新的生机和活力。大力发展传统商贸业和现代服务业为主体的第三产业，进一步提升区域产业结构层次，扩大区域内外的经济技术交流与合作，在经济发展的基础上，进行城镇建设。

安平镇的发展定位为县域西南部以农业生产为基础，商贸、服务、农产品加工为主导的综合型小城镇。根据对其经济发展前景的分析，安平镇将成为县域西南部的中心镇，县域西南部的门户。规划到2020年镇区人口规模和用地规模将分别达到2.8万人和336公顷。

10.3　工业集聚区

10.3.1　发展定位

空间定位，成为承接东部产业转移的前沿，具有较强竞争力的制造加工业基地，全国最大的金刚石微粉及制品生产加工基地。

发展特色和重点定位，努力培育以金刚石微粉及制品、食品加工业、纺织服装业等为集聚区主导产业，尽快使其成为带动柘城经济发展的主导产业。

功能定位，工业集聚区将建成带动柘城及周边区域产业升级和自主创新的示范基地。

10.3.2　发展优势

1.具有承接东部产业转移的优势

沿海发达省市在产业结构优化升级的同时，成熟产业向内地转移的趋势愈加明显。如服装加工产业，柘城在劳动力、土地资源、水资源、电力等能源方面具有承接东部产业转移的多个优势，这形成了工业集聚区产业发展的有利外部环境。

2. 主导产业具有一定的基础

柘城县已发展成以微粉生产为主、兼有多种金刚石制品生产的全国主要的金刚石微粉及制成品加工基地。2006 年，出口量在全国处于领先位置。

在服装加工产业方面，柘城已引进江苏财通国际服饰有限公司、浙江雨洁化纤有限公司等企业在柘城工业集聚区内投资建厂，已初步形成服装加工集聚区。

在食品加工产业方面，柘城县是全国闻名的三樱椒之乡，围绕三樱椒产业而建的食品加工企业 50 多家。柘城县还是畜牧业生产大县和优质小麦基地。

这些都为柘城工业集聚区产业发展提供了坚实的经济基础和产业支撑。

3. 交通便利且配套建设设施较为完善

产业发展具有的配套设施条件较好。从工业集聚区所处的区域位置来看，交通条件较为优越，商周高速紧邻工业集聚区处设有出入口，以县城为中心，商周、柘鹿等 6 条省道辐射四方，南北通达。水、电、路、环保、电信、金融机构、商业服务设施等配套设施较为齐全。交通便利且配套设施较为完善，有利于开展招商引资，也为工业集聚区产业的长期稳定发展提供了良好的支撑条件。

4. 各级政府积极推动

柘城县委、政府提出了“举全县之力，突破工业集聚区建设”。各级政府的积极推动，必将大大促进集聚区的发展。

10.3.3 发展措施

1. 加快基础设施建设、打造产业发展平台

以产业发展需要合理确定基础设施建设规模，围绕金刚石微粉产业、食品加工产业、服饰加工产业的发展，大力推进道路、电力、供排水、通讯、硬化、绿化等“五通一平”的建设速度，尽快完成工业集聚区的基础设施建设。充分发挥集聚区基础设施联建共享优势，走可持续发展道路，对集聚区内的水、电、气、路、信息、通讯等基础设施统一规划，污水、垃圾等实行集中收集或处理，最大限度地提高集聚区资源的利用率。

2. 实施“开放带动”发展战略，营造产业发展良好环境

在大力引进外资的同时，面向全国，全方位、多层次、多领域开展招商合作，把招商引资作为工业集聚区产业快速发展的主要途径之一。营造良好的投资发展环境，不断完善基础设施建设，制定入驻工业集聚区的各种优惠政策并切实执行，使工业集聚区在招商引资、产业发展环境中形成良好的软硬环境优势。

3. 实施“品牌带动”发展战略，提升产业层次

柘城工业集聚区以制造加工业为主导产业，发展壮大的关键在于产品，要通过实施品牌战略逐步改变集聚区以传统产品、低技术含量产品为主体的结构，发展高技术含量、高附加值的特色产品，带动工业经济效益的显著增长。

4. 实施“科技带动”发展战略，提高产业整体技术水平

努力实施科学带动，使柘城工业集聚区产业发展走科技进步之路，以快速提升集聚区产业的整体技术水平。

5. 实施“集群带动”发展战略，加大产业集中度

集聚区企业规模偏小，企业集聚度不高、缺少大公司大集团的带动，将使产业整体竞争力降低，不具有市场竞争中的主动权，对外依赖强，技术进步困难，持续发展能力差。产业需要实现发展，实现对区域产业的带动，就必须深入实施集群带动的发展战略。

6. 树立“节约带动”发展战略，大力开展节能降耗

在工业集聚区产业的发展中，都要坚持生态工业的发展原则，体现资源节约高效利用。把循环经济的理念“减量化、再利用、资源化”切实融入到工业集聚区建设和产业发展中，做到资源节约和高效利用，废物减排循环，最大限度地减少“三废”排放，最大限度地提高资源环境的配置效率。

10.3.4　工业集聚区布局引导

根据柘城县产业发展特色，结合工业集聚区的空间位置，将整个区域分为三个产业组团：金刚石微粉及制品加工业组团、食品加工业组团、服饰产业组团。

工业集聚区规划总面积为18.92平方公里，其中近期主要依托西部现有工业进行深度开发和用地整合，并构筑北部道路骨架，远期重点完善西部区域。

主要参考文献

[1]鲍寿柏,胡兆量,焦华富等.专业性工矿城市发展模式[M].北京:科学出版社,2000.

[2]刘荣增.城镇密集区发展演化机制与整合[M].北京:经济科学出版社,2003.

[3]王青云.资源型城市经济转型研究[M].北京:中国经济科学出版社,2003.

[4]曾菊新.现代城乡网络化发展模式[M].北京:科学出版社,2001.

[5]柴彦威.城市空间[M].北京:科学出版社,2000.

[6]中国人民大学区域经济研究所.产业布局学原理[M].北京:中国人民大学出版社,1997.

[7]李小建.经济地理学[M].北京:高等教育出版社,1999.

[8]陈修颖.区域空间结构重组——理论与实证研究[M].南京:东南大学出版社,2005.

[9]陆大道.区域发展及其空间结构[M].北京:科学出版社,1995.

[10]牛凤瑞等.西部大开发聚集在城镇[M].北京:社会科学文献出版社,2002.

[11]煤矿城市发展预测与合理布局科研组.煤矿城市规划与建设[M].北京:煤炭工业出版社,1990.

[12]崔功豪,魏清泉,陈宗兴.区域分析与规划[M].北京:高等教育出版社,1999.

[13]齐建珍.资源型城市转型学[M].北京:人民出版社,2004.

[14]杨述河.榆林土地资源利用与评价[M].北京:中国大地出版社,2002.

[15]杨述河,刘彦随.土地资源开发与区域协调发展——基于陕西榆林市典型实证研究[M].北京:中国科学技术出版社,2005.

[16]张京祥.城镇群体空间结合[M].南京:东南大学出版社,2000.

[17]马国霞,甘国辉.区域经济发展空间研究进展[J].地理科学进展,2005,(2):90—97.

[18]赵改栋,赵兰花等.产业——空间结构:区域经济增长的结构因素[J].

财经科学,2002,(2):112－116.

[19]伍贤旭.区域经济空间结构重组与产业结构调整关系研究[J].克山师专学报,2004,(2):8－10.

[20]武联,孟海宁.西部开发与榆林市域城镇体系发展对策[J].西北建筑工程学院学报(自然科学版),2001,(4):17－21.

[21]吴启焰,朱喜钢.城市空间结构研究的回顾与展望[J].地理学与国土研究,2001,(2):46－50.

[22]朱玉明.城市产业结构调整与空间结构演变关联研究——以济南市为例[J].人文地理,2001,(1):84－87.

[23]陆玉麒.江苏沿江地区的空间结构与区域发展[J].地理科学,2000,(3):284－290.

[24]李培祥,李诚固.区域产业结构演变与城市化时序阶段分析[J].经济问题,2003,(1):4－6.

[25]安虎森.区域经济非均衡增长与区域空间二元结构的形成[J].延边大学社会科学学报,1997,(1):63－67.

[26]查志强.区划调整与城市产业布局规划——以杭州市为例[J].现代城市研究,2002,(6):45－52.

[27]宋薇.优化区域空间结构,发展大连北三市经济[J].哈尔滨师范大学自然科学学报,2002,(5):101－107.

[28]李娟.经济增长的区域空间结构趋势和我们的现实选择[J].税务与经济,2002,(1):52－55.

[29]陈修颖.区域空间结构重组理论初探[J].地理与地理信息科学,2003,(3):65－69.

[30]陈修颖.区域空间结构重组:理论基础、动力机制及其实现[J].经济地理,2003,(4):445－450.

[31]张贵,李靖.产业布局与西部开发[J].天津师范大学学报(社会科学版),2001,(1):24－28.

[32]管卫华,赵媛,林振山,管红艳.区域空间结构的调整与协调发展——以江苏省为例[J].人文地理,2003,(12):88－92.

[33]范少言.论陕西城镇发展的空间战略[J].西北建筑工程学院学报(自然科学版),2001,(4):1－4.

[34]李安.榆神矿区小城镇规划初探[J].陕西煤炭技术,1999,(3):49－50.

[35]焦华富,陆林.西方资源型城镇研究的进展[J].自然资源学报,2000,(3):291-296.

[36]张京祥,崔功豪.区域与城市研究领域的拓展——城镇群体空间组合[J].城市规划,1999,(6):37-39.

[37]桑广书.论陕西省城镇体系结构[J].咸阳师专学报,1997,(3):20-24.

[38]陈晓键.新疆昌吉州城镇发展问题探讨[J].干旱区资源与环境,2004,(5):内89-92.

[39]陈晓键,雷慧霞.晋陕蒙接壤区快速发展条件下的城镇空间布局——以内蒙古准格尔旗为例[C].2004城市规划年会论文集.北京:中国城市规划学会.2004:668-673.

[40]孙娟,崔功豪.国外区域规划发展与动态[J].城市规划汇刊,2002,(2):48-50.

[41]榆林市统计年鉴2003[R].榆林:榆林市统计局.

[42]榆林市统计手册2004[R].榆林:榆林市统计局.

[43]陈修颖.空间结构重构的效应及地域性策略[J].财经科学,2003,(6):39-42.

[44]白福臣.德国鲁尔工业区经济结构转变经验[J].辽宁经济,2004,(8):108-109.

[45]周庆华.陕北城镇空间形态结构演化及城乡空间模式[J].城市规划,2006,(2):39-45.

[46]Roemer,Michael. Resource-Based industrialization in the developing countries:a survey,Journal of development economics 3,1979.

[47]Ray m. Northam,Urban Geography,New York:John Willey & Sons,1979.

[48]Fridmann. J. Urbanization,Planning and National Development. London,sage publications,1973.

[49] Los Angels. Globalization, Urbanization and Social Struggle, Roger Keil,John Wiley and Sons,1998.

[50]Bourne,L. S. & J. W. Simmons(ed.). System of Cities. Oxford University Press,New York,1978,3-14.

[51]Bournce L. S. Internal Structure of the City,Oxford University Press,NewYork,1997.

[52]雷慧霞.内蒙古准格尔旗中心城镇空间结构研究[D].西安:西安建筑科技大学硕士学位论文,2005.

[53]高颖.义乌市产业发展与空间结构优化的研究[D].杭州:浙江大学硕士学位论文,2005.

[54]杨忠臣.区域空间布局的理论与方法——以江苏省高淳县为例[D].南京:南京师范大学硕士学位论文,2004.

[55]任菊梅.榆林城镇化现状问题及对策研究[D].杨凌:西北农林科技大学硕士学位论文,2005.

[56]杨翯.老工业区经济衰退与转型分析——德国鲁尔区的案例分析[D].杭州:浙江大学硕士学位论文,2004.